W0175931

Peter Köpf

WO IST
LIEUTENANT
ADKINS?

Peter Köpf

WO IST LIEUTENANT ADKINS?

Das Schicksal desertierter Nato-Soldaten in der DDR

Ch. Links Verlag, Berlin

Editorische Notiz

Die Schreibweise in diesem Buch folgt den Regeln der reformierten Rechtschreibung; um der besseren Lesbarkeit willen wurden die Zitate ebenfalls diesen Regeln angepasst.

Die in den Anmerkungen aufgeführten Schriftstücke des Ministeriums für Staatssicherheit (MfS) befinden sich sämtlich in der Behörde des Bundesbeauftragten für die Unterlagen des Staatssicherheitsdienstes der ehemaligen Deutschen Demokratischen Republik (BStU).

Die Deutsche Nationalbibliothek verzeichnet diese Publikation
in der Deutschen Nationalbibliografie;
detaillierte bibliografische Daten sind im Internet über
www.dnb.de abrufbar.

1. Auflage, Februar 2013
© Christoph Links Verlag GmbH
Schönhauser Allee 36, 10435 Berlin, Tel.: (030) 44 02 32-0
www.christoph-links-verlag.de; mail@christoph-links-verlag.de
Umschlaggestaltung unter Verwendung einer Aufnahme
aus der BStU (MfS AJM 7170/61 P, Band 1, S. 451):
William Adkins' Dienstausweis der US-Armee
Satz: Agentur Marina Siegemund, Berlin
Druck und Bindung: Druckerei F. Pustet, Regensburg

ISBN 978-3-86153-709-0

Inhalt

Vorwort   9

Prolog   13

Kinder,»Commies«, Kriminelle:
Weshalb Nato-Soldaten in der DDR um Asyl baten   16

Genosse Schenk:
»Nicht aufs Wort glauben, aufs Strengste prüfen!«   18

William D. Adkins:
»Ich widme mein Leben einer Sache, an die ich glaube«   21

Der jüdische Kommunist:
»Nur ein Fluchtweg war möglich: ostwärts«   26

Die Afroamerikaner:»Auch ich bin Amerika«   30

William P. O'Ryan:»Amerika wird ein faschistischer Staat«   36

Fehltritt mit Folgen:
William Smallwood stolpert in den Osten   43

Philip E. Morand:»Seit ich in der DDR lebe,
ist mein Leben mit vollem Glück erfüllt«   48

»Should I stay or should I go?«:
Leben im Bautzener»Märchenschloss«   51

»So tief war ich nie gesunken, als ich im Westen war«   53

Die»Internationale Solidarität«:
»Jeder Freund, der bei uns eine neue Heimat findet,
ist eine Waffe gegen die Kriegstreiber«   58

**»Ein schönes Zuhause, eine gute Arbeit und genügend Freizeit«:
Der propagandistische Nutzen der Deserteure** 63

Jack Stuart macht sich in der DDR ein schönes Leben 68

Ostpropaganda: »Wir sind aus freiem Entschluss
in die DDR übergetreten« 71

»Während es in den USA Rassendiskriminierung gibt,
sind in der Sowjetunion alle Menschen gleich« 73

»Der verhätschelte Mörder«:
Jack Stuarts schönes Leben ist zu Ende 76

**Operation »Volkswagen«:
Die Stasi sucht den Fluchthelfer** 80

Der Fluchthelfer: Zehn Jahre Gefängnis
für den Rothaarigen 83

Der Schleuser ist gefasst, aber die Fluchten
hören nicht auf 88

André Labarthe verrät die Stasi,
aber nicht seine Schwägerin 93

»Spring operation«: Ein Vogel will zurück ins Nest 94

Die Leiden des jungen Stasi-Spitzels 97

Operativer Vorgang »Lehrzeit«:
Halbweltdamen für die Stasi 101

Schenks »U-Boot« bei den Amerikanern 108

William O'Ryan will nicht zurück nach Bautzen 111

Smallwood erfährt im »Gelben Elend«
von einem Geheimnis 115

Der Fluchthelfer schnappt Schenks Köder 119

Die Doppelagentin: Charlotte Hillie in Bautzen 121

Smallwood vertraut Jack Forster:
»Wenn wir zurückkehren,
werden wir behandelt wie Helden« 125

Schenk stellt Smallwood eine Falle,
und der begeht eine Dummheit 131

William O'Ryan:
Ein Amerikaner verzweifelt an der Welt 136

Der Fluchthelfer sagt »die volle Wahrheit« 141

Aus William und Jack werden James und John:
Die fantastische DDR-Karriere des Lieutenant Adkins 145

Philip Morands vierter Fehler:
»Man muss ihn unter Kontrolle halten« 147

Coffmans letzte Reise 150

**»Ein Sammelbecken verkrachter Existenzen«:
Schenks Bilanz des Scheiterns** 152

»Gute Auftragserfüllung«:
Die Stasi und die leichten Mädchen 155

Streit unter Taxifahrern:
»Du hast ihn nach Berlin gebracht« 161

Charles Lucas macht sich die Hände schmutzig 163

Schenk greift durch:
»Es ist niemals zu spät, Gutes zu tun« 166

Philip Morands fünfter Fehler: Endlich im Spiel 170

Charles Lucas will nicht mehr 171

Zeit der Abrechnung:
Wie Heimkehrer ihre Flucht erklärten   175

Philip Morand: Ein Deal mit dem Ankläger   177

William Smallwood:
»Ich bin glücklich, wieder zurück zu sein«   180

Adelanis Amnesie   184

Mr. Adkins ist verschwunden: Wo ist John Reed?   192

Anhang
Anmerkungen   200
Abkürzungsverzeichnis   221
Literaturverzeichnis   222
Angaben zum Autor   224

Vorwort

Als Ernie L. Fletchers Angehörige das Telegramm lasen, in dem dessen Commander mitteilte, der noch nicht einmal 20-jährige Soldat werde vermisst, rechneten sie nicht damit, Ernie je wiederzusehen. Aber Ernie aus Covington, Kentucky, war nicht tot. Für eine »anständige« amerikanische Familie war das, was geschehen war, viel schlimmer.

Ernie war weder in Korea stationiert gewesen noch kämpfte er in Vietnam für die Freiheit oder was die Vereinigten Staaten von Amerika damals dafür hielten, sondern er diente in Deutschland, wo der Krieg bereits seit 14 Jahren zu Ende war. Die USA hatten gemeinsam mit ihren Alliierten Deutschland und die Welt von den Nazis befreit, und nun ging es in Europa darum, den Frieden zu erhalten, vor allem aber zu beweisen, welches System das bessere war, das freiheitlichere, das menschlichere. In dieser Auseinandersetzung zwischen Kapitalismus und Kommunismus, im Kampf der beiden Systeme, war Ernie Fletchers Verschwinden von nicht zu unterschätzender Bedeutung: Deshalb klopften Journalisten von Radio- und Fernsehstationen an die Haustür seiner Familie und baten um Interviews. Denn Ernie hatte getan, was ein Amerikaner nicht tun durfte: Es hieß, er sei zu den Kommunisten übergelaufen.

Die Männer, die ihm helfen sollten, in der »neuen Welt« zurechtzukommen, lobten seinen ordentlichen Lebensstil, dass er wenig trinke und rauche, gut arbeite und lerne. Eines Tages fragten sie ihn, ob er einverstanden wäre, wenn zwei Offiziere der U.S. Army kämen, um mit ihm zu reden. Ernie hatte dazu wenig Lust, aber noch funktionierten die Reflexe eines ausgebildeten Soldaten: Wenn Vorgesetzte ihn zum Gespräch baten, ach was: befahlen, dann hatte ein Soldat zu gehorchen. Seine Begleiter brachten ihn zunächst zur sowjetischen Kommandantur nach Potsdam, die beiden Abgesandten der Army traf er schließlich in einer nahegelegenen Villa. Sie fragten ihn, wie es ihm gehe und ob er sich frei bewegen könne. Ernie antwortete, er sei freiwillig in die DDR gekommen, er habe nicht die Absicht, wieder zurückzukehren, es gehe ihm besser als zuvor.

Da gaben sie ihm den Brief seines Bruders und seiner Schwägerin: »Wir hörten, dass Ostberliner Radiostationen behaupten, Du seist in der russischen Zone und möchtest dort bleiben«, schrieben sie. »Niemand hier glaubt das.« Den letzten Satz hatten sie unterstrichen. »All Deine und unsere Freunde sagen, das sei nicht wahr, auch Deine Freundin, die kleine, weiß, dass das ein Propagandatrick ist.« Und sein jüngerer Bruder, ebenfalls Soldat, lasse ausrichten: »Sie müssen Dich entführt haben und Dich gefangen halten.« Ernie Fletcher steckte die beigelegten Zeitungsausschnitte ein, die von seiner Flucht aus der Army erzählten, und beendete das Gespräch.

So jedenfalls steht es in den Akten, in denen die hauptamtlichen Mitarbeiter des Ministeriums für Staatssicherheit (MfS, Stasi) ihre Erkenntnisse über all jene sammelten, die aus westlichen Armeen desertiert waren und in der DDR Asyl gesucht und gefunden hatten. Selbstverständlich ist diesen Akten gegenüber Misstrauen angebracht. Aber zahlreiche Belege aus anderen Quellen lassen sie als authentisch erscheinen – und das nicht nur im Fall von Ernie.[1]

Jeder politisch Interessierte kennt das Foto, das den jungen NVA-Soldaten Conrad Schumann im Jahr 1961 an der Bernauer Straße in Berlin beim Sprung über den Stacheldrahtzaun und in die Freiheit zeigt. Die Männer, die den umgekehrten Weg wählten, sind unbekannt. Auf einen von ihnen, Charles Lucas, stieß ich zufällig. Er hat in seinem kurzen Leben wenige Spuren hinterlassen. Die erste fand ich während einer Recherche über afroamerikanische Soldaten in Westdeutschland. In einer Fußnote eines Buchs wurde eine Kurzmeldung der *New York Times* vom 9. Dezember 1952 erwähnt: Ostdeutsche Zeitungen hätten von einem afroamerikanischen Soldaten namens Karl (sic!) Lucas berichtet, der übergelaufen sei. Die Begründung, die er dafür nannte, war potenziell für viele Menschen Hoffnung und Versprechen zugleich: »Während es in den USA Rassendiskriminierung gibt«, zitierte ihn die *New York Times,* »sind in der Sowjetunion alle Menschen gleich.«

Ein schwarzer Soldat, der sich vor den Rassisten in seinem Land und seiner Armee zu den Sozialisten geflüchtet hatte? Dem wollte ich nachgehen, und ich notierte »Karl Lucas«, »New York Times« und »9.12.52«. Mit diesen Daten bat ich beim Bundesbeauftragten für die Unterlagen des Staatssicherheitsdienstes der ehemaligen Deutschen Demokratischen Republik (BStU) um eine Archivrecherche und – bei Erfolg – um Akteneinsicht.

Ich hätte nicht erwartet, dass sich durch die Lektüre einer Fußnote ein derartiger Mikrokosmos öffnen könnte. Aber so war es. Es dauerte ein paar Wochen, dann hielt ich 220 Kopien mit vielen geschwärzten Stellen in den Händen: In diesen Stasi-Akten offenbart sich Charles Lucas' Leben.[2] Aber ich fand, zunächst im Bundesarchiv (Innenministerium der DDR) und weil mir danach die BStU-Sachbearbeiterin Birgit Limbach mit Ausdauer und zunehmender Begeisterung die Stasi-Unterlagen erschloss, noch viel mehr. Charles Lucas war nicht der einzige schwarze Soldat, der ostwärts ging, er war auch nicht der einzige US-Amerikaner. Mehr als zweihundert Männer der US-amerikanischen, der britischen, der französischen und manch anderer Nato-Armee beantragten allein bis zum Mauerbau im August 1961 politisches Asyl in der DDR.

Für den Westen war jeder Überläufer eine Niederlage, jedes Statement eines Deserteurs in den ostdeutschen Zeitungen und Radiosendern ein Stich gegen das Selbstbewusstsein des Westens und ein kleiner Sieg für die DDR. Diese Männer hatten sich »dem Friedenslager angeschlossen«, hieß es in der Propaganda, sie wollten ihren Kopf nicht mehr für die Interessen der Kapitalisten und »Kriegstreiber« hinhalten.

Und so gerieten diese Männer in den Fokus der Geheimdienste. Neben dem Staatssicherheitsdienst interessierten sich auch die Mitarbeiter des amerikanischen Counter Intelligence Corps (CIC), der französischen Sécurité des Forces Armées und des britischen Secret Intelligence Service (SIS) für sie.

Wie lange dieser Stachel schmerzte, wie lange sie ihre früheren Dienstherren beschäftigten, verrät die Tatsache, dass nach dem Mauerfall das National Defense Research Institute im Auftrag des US-Verteidigungsministeriums nach den Deserteuren von damals fahndete.[3] In dieser Zeit waren die BStU-Akten kaum erschlossen, die Ergebnisse dürftig. Erst jetzt, im Laufe von mehr als zwei Jahren Recherche, ergibt sich, Teil um Teil, das Bild eines Puzzles, das der Geschichte des Kalten Kriegs ein unbekanntes Kapitel hinzufügt.

So viel ist sicher: Irgendwie suchten die meisten dieser Überläufer Frieden und Freiheit, die sie in ihren Truppenteilen offenbar nicht (mehr) gefunden hatten, oder schlicht ein besseres Leben. Es stimmt aber auch: Die Überläufer landeten in einer Sackgasse. Viele dieser Deserteure mussten feststellen, dass sie sich geirrt hatten, dass die DDR ihre Hoffnungen nicht erfüllte. Einen Weg zurück gab es nicht, jedenfalls keinen straffreien.

Jeder dieser Männer erzählt eine außergewöhnliche Geschichte, eine private Geschichte des Kalten Kriegs. Es sind Geschichten von Hoffnung und Verzweiflung, von Kollaboration und Konfrontation, von Vertrauen und Verrat, von Liebe und Hass. Vor allem aber sind dies Geschichten eines grandiosen Scheiterns. Sie zeigen, wie ein totalitäres Regime, das versucht, alles Leben zu kontrollieren, das Leben selbst zerstört, Menschen zu Feinden macht, auch miteinander befreundete und sogar sich liebende. Sie zeigen, wie Menschen unerwartet ins Mahlwerk der Politik, der Ideologien, der Interessen geraten und darin zugrunde gehen, zumindest verkümmern, wie sie verraten werden, manipuliert und gedemütigt von ihren übermächtigen Widersachern. Der Druck des Regimes, seiner Nutznießer und willfährigen Helfer kehrte bei einigen von ihnen das Schlechteste nach außen, statt, wie es der Sozialismus und die DDR-Regierung versprachen, Menschen zu Brüdern zu machen, zu Freunden. Genau so aber, »Freunde«, nannten die Stasi-Aufseher und die DDR-Beamten die Deserteure, doch sie behandelten sie wie Feinde, wie eine Bedrohung. Lassen Sie mich von einigen dieser vergessenen Männer erzählen.

Prolog

An Richard Warren Coffman lag es nicht, dass er sein Versprechen nicht halten konnte. Vor siebeneinhalb Monaten hatte er es ihnen schriftlich gegeben: »Ich erkläre«, kritzelte er damals auf ein bräunliches Stück Papier, »ich werde niemals in die USA zurückkehren.« Er meinte das ernst, er wollte für immer in der DDR bleiben. Der Satz war Ergebnis eines langen Ringens mit sich selbst und den Resultaten seiner Erziehung.

Doch nun hatten andere für ihn entschieden: seine Vorgesetzten in der größten, der erfolgreichsten Armee der Welt, die er im vorigen Herbst ohne Erlaubnis verlassen hatte, weshalb die Fahnder des CIC mehr als ein halbes Jahr lang seiner Spur gefolgt waren, die Sowjets, die in der DDR noch immer das Sagen hatten und sich in dieser Angelegenheit durchaus gern den Wünschen der Amerikaner beugten, sowie seine Ehefrau in Aberdeen, USA. Deren Wille war es, dass an diesem kühlen Morgen des 25. Mai 1955 ein paar Sowjets und Amerikaner in Uniform rauchend auf dem Marienfriedhof in Bautzen standen, während vier deutsche Arbeiter ein Grab öffneten, Coffmans Grab.

Es dämmerte, niemand redete, höchstens ein Flüstern war hin und wieder zu hören. Schweigend sahen die amerikanischen Offiziere, Vertreter der sowjetischen Kommandantur, darunter ein Oberst, ein paar Volkspolizisten, der Kreisarzt, zwei Kollegen der örtlichen Hygieneinspektion, ein Klempner, ein Genosse aus dem Ost-Berliner Innenministerium und Heinz Schattel zu, wie die Männer Erde aus dem Loch nach oben warfen und dabei langsam im Boden versanken. Schließlich stießen sie auf den Sarg, den die Totengräber vor knapp hundert Tagen hinabgelassen hatten. Sie banden zwei Seile um die Kiste, zogen sie aus der Grube, öffneten sie. Streng hielten sich alle Beteiligten an die Verfügung, die der stellvertretende Kreisarzt vier Tage zuvor an Schattel geschickt hatte, der die »Internationale Solidarität« (IS) leitete, die Organisation, die in Bautzen die Überläufer betreute.

»1. Die Ausgrabung hat unter Hinzuziehung des zuständigen Totenbettmeisters und des Desinfektors (…) zu erfolgen.
2. Die Ausgrabung hat zu einer Zeit zu erfolgen, zu welcher die betreffende Stelle von unbefugten Personen nicht betreten wird (Morgengrauen).
3. Derjenige Teil der ausgegrabenen Erde, welcher den Sarg umgibt, ist mit 5 kg Chlorkal oder Kalkmilch zu vermischen.
4. Es ist ein genügend großer Sarg (Metallsarg) bereitzustellen, in welchem die Überreste wieder beigesetzt werden können.
5. Der Metallsarg ist nach der Schließung zu verlöten.
6. Der Sarg darf nicht mehr geöffnet werden.
7. Die Volkspolizeibehörde ist wegen polizeilicher Überwachung der Ausgrabung unter Angabe von Tag und Stunde der Vornahme der Arbeiten rechtzeitig in Kenntnis zu setzen, unter gleichzeitiger Benachrichtigung der zuständigen Hygiene-Inspektion des Kreises Bautzen.
8. Sie haben sämtliche Kosten der Ausgrabung und Durchführung zu tragen.
9. Die Hygiene-Inspektion ist von der vollzogenen Ausgrabung und Überfügung in Kenntnis zu setzen.«

Nach eineinhalb Stunden war die Geheimaktion beendet, die Bevölkerung hatte die Exhumierung verschlafen, auch dank der gewissenhaften Arbeit von Stasi und Volkspolizei, die den Ort weiträumig abgesperrt hatten. Der Kreisarzt bestätigte abschließend, dass die polizeilichen und gesundheitlichen Bestimmungen eingehalten worden seien. Die US-Offiziere übernahmen großzügig die Kosten für Arbeit, technisches Personal und Transport in Höhe von 266 Mark und 65 Pfennigen. Nach einem Frühstück im Nebenraum der Gaststätte »Weißes Ross« begleitete der Stadtkommandant die Amerikaner, die Sowjets und den Sarg bis zur Stadtgrenze. Dort nahm der sowjetische Oberst die Leiche in Empfang, die er nach einer gemeinsamen Fahrt an der Sektorengrenze endgültig den Amerikanern überließ. Der Deserteur Richard Warren Coffman, der seine in Bremerhaven stationierte Einheit am 3. Oktober 1954 illegal verlassen und in der darauffolgenden Nacht die Grenze nach Osten überschritten hatte, befand sich nun auf dem Weg in das Land, in das er nicht mehr hatte zurückkehren wollen.

Wenige Stunden später hielt der Mann, der in der Ost-Berliner Zentrale des Staatssekretariats für Staatssicherheit für die Bearbeitung der Überläufer aus Nato-Armeen verantwortlich war, das Protokoll der Bautzener Genossen in den Händen. Er war erleichtert, dass Coffman fort war, aber er wusste: Die Probleme, die dessen Tod offenbart hatte, waren geblieben. Sein ertragreichster Geheimer Informator (GI), »Taylor«, hatte sie bereits wenige Tage nach Coffmans Beerdigung benannt, indem er von den Gerüchten berichtete: »Der Tod dieses Jungen hatte eine seltsame Wirkung auf alle Boys. Die Franzosen glauben, es sei für sie nicht mehr sicher in Bautzen. Die Amerikaner (...) sagen, der Vorfall zeige, dass man den Deutschen nicht trauen könne.« Einer von ihnen habe gewarnt: »Sie werden uns einen nach dem anderen töten.«[4]

Kinder, »Commies«, Kriminelle
Weshalb Nato-Soldaten in der DDR um Asyl baten

Er nannte sich »Dr. Huber«. Die Wahl dieses Decknamens war ein bisschen verwegen, weil der Mann, von dem er sich jede seiner wichtigen Maßnahmen genehmigen lassen musste, der »Arbeiterführer« Erich Mielke, akademische Titel verabscheute; vor allem aber war sie sehr anmaßend, weil »Dr. Huber« nicht promoviert, sondern lediglich ein Germanistikstudium an der Karl-Marx-Universität in Leipzig abgeschlossen hatte. Aber wenn Karl Schenk,[5] so sein richtiger Name, das Tor von »Objekt 4« passierte, im Fond eines BMW schräg hinter dem Chauffeur sitzend, und dann das Haus betrat, in dem wieder ein Deserteur wartete, wenn er den neuen Amerikaner, Briten oder Franzosen begrüßte, dann ahnte der: Dieser Mann ist wichtig, »Dr. Huber« würde über sein weiteres Schicksal entscheiden. Das muss auch Richard Warren Coffman bemerkt haben, als er ihn zum ersten Mal sah.

Wenn Schenk in Coffmans Akte blätterte – und das dürfte er zweifellos spätestens nach dessen Tod erneut getan haben, weil er Maßnahmen zu ergreifen hatte –, dann trat ihm ein fortschrittlicher 29-Jähriger aus einfachen Verhältnissen entgegen, der in einem Land wie der DDR seinen Weg hätte finden können. Coffman war ein anständiger Mensch gewesen, obwohl oder gerade weil er mit einer Prostituierten, einem »business girl«, wie er sie nannte, in die DDR gekommen war, die ihm gesagt hatte, dass sie von ihm schwanger sei; Coffman war ein anständiger Mensch, obwohl in den USA eine Ehefrau und zwei Kinder auf ihn warteten. Vor allem war er ein konsequenter Mensch gewesen.

Coffman hatte seine Einheit in Bremerhaven verlassen und war in die DDR desertiert, weil er einen klaren Verstand besaß. Er hatte seine Lektionen gelernt, bittere Lektionen, und daraus Konsequenzen gezogen. Zunächst hatte der Soldat Richard Warren Coffman lernen müssen, dass es gerechte Kriege gab und ungerechte. »Als die

Japaner Pearl Harbour bombardierten, verließ ich die Schule, um mich bei der U.S. Navy einzuschreiben«, notierte er an einem seiner ersten Tage in »Objekt 4«, das »Dr. Huber« und seine Kollegen »Krankenhaus« nannten. Stolz erklärte Coffman während seiner Vernehmung, der sogenannten Filtration: »Ich half, den deutschen Faschismus zu bekämpfen.« Nach der Rückkehr in die Staaten fand er keinen Job, alles war teuer. Er schrieb sich erneut ein, bei der Kriegsmarine, und lernte schließlich die zweite Art von Krieg kennen, den »kriminellen Krieg gegen das koreanische Volk. Dieser Krieg öffnete mir meine Augen für den Terror und die Grausamkeiten gegen Menschen, die ihr Heimatland verteidigten.«

Die Lehrstunden in Korea veränderten offenbar sein Denken. »Die Kriege der Kapitalisten um Geld sind für mehr Konflikte der vergangenen hundert Jahre verantwortlich als jede andere Ursache«, schrieb er. Dabei hätten die Kapitalisten »uns, die Kommunisten, als Barbaren und Kriegstreiber bezeichnet. In Wahrheit ist die Geschichte des größten Verleumders von allen, der USA, mit Blut geschrieben.« Die Soldaten der USA hätten die Indianer vertrieben und getötet und ihnen wie den Menschen in Hawaii und Alaska eine »neue Kultur« übergestülpt, sie hätten jüngst »Tod, Schande, Vernichtung und die Krankheiten des weißen Mannes« nach Asien geschleppt, und wenn er sehe, was »geldgierige Kapitalisten« in Korea und Indochina getan hätten, dann sei es doch verständlich, dass sein Herz krank sei, das Herz eines Amerikaners, der an die Freiheit glaube. »Wundert sich da jemand, dass ich Kommunist geworden bin?«

Als Coffman am 8. Oktober 1954 Asyl beantragte, versprach er, für ein besseres Leben und den Frieden zu arbeiten und den Ideen der Arbeiterpartei zu folgen, der SED. So schrieb er es auf, einen stumpfen Bleistift in der Hand, und bevor er die Erklärung unterzeichnete, ergänzte er sie um das Versprechen, seine Heimat nicht mehr zu betreten.[6]

Dass Coffmans Wille geschehe, dafür hatte nicht einmal »Dr. Huber« sorgen können, schließlich war ein Asylantrag kein Testament und Schenks Beruf nicht der eines Testamentsvollstreckers. Selbstverständlich hatte eine Witwe das Recht, ihren toten Ehemann nach Hause zu holen. Es stand ja auch eine Menge auf dem Spiel: die Ehre des gestorbenen Soldaten und ebenso die der lebendigen Ehefrau. Davon zeugte der – aus Schenks Sicht ebenso lächerliche wie seine Berufsehre verletzende – Artikel in einer westdeutschen Zeitung, der nun in Coffmans Akte lag: »US-›Deserteur‹ mit Auftrag?« lautete die Überschrift. Darin behauptete die Witwe, ihr Mann sei mit einem »geheimen Auftrag« in die DDR gegangen. »Er war viel zu gern Soldat«, sagte sie. »Er wollte immer gern in den Geheimdienst, und ich denke, dass es ihm auch gelungen war und dass er im Zusammenhang damit hinter den Eisernen Vorhang geschickt wurde.«[7]

Die Heimkehr eines Mannes, der aus der großen, amerikanischen Armee desertiert und auch noch zu den Kommunisten übergelaufen war, wäre in jeglicher Hinsicht ein schwerer Tag für die Angehörigen geworden. Ein derart pflichtvergessener Soldat blieb als Rückkehrer ein Vaterlandsverräter, der alle finanziellen Ansprüche verwirkt hat. Das galt auch für die Hinterbliebenen. Zum Wohl des Vaterlands hinter den feindlichen Linien gefochten zu haben, damit wäre eine ehrenvolle Rückkehr freilich möglich; erschlagen von einem Kommunisten, war Coffman fast schon ein Märtyrer.

Genosse Schenk: »Nicht aufs Wort glauben, aufs Strengste prüfen!«

Schenk war absolut überzeugt davon, dass Coffman keiner von denen war, die mit einem »geheimen Auftrag« in die Deutsche Demokratische Republik gekommen waren. Er gehörte in die erste von drei Kategorien, in die Schenk die Deserteure aus Nato-Armeen sortierte: jene, die kamen und blieben, weil sie, wie sie glaubwürdig behaupteten, am großen Aufbauwerk des Sozialismus mitarbeiten und die Welt verändern wollten. Diese »Freunde« – so nannten Schenk und die Genossen von der Staatssicherheit und in den anderen involvierten Abteilungen des Innenministeriums die Überläufer aus »imperialistischen Armeen« – hatten sich entschieden, Uniform und Waffe an den Nagel zu hängen, und sie bemühten sich, ordentliche Glieder der sozialistischen Gesellschaft zu werden.

Und doch mussten Schenk und dessen Genossen auch diese Überläufer kontrollieren. Selbst wenn sie ihren Asylantrag antikapitalistisch begründet und ihre Loyalität bewiesen hatten, so blieben sie doch »deren« Zöglinge. Es wäre nicht klug, einem von imperialistischen Offizieren ausgebildeten Soldaten blind zu vertrauen, nur weil er den Kriegstreibern von der Fahne gegangen war. In Schenks Abteilung galt: Vertrauen ist gut, Kontrolle ist besser!

Auch einem Germanisten war bekannt, dass Lenin mit diesem populären Wort sehr frei, dafür umso einprägsamer übersetzt worden war. »Nicht aufs Wort glauben, aufs Strengste prüfen!«, hatte der russische Revolutionär als »Losung der marxistischen Arbeiter« ausgegeben. Für die Männer und Frauen, die den Arbeiter-und-Bauern-Staat gegen Angriffe des Feindes zu schützen hatten, war sie grundlegend. Einer wie Schenk hatte streng zu prüfen, er durfte nicht einmal denjenigen trauen, die sich in seiner Organisation als nützlich erwiesen hatten. Nicht aufs Wort zu glauben – eine Eigenschaft, die dem Naturell der Menschen entgegenstand – gehörte gewissermaßen zu seiner Stellenbeschreibung, in der unter »besondere Qualifikationen« stand: Misstrauen.

Es waren gerade zwei Winter und ein Sommer vergangen, seit Schenk nach Berlin gezogen war, um bei der Staatssicherheit für die »Filtration von Überläufern aus Armeen kapitalistischer Staaten« zu sorgen, sie also nach der Ankunft gründlich zu filzen und dauerhaft zu beobachten, damit sich nicht eine imperialistische Laus in den Pelz des jungen Staates setzen und dort ihr zerstörerisches Werk verrichten konnte. Vom ersten Arbeitstag an hatte er sich Akte für Akte vorgenommen, sein Büro in Berlin-Lichtenberg stets sehr früh betreten und erst spät abends verlassen. Er fraß sich durch die Ordner, in denen er handschriftlich ausgefüllte, manchmal kaum lesbare Aufnahmebögen mit Fotos und Personendaten der Deserteure sichtete, deren meist mit Bleistift verfasste Lebensläufe, die ein Genosse übersetzt und mit der Schreibmaschine abgetippt hatte. Schenk war entsetzt über die Unordnung, über die Lückenhaftigkeit der Unterlagen. Es schien, als hätten seine Vorgänger lediglich das zusammengetragen, was zur Verfügung stand oder der Befragte von sich aus preisgeben wollte.

Inzwischen gab es umfassende, lückenlose Akten über jeden Einzelnen der »Freunde«, darauf hatte Schenk, angeleitet von seinem sowjetischen Instrukteur, einem Polkovnik (Oberst) namens Pawelow, von Anfang an geachtet. In einer Arbeitsrichtlinie ordnete Schenk zu Beginn des Jahres 1954 an, dass jeder Überläufer nicht nur einen Fragenkatalog zu beantworten hatte, sondern er habe außerdem »eine Erklärung an die Regierung der Deutschen Demokratischen Republik zu richten, in der er um politisches Asyl bittet und die politische Begründung seines Übertritts in die DDR gibt. (Diese Erklärung kann dann in der demokratischen Presse und im demokratischen Rundfunk ausgewertet werden.)« Ein ausführlicher Lebenslauf beinhaltete die Schilderung seines Lebens bis zum Eintritt in die Armee – »en detail«, wie Schenk mahnte –, genaue Angaben über sein Leben in der und alle Kenntnisse über die Armee sowie seine Absichten in der DDR.

Diese Informationen sollten Ost-Agenten in West-Berlin und Westdeutschland, die sich direkt mit der Aufklärung der Einheiten, Kasernen und so weiter beschäftigten, ebenso überprüfen wie die Hinweise auf Zivilpersonen. »Die Agentur in Westberlin bzw. in Westdeutschland hat auch noch eine besondere Aufgabe«, ordnete Schenk an. »Sie besteht darin, für uns wichtige Militärpersonen in die DDR abzuziehen.«

Selbstverständlich war der Überläufer am Ort der Ansiedlung durch die örtliche Kreisdienststelle (KD) zu bearbeiten, deren operative Mitarbeiter Englisch beziehungsweise Französisch sprechen sollten. Die Anleitung dieser Mitarbeiter war Aufgabe der HA II/5 im Ministerium, die die Bearbeitung an die Bezirksverwaltungen (BV) delegierte. Diese wiederum schalteten die Kreisdienststellen ein, die »Agenturen« führen mussten, welche überwachten, ob die Ankömmlinge »Verbindungen zum Gegner« unterhielten. Damit Schenk in Ost-Berlin stets unterrichtet war, mussten die KD regelmäßig Berichte schreiben.[8]

Fortan fand Schenk die Akten geordneter und die Informationen dichter. Neben den Lebensdaten und -läufen las er Aufsätze der Deserteure über politische Fragen – häufig Beschreibungen militärischer Einrichtungen, Codes, Rangabzeichen und andere für künftige Filtrationen nützliche Informationen – und schließlich Berichte über ihr neues Leben. Kopien über Kopien in Hunderten von Ordnern, Tausende von Blättern, auf denen Zehntausende von Einschlägen der Typenhebel fettschwarze, auf den Durchschlägen meist dünngraue, auf den letzten manchmal schwer lesbare Spuren hinterlassen hatten, die noch zwei Generationen später belegen sollten, welches Bild Schenk und die anderen sich von ihren Schützlingen gemacht hatten. Nach inzwischen eineinhalb Jahren kannte Schenk sie in- und auswendig, die Amerikaner, die Franzosen, die Briten, mehrere Dutzend Männer, die in der jungen DDR Asyl gesucht und – jeder Einzelne – damit dem Lager des Sozialismus einen kleinen Triumph verschafft hatten.

William D. Adkins: »Ich widme mein Leben einer Sache, an die ich glaube«

Hätte Pat ihn erhört, so wäre William D. Adkins und ein paar Männern, die zu ihrem Unglück Adkins' Weg kreuzen sollten, viel erspart geblieben. »Wären Pat und ich ein Paar gewesen, keine Macht der Welt und kein Glaube hätte es vermocht, mich von ihr zu trennen«, schrieb er. »Aber es ist anders gekommen, und nun bin ich hier.« Statt auf ihn zu warten, hatte Patricia ihm einen Brief geschickt, der ihn in der Kaserne in Österreich erreichte. Seine Dienstzeit in Europa war fast abgelaufen, und während er ihn las, immer wieder las, erkannte er, dass er Patricia, obwohl sie sich so nah gewesen waren, endgültig verloren hatte. Er zog daraus Konsequenzen, die einzigen, die ihm plausibel erschienen, und trat damit seinerseits aus dem Leben jener, die ihn liebten. Und weil er das wusste, und weil er ein verantwortungsbewusster junger Mann war, schrieb er einen Brief an »Mom«, die nicht seine richtige Mutter war, sondern die Frau, die er gern zur Schwiegermutter gehabt hätte; »Mom« war Patricias Mutter.

»Liebe Mom«, hob er also eines Tages zu Beginn des Jahres 1954 an, »dies ist der schwierigste Brief, den ich jemals schreiben werde. Ich weiß nicht, wo ich beginnen soll. Ich glaube, ich sollte zuerst sagen, dass ich Dich und Pat mehr liebe als alles andere in meinem Leben.« Und obwohl Pat inzwischen einem anderen Mann eine Tochter geboren hatte, und obwohl sie sich, an die fünftausend Meilen entfernt, für ein Leben mit einem anderen entschieden hatte, war ihm Patricia so nah geblieben, dass William Adkins sich noch immer genau daran erinnerte, was sie bei ihrem ersten Date getragen hatte: ein rot-weiß gestreiftes Kleid mit Tellerrock, offenem Ausschnitt und einer kleinen Schleife. Es belustigte ihn, und er empfand es gleichzeitig als merkwürdig, dass sich ihm das so genau eingeprägt hatte. Es kam ihm auch vor, als blicke er noch immer in ihre Augen, »die allerschönsten braunen Augen, die ich jemals gesehen hatte. Ich hatte noch nie eine Frau getroffen, die ich für schöner hielt.« So sehr übermannten ihn die Gefühle, als er »Mom« schrieb, dass er ihr seine intimsten Empfindungen offenbarte: »Mom, ich habe Pat immer geliebt, und ich glaube, ich werde sie immer lieben.«

Aber nach Patricias Brief sei ihm klar geworden, »dass all meine Bande mit der westlichen Welt getrennt waren. Ich konnte sie nicht haben, also konnte ich mit meinem Leben nur noch eines anfangen: Ich konnte mein Leben nur noch einer Sache widmen, an die ich glaube. Ich weiß, es klingt für Dich unvernünftig, aber hier habe ich eine Gruppe von Menschen gefunden, die meine Überzeugungen teilen. Hier in meiner neuen Heimat habe ich ein Volk gefunden, das Frieden wirklich herbeisehnt.«

Adkins wusste, dass die Armee und alle Menschen, die er kannte, seine Tat als kriminell verurteilten. Ihm war völlig klar, dass junge Männer, mit denen er befreundet oder gar verwandt war, in Korea genau das bekämpften, woran er jetzt glaubte. Und er ahnte auch, dass es verrückt klang, wenn er schrieb, dass er zwei wirkliche Freunde gefunden habe, die ihre Namen leider nicht genannt hätten. Aber genau deshalb, weil ein leiser Zweifel seinen Kopf kaum merklich bewegte, hätte er viel dafür gegeben, »Mom« so verständnisvoll wie kräftig nicken zu sehen.

»Tief in meinem Herzen weiß ich, dass ich richtig handle«, schrieb er, fast ein wenig trotzig. »Ich hoffe, Du kannst das verstehen. Ich bin kein Verräter«, insistierte er. »Ich glaube daran, dass die Vereinigten Staaten von Amerika ein großes Land sind«, räumte er ein, »aber ich denke, sie haben zurzeit die falschen Führer.« Und er, so muss sein Brief gelesen werden, war der Mann, der etwas dazu beitragen wollte, das zu ändern, damit sich eines Tages alles zum Guten wendet. Bis dahin hatte er einen letzten Wunsch: »Mom, kümmere Dich an meiner Stelle um Pat, Du bist die Einzige, die das kann. Gib Du ihr alle Liebe und Aufmerksamkeit, die ich ihr gegeben hätte. Vielleicht sehe ich sie eines Tages wieder.« Wie das geschehen sollte, davon hatte er immerhin eine Vorstellung: »Möge es mir eines Tages erlaubt sein, in die sowjetrussische Armee einzutreten, dann werde ich sie wiedersehen. Ich werde dann ein Offizier der Armee sein, welche die USA befreit.«

Am 12. Januar 1954, sieben Tage vor seinem 23. Geburtstag und 17 Tage vor seiner Entlassung aus der Armee, war der Oberleutnant der Armee der Vereinigten Staaten von Amerika mit der Erkennungsnummer 01882212 zur sowjetischen Garnison in Amstetten, Österreich, marschiert, um einen Antrag auf politisches Asyl zu stellen. Vor den sowjetischen Offizieren begründete Militärpolizist Adkins diesen Schritt damit, dass er »nicht einverstanden ist mit der aggressiven Außenpolitik der USA, mit den Handlungen des Senators McCarthy in der amerikanischen Armee und mit der Rassendiskriminierung in den USA«.

Adkins wollte gegen Rassen- und Glaubensverfolgungen kämpfen, gegen die politischen Verfolgungen, aber auch gegen die Ausbeutung der Massen in den USA. Das waren ehrbare Ziele, aber in den USA während der Ära des Kommunisten jagenden Senators von Wisconsin, Joseph McCarthy, Hochverrat. Doch Adkins war bereit, so lange zu kämpfen, »bis die USA befreit von den heutigen Regenten und ein wirklich demokratischer Staat geworden sind«.

Ein wenig verrückt mag es schon gewesen sein, nicht nur in den Augen eines guten Amerikaners, dieses Ziel ausgerechnet von Moskau aus anzupeilen; denn da wollte er hin, zu den »Commies«, wie man in den USA abschätzig die Sowjets nannte, um dort zu lernen und zu arbeiten. »Auch wenn ich den Kommunismus noch nicht vollständig verstehe«, schrieb er in jenen Wochen an den sowjetischen Kommandanten in Österreich, »so fühle ich, dass diese Regierungsform der Welt Frieden bringen wird.« Er habe fünf Jahre in der Armee gedient und sei dabei nicht glücklich gewesen, aber während dieser Zeit habe sich das Gefühl entwickelt, »dass das kapitalistische System, bei dem ein paar mächtige Millionäre die Regierung völlig kontrollieren, falsch ist«. Selbst in der Armee sei alles von denen dominiert, die Geld besäßen. Deshalb sei er desertiert, deshalb beantrage er Asyl in der Sowjetunion. »Ich bitte darum, mich die Doktrinen der Kommunistischen Partei und der Sowjetunion studieren zu lassen, damit ich die neue Art zu leben besser verstehen kann.« Sollte ihm das gestattet werden, so war Adkins zu Gegenleistungen bereit: »Ich biete Ihnen meine Dienste im sowjetischen Militärgeheimdienst an. Dort könnte ich am nützlichsten sein.« Am 22. Februar ergänzte er: Falls sein Wunsch, in die Sowjetunion zu gehen, abgelehnt werde, bitte er um die Erlaubnis, »in die Vietnamesische

Volksarmee eintreten zu dürfen«, als Infanterist. Sollte auch das nicht möglich sein, wolle er in eine der Volksdemokratien geschickt werden, allerdings keinesfalls in die deutsche.

Nachdem er das alles zu Protokoll gegeben hatte, erlaubten die Sowjets zwei Vertretern des Hohen Kommissars der USA in Österreich, Adkins zu besuchen. Doch dieser beschied am 27. Februar unmissverständlich, dass er nicht zurückkehren werde; er halte sich freiwillig in der sowjetisch besetzten Zone auf; es gehe ihm gut. Danach berichtete AFN-Radio, Adkins sei nervenkrank.

Offenbar bezweifelten jedoch auch seine neuen Freunde im Osten, dass mit Adkins alles in Ordnung ist. Fast zwangsläufig mussten sie sich einige Fragen stellen: Weshalb desertiert ein Mann wenige Tage vor Ende seiner Dienstzeit? Wieso strebt ein Amerikaner in die UdSSR und dort in den Militärgeheimdienst? Weshalb wünscht er alternativ ausgerechnet, nach Vietnam gebracht zu werden? Und das alles wegen eines verlorenen Mädchens?

Adkins steckte fest. Die Brücken nach Hause hatte er abgebrochen, und vor ihm war noch keine neue zu erkennen. Niemand konnte oder wollte ihm sagen, wohin sein Weg ihn führen würde.

Am 9. März 1954 endlich hieß es, er solle sich für eine Reise an einen anderen Ort bereithalten. Schriftlich dankte er dem »Repräsentanten Ihres großen Landes«, dem sowjetischen Kommandanten in Österreich, »für die freundliche und sympathische Behandlung« in den vergangenen acht Wochen, nicht ahnend, was ihm bevorsteht.

Drei Tage später fand er sich in einer mehrstöckigen, braungrau verputzten Villa an einem See wieder. Er war zwar nicht in einem Gefängnis, hatte aber auf dem Weg vom Auto zur Tür gesehen, dass eine hohe Mauer das Grundstück umfriedete und die unteren Fenster durch Eisengitter gesichert waren. Er hatte nicht die leiseste Ahnung, wo er war, weil die Sowjets ihm während der stundenlangen Fahrt die Augen verbunden und überdies die Gardinen vorgezogen hatten. Nach einer Weile kam ein kleiner Mann mit Brille herein und stellte sich in passablem Englisch mit deutlichem Akzent als »Dr. Huber« vor. Da wusste Adkins, wo er war. Seine russischen Freunde hatten ihn genau denen übergeben, in deren Obhut er keinesfalls hatte geraten wollen. Und sein Misstrauen sollte sich binnen weniger Tage bestätigen, denn Radio Moskau meldete, Adkins habe Asyl in der DDR beantragt.

Er wütete und zürnte Russen und Deutschen gleichermaßen wegen dieser eklatanten Missachtung seiner Ängste: Er habe Hochverrat begangen, erklärte er, schließlich habe er Militärgeheimnisse verraten; das könne in den Vereinigten Staaten die Todesstrafe bedeuten. Er müsse weg, weiter nach Osten, verlangte er, und er hatte eine gute Begründung für diesen Wunsch: »In (Ost-)Deutschland wäre ich US-Agenten ausgesetzt, die in dieses Land eindringen. Ich lebte hier in ständiger Gefahr, entführt zu werden. Und später, wenn Deutschland wieder vereinigt ist, wäre ich wieder der Kontrolle der USA ausgesetzt.« In Deutschland sehe er sich als »Ziel von US-Agenten« und anderen unfreundlichen nationalen Gruppen. Deshalb werde er in Deutschland allenfalls als Sowjetbürger bleiben, der hierzulande angestellt sei. Noch einmal erklärte er sich bereit, »an Aufklärungs- oder Propagandaaktionen teilzunehmen«, egal in welcher Volksdemokratie. »Dazu bin ich noch immer bereit, aber nicht, wenn ich gegen meinen Willen in Deutschland festgehalten werde.«

Natürlich wusste Schenk so gut wie seine sowjetischen Berater, dass die meisten Überläufer Adkins' Angst teilten, während oder nach einem neuerlichen Krieg in Europa gefangen und als Deserteure erschossen zu werden. Aber die Radiomeldung hatte Druck auf Adkins ausgeübt, und als die erste Wut verraucht war, versuchte er wieder, seinem Ziel – Russland – durch Wohlverhalten näher zu kommen. Noch gab es Hoffnung. Vielleicht war diese Villa am See, in der immer wieder andere Überläufer ein- und auszogen, nur eine Übergangsstation. Und tatsächlich verlegten sie Adkins am 14. Mai erneut, jedoch noch immer nicht nach Russland.[9]

Adkins hatte – das war ihm zu diesem Zeitpunkt noch nicht klar – sein Leben nicht mehr selbst in der Hand. Über seine Zukunft entschieden längst andere. Die Sowjets – auch das konnte er nicht wissen – waren nicht bereit, Adkins einreisen zu lassen. Nachdem der Amerikaner in dem Haus am See zwei Monate seines Lebens – wie er damals fand – verschwendet hatte, bot Schenk ihm eine attraktive Alternative zur Sowjetunion an, und der junge »Freund« war vernünftig genug, sie anzunehmen. Adkins standen nun alle Türen offen, sein Schicksal schien eine glückliche Wendung zu nehmen – sehr zum Schaden einiger anderer Deserteure, Adkins' »Kameraden«, die ihren Schritt in den Osten längst bereuten.

Der jüdische Kommunist:
»Nur ein Fluchtweg war möglich: ostwärts«

Als Victor Grossman in die DDR kam, stand noch der Name Stephen Wechsler im Ausweis des 24-jährigen Juden aus New York. Nachdem die Filtration abgeschlossen war, durfte er am 6. November 1952 nach Bautzen ziehen. Er wohnte zunächst auf Kosten des Kreisrats im früheren Hotel »Krone«, das nun Hotel »Stadt Bautzen« hieß, in dem er sich ein Zimmer mit einem der drei Waliser teilte, mit denen er in die Stadt gebracht worden war, dann mit dem ein Jahr älteren Kalifornier George Smith, der eine Woche nach Grossman nach Bautzen gekommen war. Die beiden wurden Freunde. Grossman verzieh Smith sogar, dass er ihm ein »dunkelhaariges, schönes, geschmackvoll gekleidetes, etwas geheimnisvolles Mädchen, eine Erscheinung aus einer anderen Welt«, wegschnappte, Hella Barthel, eine ehemalige Tänzerin des städtischen Theaters. »Ich kam darüber hinweg«, schrieb er später in einem Buch, »immerhin war er mein bester Freund.«[10]

Im Dezember nahm Grossman eine Stelle als Hilfsarbeiter beim VEB Waggonbau an, zog in ein privates Zimmer ohne Waschbecken in der Martin-Hoop-Straße 22, in dem er nachts unter einer zu kurzen Bettdecke bitterlich fror, weil er zu ungeduldig war, um den Ofen anzuheizen. Dennoch stellte er keine Ansprüche und fand bald Gefallen an dieser Stadt und ihren Menschen: Seine Vermieter waren überzeugte Antifaschisten, vor denen er nichts zu verstecken hatte, wie er meinte, sie teilten ja dieselben Ideale. Er wusste es zu schätzen, dass er in einer Fabrik arbeiten konnte, in der es Mittagessen gab und die Ausländer sogar die größten Rationen erhielten; und er genoss die ruhigen Wochenenden. Auch wenn das Leben im Vergleich zu dem in seiner Heimat spartanisch zu nennen war, so sah er doch, dass niemand hungerte. Bei vielen Spaziergängen lernte er nach und nach die Stadt kennen, die Fabriken, deren Namen meistens mit den Buchstaben VEB begannen, bald auch eine Frau, die er schließlich heiraten sollte. Er lernte: »Ohne Volkseigentum gibt es auf die Dauer nur Unsicherheit, Arbeitslosigkeit und Hunger. Für das ›VEB‹ haben sehr viele gekämpft, Leiden und Folter widerstanden, und trotz aller Schwierigkeiten und Fehler bilden sie die ersten Buchstaben eines Alphabets wirklicher Zivilisation.«

Grossman gehörte zu jenen, die etwas aus ihrem Leben machen wollten, die Eigeninitiative zeigten und erkannten, wo Hand angelegt werden musste, die nicht darauf warteten, dass der Staat sie anleitete und ihnen sagte, was sie zu tun hatten. Er gehörte zu jenen, die nicht immerzu wegliefen, sondern die ein Ziel hatten, sich bewusst auf etwas zu bewegten, auch auf die Gefahr hin, es nicht zu erreichen. Bald kaufte er sich eine Schreibmaschine, auf der er so viel tippte, dass »Arno«, ein Nachbar, vermutete, Grossman würde Listen aller in Bautzen untergebrachten Ausländer erstellen. Der Verdacht war unbegründet. Grossman war lediglich bemüht, seinem Leben eine Zukunft zu geben. Er wollte Journalist werden. Deshalb schickte er Proben seines Könnens an Stefan Heym und an John Peet, einen britischen Journalisten, der in die DDR übergesiedelt war und dort eine englischsprachige Zeitschrift leitete, den *Democratic German Report*. Grossman bot sich an: »Ich möchte gern zu Ihren künftigen Ausgaben Artikel beisteuern.«[11]

Während die meisten der desertierten »Freunde« recht einfache Gesellen, bedauernswerte Existenzen, Opfer ihrer selbst oder der Verhältnisse in ihren Ländern waren, gehörte Grossman zu den gut ausgebildeten, intelligenten, wirklich sozialistisch denkenden Männern, kurz: zu den Ausnahmen. Er erwies sich bald als nützliches Mitglied der sozialistischen Gesellschaft, wie Schenk in den Berichten aus Bautzen lesen konnte, und stellte sich von Anfang an »auch für andere Arbeiten, hauptsächlich propagandistischer Natur«, zur Verfügung.

Ein halbes Jahr vorher war Grossman keine andere Wahl geblieben, als ostwärts zu flüchten. Selbst weitab von zu Hause, in einer Kaserne in Fürth, hatte er sich vor McCarthys Häschern gefürchtet. Im Sommer 1952 war es tatsächlich so weit: Gerade von einem Urlaub in Skandinavien zurückgekehrt, bekam er eine Vorladung des Militärgerichtshofs (Judge Advocat General) in Nürnberg. Seine Ängste hatten sich bestätigt.

Grossman hatte sich schon in seiner Jugend zum Kommunismus bekannt, er wusste, dass er gegen die »Loyalty Order« von Präsident Harry S. Truman (Executive Order 9835) verstoßen hatte, mit der die US-Regierung Kommunisten von einflussreichen Stellen fernhalten wollte. Grossman hatte sich während des Studiums in Harvard bei der Young Communist League beziehungsweise der American

Youth for Democracy eingeschrieben, deren »Campus Chairman« er war. Auch am Gründungskongress der Young Progressives of America in Philadelphia hatte er teilgenommen. Später war er Mitglied in der Labor Youth League. All diese Organisationen standen auf der Liste der kommunistischen Tarnorganisationen,[12] deren Veröffentlichung durch Justizminister Tom Clark der US-Präsident 1947 abgesegnet hatte. Die Folge einer Mitgliedschaft war klar: Entlassung bei Regierungsbeamten und in zahlreichen anderen Berufsgruppen.

Die hysterische Kommunistenhatz in den USA hatte schon lange vor der Amtszeit des Senators McCarthy begonnen; die Karrieren vieler Linker endeten abrupt, (vermeintlich) echte Kommunisten und Spione wie das Ehepaar Ethel und Julius Rosenberg, dem man Atomspionage für die Sowjetunion vorwarf, wurden hingerichtet. Wohl aufgrund dieser Stimmung und Ereignisse hatte Grossman beim Eintritt in die Armee »vergessen«, seine Mitgliedschaft in verschiedenen kommunistischen Verbänden zu offenbaren.

Nun holte ihn seine Vergangenheit ein, es drohte eine erhebliche Disziplinarstrafe, wahrscheinlich Gefängnis. Für Grossman stand sofort fest: »Ich muss abhauen.« Wohin? »Es war offensichtlich, dass nur ein Fluchtweg möglich war: ostwärts.«

Mit der Bahn fuhr er Mitte August 1952 über Nürnberg und Wien nach Linz, schwamm über die Donau und begab sich in die Obhut der Sowjetischen Militärkommission. Bald brachten die Sowjets ihn in eine Potsdamer Villa, in der er zweieinhalb Monate blieb. Bevor sie ihn nach Bautzen schickten, beantragte er einen neuen Namen, »um meine Verwandten zu Haus in jenen schwierigen Jahren nicht zu gefährden«. Weil ihm kein Pseudonym einfiel, wählte sein Gegenüber eines. »Ich mochte weder Victor noch Grossman«, schrieb er später. »Ich sagte aber nichts dagegen, weil mich meine Fantasie im Stich ließ.«

Die Stasi war offenbar überzeugt davon, dass Victor Grossman sich den Sowjets zur Verfügung gestellt hatte,[13] deshalb glaubte bald auch Schenks Organisation, die Qualitäten des Überläufers, den die Bautzener zunächst als »Kleinbürger« eingestuft hatten, nutzen zu können. Im April 1954 sprach Udo Kretschmer von der KD Bautzen den Amerikaner auf dem Nachhauseweg an und zitierte ihn für den 23. ins Volkspolizeikreisamt (VPKA), Zimmer 43. Durch eine

28

Nebentür gelangte Kretschmer aus der benachbarten Stasi-Zentrale herüber, stellte sich mit seinem Alias »Lippmann« vor und richtete Grüße von »George« aus, »worauf der Kandidat sofort sagte, dass ihm nun ungefähr bekannt sei, wohin sich unser Gespräch bewegen würde«. Kretschmer bat um einen Bericht über die Situation der ausländischen »Freunde« der »Internationalen Solidarität« in Bautzen, den Grossman mündlich gab. Er hatte für die Überläufer, die ihren Weg in die DDR gefunden hatten, ein anderes Raster als Schenk, für den es »gute« Deserteure gab und »schlechte« (die Rückkehrwilligen).

Grossman teilte die Ausländer in vier Kategorien ein:
»1. Die aus politischer Überzeugung nach der DDR gekommen sind.
2. Die politisch vollkommen Uninteressierten, welche aber nicht nach Korea oder Vietnam in den Krieg ziehen wollten.
3. Die wegen krimineller Vergehen aus der Armee geflüchtet sind.
4. Die vom Gegner in die DDR mit einem Auftrag geschickt wurden.«

So fasste Udo Kretschmer in seinem Anwerbungsbericht zusammen, was Grossman ihm gesagt hatte. Die Gruppen 2 und 3 seien die größten. Grossman selbst zählte sich zweifelsfrei zur ersten, er stellte sich dem System zur Verfügung: »Hiermit erkläre ich mich zur Zusammenarbeit mit dem Staatssekretariat für Staatssicherheit bereit«, schrieb er in eine Verpflichtungserklärung. »Ich weiß, dass die Feinde der Deutschen Demokratischen Republik alles versuchen, um den friedlichen Aufbau zu stören. Ich werde deshalb alle Vorkommnisse auf diesem Gebiet bei den ausländischen Freunden der ›Internationalen Solidarität‹ dem Offizier des Staatssekretariats für Staatssicherheit mitteilen. Über meine Zusammenarbeit mit den Staatssicherheitsorganen werde ich mit keinem Menschen, auch nicht mit meinen engsten Bekannten, sprechen. Meine Berichte werde ich mit dem Decknamen ›Taucher‹ unterzeichnen.« Kretschmer beurteilte Grossmans Arbeit am 11. August 1954 positiv: Er sei stets pünktlich und »einer der fortschrittlichsten und politisch am aktivsten tätigen Personen unter den Freunden der ›Internationalen Solidarität‹«. Grossman alias »Taucher« sei »ehrlich und zuverlässig (…) Aufträge führt er zur Zufriedenheit durch, z.B. Beobachtung einer verdächtigen Person.«[14]

Von Männern wie Grossman und Adkins, die sich einordneten in den neuen Staat und die ihre Bereitschaft zur Zusammenarbeit auch durch Taten unterstrichen, versprach sich Schenk eine ganze Menge. Auch der eine oder andere Brite und Franzose hatte sich inzwischen an die sozialistische Lebensweise gewöhnt. Vor allem aber gab das »Negerkollektiv« zu schönen Hoffnungen Anlass.

Die Afroamerikaner: »Auch ich bin Amerika«

Jack Hillie wäre niemals auf die Idee gekommen, in die DDR zu flüchten, wäre diese dumme Sache auf dem Polizeirevier nicht passiert. Er war Soldat, und die Zustände in der Army waren eben so, wie sie waren: Noch immer gab es Rassentrennung, trotz der gerade in diesem Land, in Germany, gemeinsam errungenen Siege. Selbst die Militärzeitschrift *Stars and Stripes* hatte jüngst eingestanden, dass weiße G.I.s die »größte Quelle für rassistische Propaganda gegen die schwarzen Soldaten« seien, und doch akzeptierte Hillie diese Ungleichheit noch immer als gottgegeben. Ein Mann mit dunkler Hautfarbe war in dieser Armee eben den Schikanen der Weißen ausgesetzt und bestenfalls ein Mensch zweiter Klasse.

Wie Jack Hillie kamen nach dem Krieg Hunderttausende Afroamerikaner nach Westdeutschland, und was sie in Bad Nauheim und Bad Kreuznach, Bamberg und Baumholder, Butzbach und Berlin sahen und erlebten, überraschte sie sehr: Sie hatten bekannte und neue Formen der Benachteiligung erwartet, sie hatten damit gerechnet, dass es ihnen hier schlecht ergehen werde, im Land der Nazis, wo Hitler die »Rheinlandbastarde« zwangsweise sterilisieren ließ, Nachkommen von afrikanischen Soldaten, die nach dem Ersten Weltkrieg als Mitglieder der französischen Besatzungsarmee im Rheinland stationiert gewesen waren. Und dann das! Ausgerechnet in Deutschland, im Land der Mörder und Rassisten, die versucht hatten, ein ganzes Volk wegen dessen vermeintlicher Andersartigkeit auszurotten, gab es für Menschen seiner Hautfarbe so etwas wie Gleichberechtigung. Der beste Beweis dafür war die »foreign affair« an seiner Seite, Charlotte.

Dass ein »Neger«, wie die Deutschen seinesgleichen damals noch nannten, mit einer deutschen Frau fraternisieren konnte, hatte er bei seiner Ankunft nicht für möglich gehalten. Selbstredend kam es auch in Westdeutschland zu rassistischen Zwischenfällen: Ehemalige Wehrmachtsangehörige und frühere Mitglieder der Hitlerjugend beschimpften Frauen, die eine Beziehung zu einem schwarzen G.I. pflegten, manche schnitten Frauen sogar das Haar ab, und Leserbriefschreiber lehnten »Rassenmischung« ab: Es gebe, so äußerte sich einer, »eine Grenze, und diese hat Gott selbst gezogen«. Und dennoch fühlten sich die meisten Schwarzen in Germany »gleicher« als zu Hause in den USA.

Vom Glück der schwarzen G.I.s war bald auch dort zu lesen. Schwarze Soldaten genössen »mehr Freundschaft und Gleichheit in Berlin als in Birmingham oder auf dem Broadway«, schrieb *Ebony*, die Zeitschrift der Afroamerikaner in den USA. »Viele unter ihnen, speziell diejenigen aus dem Süden, erlebten erstmals die Freiheit, sich mit einer weißen Frau treffen zu können, ohne dafür bestraft zu werden.« Und weiter: »Zu einer Zeit, als in den Südstaaten Lynchen noch üblich war, erschien Deutschland (…) wie ein Hafen der Toleranz.« Die deutlichsten Worte fand 1948 ein schwarzer Unteroffizier in William Gardner Smiths Roman »Last of the Conquerors«: »Weißt du, was ich gelernt habe? Dass ein Nigger nicht anders ist als alle anderen Menschen auch. Ich musste hier herüber kommen, um das zu lernen. Ich musste hierher kommen und mir das von den Nazis beibringen lassen. Das wird uns zu Hause – im Land der Freien – nicht beigebracht.«[15]

Am liebsten wäre Jack Hillie ewig geblieben, was und wo er war: Mitglied der U.S. Occupation Army in Germany. Doch dann kam jener Tag im Juni 1949. Er und seine künftige Ehefrau, geboren am 21. Dezember 1920 in Bronnbach an der Tauber als Charlotte Ullrich, freuten sich auf eine gemeinsame Reise nach Paris, wo sie Jacks 25. Geburtstag feiern wollten. Am Vorabend ging er noch einmal weg, um etwas zu erledigen; er wollte sich von einer seiner offenbar zahlreichen Freundinnen verabschieden. Während Jack sich um die 17-Jährige kümmerte, zog deren Bruder Hillies Uniform an und ging damit ins Kino. Dort geriet er in eine Polizeikontrolle, und weil Uniform und Mensch nicht zusammenpassten, nahmen die Beamten den Jungen mit aufs Revier. Dort traf wenig später Hillie ein, der vermutlich Schwierigkeiten mit seiner Einheit und großen Ärger mit Charlotte befürchtete, wenn er ohne Uniform nach Hause käme.

Auf der Wache kam es zu einem Streit, Hillie zog ein Messer und verletzte einen der Beamten. Militärpolizisten verhafteten ihn und sperrten ihn ein. Hillie sah einer düsteren Zukunft entgegen. Die erste Gelegenheit zur Flucht nutzte er. Sein Weg führte ihn und Charlotte, die ihre Tochter aus der Ehe mit einem Italiener bei Verwandten in West-Berlin zurückließ, in den Ostteil der Stadt.

Jack Hillies Start im »demokratischen Sektor« verlief vielversprechend. Er war der erste schwarze Deserteur der US-Armee in der DDR, und die Freie Deutsche Jugend (FDJ) stellte ihn sofort auf die Bühne des 1. Deutschlandtreffens. Jack tat ihnen den Gefallen, das zu sagen, was sie zu hören wünschten: Er sei übergelaufen, weil er beim Militär »wegen seiner kommunistischen Tendenzen schikaniert« worden sei und es in der Armee wie in den USA selbst viele Rassisten gebe.

Vom 1. September 1950 bis zum 24. März 1951 tourte er gemeinsam mit Charlotte durch Thüringen, Sachsen, Sachsen-Anhalt und Ost-Berlin, um im Auftrag des Freien Deutschen Gewerkschaftsbundes (FDGB) über die »Negerverfolgung in den USA« zu berichten. Auch im Sommer 1953 unternahmen sie, inzwischen verheiratet, im Auftrag des Friedensrats und des FDGB-Bundesvorstands zwei Vortragsreisen durch die DDR. Jack sprach über Charlie Chaplin und über die Frage: »Wie lebt die Jugend in den USA?« Charlotte reiste als Übersetzerin mit und verdrängte dabei die Erinnerung an ihren ersten kurzzeitigen Arbeitsplatz in der DDR beim Waggonbau Weimar, den sie gekündigt hatte, »weil es mir unmöglich war, mit den Arbeitern warm zu werden, sie lehnten mich ab und beschimpften mich, weil ich einen Neger zum Mann hatte«.

Jack war von seinem neuen Leben offenbar sehr begeistert. Nach einigen Monaten beim Eisenhüttenkombinat Ost in Eisenhüttenstadt half ihm der Deutsche Schriftstellerverband der DDR, nach Berlin-Johannisthal zu ziehen. Hier wollte er »mit einem Schriftsteller seine Erlebnisse zu einem Roman gestalten« und deshalb bei Siemens-Plania eine Arbeit aufnehmen. Doch Jack Hillie fehlte oft unentschuldigt, auch später bei den Berliner Verkehrsbetrieben, und das Geld reichte ihm nie, obwohl er 1953 in Potsdam-Babelsberg beim Dreh des Films »Die Geschichte des kleinen Muck« ebenso mit einer Nebenrolle zusätzliche Einkünfte erhielt wie im Jahr darauf als Darsteller in »Gefährliche Fracht«. Häufig lieh er sich bei

Kollegen Geld und zahlte seine Schulden nicht zurück. Auch in der Ehe mit Charlotte kriselte es.[16]

Die Stasi wusste, weshalb Hillie in den Osten geflüchtet war, und sie wusste, dass das CIC ihn gern wieder unter seinen Fittichen hätte. Dafür hatten die US-Agenten mindestens drei Gründe: Ein US-Soldat, der sich unerlaubt von der Truppe entfernt hatte – »absent without (official) leave« (AWOL) –, aus einem Militärgefängnis geflüchtet und zum kommunistischen Feind übergelaufen war, verstieß gegen eine Menge Gesetze; und wenn er sich nun auch noch für die Propaganda der Kommunisten hergab, musste ihm aus amerikanischer Sicht dringend Einhalt geboten werden.

Auch Charlotte wusste, dass die Amerikaner ihren Mann gern wieder unter Kontrolle hätten, und deshalb bat sie um eine andere Stelle für ihn. Sie wollte weg aus Berlin, sagte Charlotte den Behörden, wo Jack mit Kriminellen verkehre und viel Alkohol trinke, weshalb er leicht unfreiwillig »verschwinden« könnte. Schenk nahm sich der Sache an. »Jack Hillie wurde der Vorschlag unterbreitet, eine Tätigkeit in der Deutschen Demokratischen Republik, evtl. in Leipzig, aufzunehmen und aus Berlin im Interesse seiner eigenen Sicherheit und Entwicklung wegzuziehen.«

Der DEFA-Kaderleiter teilte die Sorgen der Stasi, »dass Jack Hillie in Berlin aus persönlichen Sicherheitsgründen nicht wohnen und arbeiten darf«. Babelsberg liege zu dicht an der Sektorengrenze, im Betrieb seien »sehr viele Westberliner beschäftigt, deren Lebensläufe wir nicht kennen«, und er fürchtete außerdem, dass »sein starker Alkoholgenuss ihn zu Fall bringen könnte«. Jack Hillie selbst habe erzählt, »dass in Westberlin die amerikanische Besatzungsmacht ein Kopfgeld von DM 25 000 für ihn zahlen würde«. Deshalb empfahl er, Hillie »tiefer in die DDR einzuweisen«.

Eine Möglichkeit sah ein Beamter der Abteilung Bevölkerungspolitik in Weimar, wo eine 54-jährige »Negerin« lebe, die als Kleinkind nach Deutschland gekommen sei. Bautzen sei ebenfalls eine Alternative, weil dort schon drei oder vier Schwarze lebten. »Diese Kameraden sollen aber keinen guten Umgang für Jack bedeuten«, schrieb er, »da über das Auftreten derselben sehr viel Negatives bekannt wäre.« Schenk schien sich die Sache zu überlegen. In Wahrheit jedoch hatte er gute Gründe dafür, Jack Hillie noch eine Weile in Berlin zu lassen.[17]

Charles Lucas wäre für Jack Hillie ein guter Umgang gewesen. Charles Lucas glaubte an eine bessere Welt, eine für ihn bessere Welt, und er glaubte, sie in der DDR gefunden zu haben. Er glaubte, im Sozialismus könnten Menschen wie er gleichberechtigt mit anderen leben, ohne wie zu Hause oder in der amerikanischen Armee als »Nigger« diskriminiert zu werden. Er wollte glauben, dass das sozialistische Versprechen von Gleichheit für alle Menschen gilt, auch für schwarze.

Zwar hatte es ihn in den ersten Tagen in Bautzen unangenehm berührt, wenn Menschen sich um ihn drängten und ihn begafften. Der ein Meter achtzig große, sportliche Mann erzeugte aus der Ferne betrachtet ebenso viele Vorbehalte und Ressentiments wie Neugier. Aber bei all denen, die näher kamen und seine Fröhlichkeit und sein offenes Wesen kennenlernten, konnte Charles Lucas spüren, dass er als erster Schwarzer in der Stadt eine gewisse Popularität genoss. Trotz seiner sich nur langsam entwickelnden Deutschkenntnisse fand er meist schnell Zugang zu den Menschen. Schließlich vertraute er diesem Land und den Leuten, das Leben hier erschien ihm leicht und gut.

Aber es gab auch den anderen Charles Lucas, den verschlossenen, den suchenden, auf dessen Nachttisch das Neue Testament in deutscher Sprache lag, meist aufgeklappt, weil er zuvor mal auf dieser, mal auf jener Seite die Geschichten nachgelesen hatte, die er aus seiner Kindheit kannte. »Die Dinge, die er nach seinem Gott am höchsten schätzt«, sollte einmal ein Geheimer Informator der Stasi spotten, seien »Geld, Frauen und Wirtshäuser«. Da war aber schon viel geschehen mit Charles Lucas in der DDR, und deshalb war diese Charakterisierung von »Taylor«, der sich als Charles' Freund verstand, nichts als bösartiger Spott eines zwar nützlichen und loyalen Zuarbeiters, des besten, den die KD Bautzen in die Ausländergemeinde eingeschleust hatte, der jedoch die Attitüde eines großbürgerlichen Millionärssohns, der er war, nie ganz abzulegen vermochte.

Charles Lucas stammte – anders als »Taylor« – aus der »richtigen« Klasse. Er war einer von ganz unten, Arbeiter, ein lebenslustiger Mensch, geboren am 10. Dezember 1916 in Xenia, Ohio. Sein Vater starb früh, und die Mutter brachte ihn und die beiden Schwestern als Putzfrau und Wäscherin durch. Grundschule, zwei Jahre Highschool, Wirtschaftskrise, Arbeitslosigkeit. Charles' Zukunft sah Mitte der dreißiger Jahre düster aus.

Schließlich nahm ihn das Civilian Conservation Corps auf, eine Arbeitsbeschaffungseinrichtung, welche die Stasi in ihrer ignoranten Arroganz mit dem »nazistischen Arbeitsdienst« verglich. Nach ein paar Jahren als Autowäscher und Metallarbeiter in Sidney, Ohio, landete Charles beim Militär. Wie Tausende andere schickte ihn sein Dienstherr nach Europa, um den Kontinent von den Nazis zu befreien. Bis Kriegsende diente Charles Lucas auf einem Schiff der Navy.

Nach drei Jahren in Ohio und einer Scheidung kehrte er im März 1949 nach Europa zurück. Als Mitglied des Heeres betrat er erstmals deutschen Boden. Bald lernte auch er ein blondes, deutsches Mädchen kennen, das sich mit ihm einließ. Während die deutschen Freunde seiner Braut nichts dagegen einzuwenden hatten, wollten die Rassisten in der Army, seine Vorgesetzten, ihm alles verderben. Sie wollten ihn nach Korea schicken, und um Erlaubnis zu bitten, seine Freundin heiraten und mit nach Hause nehmen zu dürfen, wäre aussichtslos gewesen. Deshalb entschloss sich das Paar zur Flucht. Das war im September 1951. Und vielleicht bewahrte ihn dieser Schritt davor, wie viele andere im »punchbowl« rund um den Heartbreak Ridge in den Bergen Nordkoreas nördlich des 38. Breitengrades umzukommen.

Wenn es nach Schenk ging, so durfte Charles Lucas zuversichtlich sein. In der DDR war für Männer wie ihn Platz. Das sozialistische Versprechen, Fortschritt für alle, galt auch für Lucas. Schwarze konnten sich glücklich schätzen, dem Ku-Klux-Klan und den Schikanen ihrer weißen Offiziere und »Kameraden« entkommen zu sein. In der DDR durften sie nicht nur in jedem Restaurant ihrer Wahl essen, sondern sie erlernten einen Beruf und arbeiteten gegen gutes Geld als Schlosser oder Dreher in den VEB – Charles Lucas sogar meistens gut und regelmäßig. Er verdiente seinen Lebensunterhalt, zunächst als Koch und Bäcker in der Betriebsküche des Konsums, dann beim VEB Waggonbau. Er wohnte mitten in der Stadt, am Platz der Roten Armee 4, direkt neben dem Reichenturm, dem »schiefen Turm von Bautzen«, am Ende der Reichenstraße, er besaß einen Mitgliedsausweis des FDGB und kämpfte häufig und erfolgreich als Halbschwergewichtler für den Boxklub der Betriebssportgemeinschaft (BSG) Post. Kaderinstrukteur und Kaderleiter stellten »eine zustimmende Einstellung zu unserem Arbeiter-und-Bauern-Staat sowie zur SU« fest. Auch die KD Bautzen freute sich, »dass er in seiner politischen Einstellung von den Erfolgen in der DDR beeindruckt ist und die Entwicklung tatkräftig unterstützt«. Er sei ein »anständiger, verträglicher Mensch« und habe »positive Ziele«.

Lucas selbst schien zufrieden zu sein mit seinem neuen Leben, nur die Frauen bereiteten ihm Kopfzerbrechen. Seine Fluchtgefährtin hatte ihn bald wieder verlassen, weil ihr Lebensmodell seinem so offensichtlich widersprach. Sie wollte arbeiten, selbst Geld verdienen. Aber Charles hatte es anders gelernt, er wollte nicht, dass seine Frau schuftete wie seine Mutter, seine künftige Ehefrau sollte sich um das Häusliche kümmern. »Lucas«, so notierten seine Betreuer, »wünscht sich ein Eheleben nach amerikanischem Muster.«[18]

Im Februar 1952 war er wieder, wie die Stasi dokumentierte, »ohne feste Bindung«. Er hatte wechselnde Bekanntschaften, eine ganze Reihe von Frauen erwiderte seine Zuneigung; und er beschenkte sie freigiebig. Manche sagten, die Frauen nutzten ihn aus, er verschuldete sich, zahlte aber stets zurück. Schon gar nicht gehörte er zu jenen, die ihren Lohn durch Diebstähle aufbesserten. Charles Lucas war im Grunde ein anständiger Kerl. Was er brauchte, war eine verlässliche Frau, wie Jack Hillie sie hatte, oder ein anderer dunkelhäutige Amerikaner, Raymond Hutto, der seine Sieghilt am 23. Oktober 1954 heiratete, die Frau, die mit ihm in die DDR gekommen war, eine weiße, gepflegte, intelligente Deutsche, die sich mit der Staatsicherheit eingelassen hatte und ihren Mann mit sicherer Hand führte.

William P. O'Ryan: »Amerika wird ein faschistischer Staat«

In eine andere Gruppe – die zweite – sortierte Schenk jene ein, die nicht wussten, was sie wollten: Männer wie O'Ryan, die sich nicht entscheiden konnten, die zwar Asyl beantragt hatten, weil sie die kapitalistische Welt nicht mehr ertrugen, sich aber in die sozialistische nicht einzugliedern vermochten, die renitent waren und blieben, sich von ihren Gewohnheiten nicht trennen mochten und die sich trotz der Strafe, die sie im Westen unweigerlich erwartete, den

Kriegstreibern wieder zur Verfügung stellen wollten. Das zu verhindern, war Schenk bei William Patrick O'Ryan gelungen.

William Patrick O'Ryan, geboren am 31. Oktober 1930 und getauft auf den Namen William Field Carley jun., hatte das Pech, bei einer unsteten Mutter aufzuwachsen, deren Lebensmittelpunkt sie selbst war. So jedenfalls sah er es. In seinen Aufzeichnungen beschreibt er seine Mutter, gelernte Stenotypistin, als Trinkerin und starke Raucherin, die sich scheiden lässt, als er fünf Jahre alt ist. Bald jedoch findet sie den nächsten Mann, einen Angestellten einer Reklamegesellschaft, der den damals Sechsjährigen und seine Mutter 1936 mit nach Memphis nimmt, wohin ihn sein Arbeitgeber versetzt hatte. Der neue Ehemann der Mutter adoptiert den Jungen, und so bekommt er seinen neuen Namen, den er behält, obwohl auch diese Ehe durch die Mutter »vollkommen zerrüttet« wird und der Ersatzvater verschwindet. Der nimmt das Geld und den Chrysler mit, sie erhält das zweistöckige Einfamilienhaus in Memphis und regelmäßige Schecks für die beiden Söhne. »Meine Mutter arbeitete nach der Scheidung nicht mehr«, schreibt O'Ryan, »sondern lebte vom Geld, das mein Vater an Unterhalt zahlte.«

Das ist im Jahr 1945, und bald wird es O'Ryan zu eng in Memphis. Mit 16 verlässt er die Highschool, das Haus und vor allem die Mutter, von der er irgendwann hört, dass sie inzwischen in fünfter Ehe lebt. Er schlägt sich zunächst als Gelegenheitsarbeiter in New Orleans, Miami, Dallas und Los Angeles durch, heuert im Oktober 1947, kaum 17 Jahre alt, als Matrose an, fährt auf einem Überseedampfer Häfen in China, Indien und Afrika an und verbaut sich dieses Mal selbst die Zukunft. Während eines Heimaturlaubs stiehlt er ein Auto und lässt sich völlig betrunken am Steuer erwischen. Ein Gericht verurteilt ihn zu 18 Monaten Haft; danach findet er keine Heuer mehr.

Ihm bleibt nur der Weg, den viele gestrandete US-Amerikaner nehmen: Im März 1950 meldet er sich bei der Army, die ihn unter der »Service Number« RA 19360663 registriert. Er erlernt den Beruf des Elektrikers und wird in Korea schwer am Bein verletzt, die Wunde schmerzt zeitlebens, wenn ein Tief am Horizont näher rückt. Danach schickt ihn die Army nach Bremerhaven, Böblingen, Würzburg und Bamberg, wo er als Adjutant eines Ausbilders Waffen und Gerätschaften verwaltet. Doch hier, in der 1. Kompanie des

26. Infanterie-Regiments der U. S. Army, sollte auch seine Karriere als Soldat abrupt enden: Als er eines Nachts, statt zur Kaserne zurückzukehren, bei einer Prostituierten hängenbleibt, wird Sergeant (Unteroffizier) O'Ryan zum Corporal (Stabsgefreiten) degradiert, und der Sergeant Master (Hauptfeldwebel), ein gemeiner Sadist, hetzt fünf Soldaten auf ihn, die ihn im Duschraum verprügeln. Er wäre nicht William Patrick O'Ryan gewesen, hätte er nicht bei erster Gelegenheit mit gleicher Münze zurückgezahlt. Diese Schläge quittiert der Kompaniechef mit zwölf Tagen Arrest, ein Militärgericht verurteilt ihn danach zu drei Monaten Gefängnis und degradiert ihn zum einfachen Soldaten. Nach zwei Wochen wird das Urteil zwar aufgehoben, nachdem die Provokationen des Vorgesetzten bekannt geworden sind. Aber danach, so schreibt O'Ryan, »machte mir der Sergeant Master das Leben fast zur Hölle«.

Selbst aus dieser Hölle findet O'Ryan einen Ausgang, und er läuft – wieder einmal – weg, er desertiert, nicht ohne zwei Pistolen und 127 Schuss Munition eingesteckt zu haben. Am 14. Dezember 1953 um acht Uhr früh überquert er die Demarkationslinie bei Rodach/Suhl und stellt sich einem sowjetischen Grenzposten. In der Kommandantur kann er einem Englisch sprechenden Sowjet, der sich »George« nennt, erläutern, weshalb er in die DDR gekommen ist und dort zu bleiben gedenke. »George«, vermutlich Oberst Pawelow, nimmt ihn mit nach Berlin und übergibt ihn einige Tage später den Deutschen, die ihn im Hotel »Nord« unterbringen, in dem er auch Weihnachten feiert, gemeinsam mit dem Franzosen Simon Le Roy. Am 9. Januar 1954 wird er zu der Villa am See gebracht, die er »Lake House« nennt. Dort schreibt er mehrfach einen ausführlichen Lebenslauf, gibt Auskünfte über seine Einheit und begründet, weshalb er in die DDR gekommen ist.

O'Ryan schreibt in jenen Wochen mehr als zuvor in seinem ganzen Leben. »Ich war fest davon überzeugt, dass es moralisch falsch war, ein Leben ohne Ehre, den Dienst in einer Armee fortzusetzen, die so sehr den Krieg anstrebte«, legt er dar, »eine Armee, die im Namen des ›Friedens‹ sich selbst und ihre Basen ausdehnte und fortfuhr, die Unruhen in Korea, Taiwan und anderen Ländern zu schüren.« Die politischen Veränderungen in den USA selbst hätten dazu geführt, »dass ich nicht mehr zurückkehren wollte. Amerika verliert die politische Freiheit, die es einst zu einem großartigen

Land gemacht hatte.« Das Land verändere sich rasant zu einem »faschistischen Staat«.[19]

In jenem Januar 1954 glaubte O'Ryan, noch einmal davongekommen zu sein und hier, in dem von der Sowjetunion besetzten Teil Deutschlands, ein neues Leben beginnen zu können. Je länger sie ihn aber, bekleidet mit einem lächerlichen, violett gestreiften Schlafanzug und klobigen Holzschuhen, in diesem Haus festhielten, in dem das Essen so lausig war und das er nur selten für einen Spaziergang im Garten verlassen durfte, desto mehr fühlte sich O'Ryan wie ein Gefangener. Simon Le Roy, der in einem anderen Zimmer untergebracht war, erging es ähnlich. Und so vereinbarten sie, auszubrechen und sich bei den Sowjets zu beschweren. Le Roy bastelte einen Dietrich, mit dem er an einem Tag Anfang März 1954 ihre Türen öffnete. Um sich gegen die Kälte schützen und die mit Glasscherben bekrönte Mauer unverletzt überwinden zu können, »entführten« sie eine Steppdecke. Als das gelungen war, schlugen sie sich zur sowjetischen Kommandantur in Karlshorst durch. Den Diebstahl der Decke verbuchte Schenk danach »als taktischen Verlust«. Dass die Sowjets nachgaben und die beiden Ausbrecher nach Bautzen entließen, empfand er als Demütigung.

Von Anfang an war er unzufrieden gewesen mit der Situation in Müggelhort am südöstlichen Ende des Berliner Müggelsees. Grund dafür war jedoch weder die ein wenig heruntergekommene Substanz von »Objekt 4« noch die mangelhafte Ausstattung. In dieser Beziehung hatte Schenk vieles verbessert, hatte sich vom Genossen Mielke mal 500 Mark für stark abgenutzte Gegenstände wie Handtücher und Geschirr genehmigen lassen, mal 1500 Mark für sechs Paar Hausschuhe, sechs Schlafanzüge, zwölf Garnituren Unterwäsche, sechs Bademäntel.[20] Die Bibliothek erweiterte er mit einer gewissen Hingabe. Auch die Verpflegung war seiner Ansicht nach wirklich in Ordnung: Wenn Schenk nachrechnete, kam er allein in dem Quartal, in dem O'Ryan und Le Roy sich wegen des angeblich schlechten Essens beschwert hatten, auf 12,6 Kilo Fleisch, 17,9 Kilo Wurst, 12,8 Kilo Butter, 100,7 Kilo Brot und 40 Kilo Kartoffeln, die Insassen und Wachpersonal verbraucht hatten. Sogar 2000 Salem-Zigaretten hatten sie bekommen, außerdem 17 Päckchen Waschpulver, zehn Stück Seife – es gab Menschen auf dieser Welt, denen es schlechter ging, fand Schenk.

Die wirklichen Probleme waren andere: Das »Quarantänelager«, wie sie es auch nannten, war schwer zu sichern und viel zu klein angesichts der wachsenden Zahl fahnenflüchtiger Nato-Soldaten, die er dort einer eingehenden Filtration zu unterziehen hatte. Wenn er auch noch jene Überläufer zu bearbeiten hatte, die zurückkehren wollten oder abgeschoben werden sollten und deshalb weder den anderen Insassen begegnen noch mit ihnen sprechen durften, bot die Villa Platz für maximal drei Deserteure. Die Sicherheitsmaßnahmen entsprachen längst nicht dem neuesten Stand, was sich auch nach dem Ausbruch von O'Ryan und Le Roy nicht grundlegend ändern sollte. Viel schlimmer jedoch war, dass das Haus Anwohnern und Ausflüglern aufgefallen war. Zwar waren im Winter von den 20 Häuschen in der Umgebung nur einige bewohnt, aber im Sommer war das »Krankenhaus« zu einer Art unheimlicher Attraktion geworden.

Im Laufe des Jahres 1954 hatte Schenk mehrere Informationen von verschiedenen Quellen erhalten, die sich auf das »Objekt 4« bezogen. Den ausführlichsten Situationsbericht hatte ihm der für die Halbinsel im Müggelsee zuständige Geheime Hauptinformator (GHI)[21] geliefert. Dessen alarmierende Informationen lagen ein gutes halbes Jahr nach dem Vorfall O'Ryan/Le Roy auf Schenks Schreibtisch, zwei Tage nachdem sein Kollege, Genosse Harry Goller, den Holländer Robert Willeminus Louwman zum Kontrollpunkt Marienborn gefahren und in den Westen abgeschoben hatte.

Louwman war einer der intelligenteren Überläufer gewesen. In seinem Zimmer schrieb er während seines fast fünfmonatigen Aufenthalts in kleiner, akkurater Schrift auf, was er zuvor in der DDR gesehen und gehört hatte, und verzierte viele Seiten mit kunstvollen Bleistiftzeichnungen. Dazu nutzte er jedes Stück Papier, das er ergattern konnte; sogar auf die Ränder von Zeitungen kritzelte er seine Erinnerungen. Eines Tages nahm Goller dem 22-Jährigen die Aufzeichnungen ab, bevor sie ihm im »Krankenhaus« eine gepflegte Frisur verpassten und ihn neu einkleideten; dann legten sie ein weißes Tuch über seine Augen, verknoteten es am Hinterkopf und schoben ihn in eine Limousine der Eisenacher Motorenwerke (EMW).

Gollers Uhr zeigte zehn Minuten nach zehn Uhr an, es war der 11. August 1954. Der GHI stand im Garten seiner Baracke am Ufer des Sees. In diesem Moment öffnete sich das Tor des Grundstücks gegenüber, ein Wagen fuhr heraus und an ihm vorbei, und der GHI konnte auf dem Rücksitz deutlich einen gut gekleideten Mann erkennen, der etwas nach vorn gebeugt saß, so als krümmte er sich unter Magenschmerzen. Trotzdem sah der GHI das helle Tuch über den Augen.

Auch ein Bauarbeiter starrte dem Wagen nach. »Was war denn das?«, rief er herüber, als der Staub sich gelegt hatte. »Und was ist denn das für ein merkwürdiges Haus?«

Der GHI wusste nicht, was er antworten sollte. »Sie wohnen doch hier. Dann müssen Sie das doch wissen«, hakte der Mann mit der Schaufel nach.

»Da saß einer im Auto, der hatte etwas Weißes auf dem Kopf«, sagte der GHI schließlich. Und setzte noch hinzu: »Ich kann mich aber auch geirrt haben.«

Der GHI wusste, was man sich über Vergangenheit und Gegenwart des Grundstücks Köpenick, Flur 11, Flurstück 51/7 erzählte. Gebaut hatte die Villa ein Direktor der IG Farben, hieß es unter den Anwohnern, schon bevor die Demokraten die Macht in Hitlers Hände gegeben hatten. Bis 1953 habe sie einer Familie mit drei Kindern gehört, die sich nach Spandau abgesetzt habe. Danach soll ein Kaufmann aus Lichtenberg das Grundstück erworben haben, der wenig später verhaftet worden sei. Nach den Sommerferien 1953 holperten dann LKWs mit Strafgefangenen aus Rummelsburg über den Schotterweg heran, angeblich politische Häftlinge. Sie vergitterten die Fenster der Villa und errichteten rund um das knapp 2000 Quadratmeter große Grundstück eine drei Meter hohe Mauer, die eine Krone aus Glassplittern erhielt – auch auf der Seeseite. So etwas hätten sie schon mehrfach gebaut, hörten die Nachbarn von den Sträflingen. Sie sprachen von einem Gefängnis.

All das berichtete der GHI, und Schenk las auch von den Ereignissen am 27. Mai 1954, dem Himmelfahrtstag, als zwei Männer in einem Paddelboot das Haus fotografierten, just als sich in der ersten Etage am Fenster ein Mann »in schlafanzugartigem Gewand« zeigte. Wenig später kamen die Sommerfrischler, und in dieser Saison gab es unter ihnen und den Ausflüglern nur ein Thema: die »Splitterburg«, wie sie das Gebäude nannten. Sie beobachteten das Haus und bemerkten hinter den Fenstern Menschen in gestreifter Kleidung, die auf den See hinausschauten.

Tatsächlich Strafgefangene?

Manchmal standen einzelne Gefangene und ihre Wächter, von denen sich einer bei einem Nachbarn Angelhaken ausgeliehen hatte, auf dem Bootssteg und fischten. Sehr scharf schienen die Männer nicht bewacht zu werden.

Weil manchmal ein Krankenwagen aufs Grundstück fuhr und Personal mit weißen Kitteln zu sehen war, vermuteten andere, es handle sich um eine Spezialklinik, vielleicht eine psychiatrische. Dieser Eindruck verstärkte sich, als eines Abends ein Ausländer aus dem Fenster um Hilfe rief, was ein Russisch sprechender Nachbar, ein Dolmetscher, so übersetzte: »Nadja, hilf mir. Nadja, Hilfe!« Da sein Reden oft in unzusammenhängendes Gestammel überging, schien er im Fieber zu fantasieren oder unter Medikamenteneinfluss zu stehen.[22]

Zwei Wochen später fuhr erneut ein Rot-Kreuz-Krankenwagen aufs Grundstück, in dem jemand laut schrie und die Insassen miteinander rangen. Ein Pärchen aus West-Berlin übersetzte die englischen Worte, die es aufschnappte, und die ließen alle, die sie hörten, schaudern: »Und wenn ihr mich vergiftet, ich sage doch nichts aus!«

Die Gerüchte um die »Splitterburg« wurden immer abstruser. Ein Forschungsinstitut? Aber weshalb hing dann kein Firmenschild am Tor? Spaßvögel raunten, das Haus sei ein Gefängnis für ehemalige Minister der DDR oder Arbeitsplatz für festgenommene Wissenschaftler, die an Erfindungen arbeiten mussten, an der Atombombe zum Beispiel. Ein Nachbar spekulierte sogar, dass Dr. Otto John sich hier aufhalte, der frühere Präsident des westdeutschen Bundesamts für Verfassungsschutz, der nach seinem Übertritt in die DDR im Radio und auf einer Pressekonferenz in Ost-Berlin Adenauers Politik der Remilitarisierung und Westorientierung kritisiert hatte. »Ich habe mich nach reiflicher Überlegung entschlossen«, hatte er gesagt, »in die DDR zu gehen und hier zu bleiben, weil ich hier die besten Möglichkeiten sehe, für eine Wiedervereinigung und gegen die Bedrohung durch einen neuen Krieg tätig zu sein.«

Insgeheim aber ahnten alle, dass das Haus nur von *einer* Institution genutzt werden konnte. Deshalb hieß die »Splitterburg« auch SSD-Haus. SSD stand für Staatssicherheitsdienst. Der GHI wusste, dass dies der Wahrheit ziemlich nahe kam. Und als am folgenden Tag, am 12. August, etwa zur gleichen Zeit erneut ein EMW mit vier Personen das geheimnisvolle Haus verließ, dessen rückwärtiger Insasse dieses Mal eine schwarze Augenbinde trug, ließ er in seinem Lagebericht Spott über seine Kollegen durchblicken: »Villa Splitterburg in Müggelhort war wieder Tagesgespräch.«[23]

Das ärgerte Schenk. Er benötigte dringend einen anderen Standort.[24] Wenigstens ein neues Objekt in Dresden war bald einsatzbereit, in das die Überläufer künftig möglichst rasch verlegt und in dem die Abzuschiebenden letzte Instruktionen erhalten sollten; zumindest hatte er mit Mielke bereits über die personelle Besetzung dieses Filtrationspunkts gesprochen.

Fehltritt mit Folgen: William Smallwood stolpert in den Osten

Und dann gab es noch – Schenks dritte Gruppe – die Westagenten. Bis vor wenigen Monaten hatte Schenk auch William Smallwood für einen derer gehalten, die der Feind schickte, um »Kameraden« zurückzuholen und Unruhe unter den Überläufern zu stiften. Er war vom ersten Tag an ein Problemfall gewesen, ein Querulant, Trinker, laut und gewalttätig, der sich nicht zu benehmen wusste. Wegen einer Schlägerei fand er sich weniger als drei Wochen nach seiner Ankunft in Bautzen im Gefängnis Waldheim wieder.

Smallwoods großes Missverständnis hatte am 22. Mai 1954 begonnen: Irgendwo zwischen Rasdorf (Hessen) und Geisa (Thüringen) standen plötzlich Volkspolizisten (Vopos) vor ihm. Der 28-jährige Non-commissioned Officer (Unteroffizier), »Service Number« RA 15299730, hatte tags zuvor mit Vorgesetzten in einer Bar in Fulda – sie nannten sie »Mom's Place« – zunächst getrunken, dann gestritten. Den Captain (Hauptmann) traf er am nächsten Morgen 15 Kilometer weiter nördlich wieder, in Huenfeld; sie tranken und stritten erneut, woraufhin Smallwood ihn stehenließ, nicht ohne ihm entgegenzuschleudern, er habe es satt, er gehe in die »russische Zone«, wo alles besser sei als hier. Nach diesem Ausbruch brauchte Smallwood weiteren Alkohol.

Das Nächste, woran er sich erinnerte, war sein Erstaunen darüber, Volkspolizisten gegenüberzustehen, von denen einer das Bajonett aufgepflanzt hatte. Dann spürte er, dass seine Kleidung auf dem

Rücken nass war, und er vermutete, dass er am Boden gelegen hatte. Einer der Vopos forderte ihn auf, ihm zu folgen, hinter Smallwood ging der zweite, bewaffnet mit einer russischen Maschinenpistole. Sie gingen einen kleinen Hügel hinab zu einer Baracke, in der ein dritter Mann saß, ein Offizier, der telefonierte. Dann kamen die Sowjets. Weil er Angst hatte, sprach er die beiden Zauberworte: »political asylum«, politisches Asyl. Das verstanden die »Roten«. Nun waren sie zugänglicher, und er bat um Bier und eine Zigarette. Nach einigen Minuten verbanden sie ihm die Augen und schoben ihn in ein knatterndes, stinkendes Plastikautomobil.

Sie brachten ihn zu einer sowjetischen Kaserne. Dort kamen sie nachts um halb elf Uhr an. Jemand führte ihn in die erste Etage und sperrte ihn in ein Zimmer, vor dem sich zwei Wachen postierten. Smallwood fühlte sich krank, hatte fürchterliche Kopfschmerzen. Eine Viertelstunde lag er auf dem Feldbett, als ein sowjetischer Offizier das Zimmer betrat und ihn in englischer Sprache aufforderte, ihm zu folgen. Unten durchquerten sie die Halle und betraten einen großen Raum, in dem sieben oder acht weitere Offiziere sich eine Menge Bier- und einige große Wodkaflaschen teilten. In dem Raum stand der Zigarettenqualm, er erblickte eine Büste von Stalin und eine Reihe weiterer weißer Plastiken. Einem englisch sprechenden Sowjet nannte Smallwood Namen und Rang und sagte, er gehe davon aus, bald zurückgeschickt zu werden. Der Offizier antwortete, wenn er nicht hierbleiben wolle, dann sei das wohl so. Bis die Papiere fertig seien, werde er nach Berlin gebracht, wo er ein paar »channels«, Tests, durchlaufen müsse.

Am Montag fuhren sie ihn in einem Rot-Kreuz-Wagen zur sowjetischen Kommandantur nach Berlin, unterwegs stieg ein Zivilist ein, der sich als »George« vorstellte, Colonel (Oberst) der sowjetischen Sicherheitspolizei, der ihn bereits im Wagen über seine Division befragte, ob er etwas über die Atombombe sagen könne und ob er von einem Gerät gehört habe, das ohne Pilot fliegen könne. Als Smallwood ausstieg, stand er auf einer breiten Auffahrt vor einem zweigeschossigen Gebäude. Das Eingangsportal bestand aus zwei Stufen und einem Flachdach, getragen von vier eckigen Säulen, rechts und links davon standen je zwei Fahnenstangen, an denen die Banner der vier Siegermächte hingen. Wie er später erfuhr, hatten die Nazis das Haus zwischen 1936 und 1938 als Offizierskasino der Pionierschule 1 der Wehrmacht errichtet. Nachdem die Sowjets Berlin erobert hatten, schlugen die Männer der 5. Stoßarmee unter Generaloberst Nikolai Bersarin dort, in Berlin-Karlshorst, ihr Hauptquartier auf. Am späten Abend des 8. Mai 1945 nahmen hier der sowjetische Oberkommandierende Marschall Georgi K. Schukow und der Chef der britischen Royal Air Force, Arthur W. Tedder, in Gegenwart des amerikanischen Airforce-Generals Carl A. Spaatz und des französischen Generals Jean de Lattre de Tassigny die Unterschriften von Generalfeldmarschall Wilhelm Keitel, Generaladmiral Hans-Georg von Friedeburg und Generaloberst Hans-Jürgen Stumpff entgegen, mit denen die Deutschen der bedingungslosen Kapitulation zustimmten. Obwohl seit 1949 DDR-Beamte das Haus verwalteten, waren noch viele Sowjets da.

Drei oder vier Tage lang verhörten sie Smallwood, manchmal ließen sie ihn über die Terrasse in den Garten spazieren, begleitet von einem Wächter. Dort beschied einer der Sowjets: »Mein Chef sagt, dass wir Dich den Deutschen übergeben, bis Deine Papiere fertig sind.« Dann legten sie ihm Handschellen an und verbanden ihm erneut die Augen. »Wo bringen Sie mich hin?«, fragte Smallwood. »Ins Gefängnis?« – »Nein«, war die Antwort, »Du wirst nur warten müssen.«

Dann brachten sie auch ihn zum Haus am See, etwa zwanzig Fahrminuten von Karlshorst entfernt. Er hörte, wie das Metalltor geöffnet und wieder geschlossen wurde. Dann nahmen sie ihm die Augenbinde ab, und er sah die Gitter vor den Fenstern. »Schau Dich um«, sagte der Sowjet, »Du bist nicht im Gefängnis.« Dabei lachte er laut. Aber Smallwood sah nicht nur die Gitter, sondern auch die Wächter und die Hunde.

Vor dem Haus begrüßte ihn ein Deutscher namens »Dr. Huber«. Bevor sie eintraten, ermahnte er ihn auf Englisch, sich im Haus und gegenüber den Mitarbeitern und Posten diszipliniert zu verhalten und deren Anordnungen zu befolgen. Das Wachpersonal begrüßte ihn nicht unfreundlich, aber reserviert. Dann führte »Dr. Huber« ihn in sein Zimmer, das eher einer Zelle glich. Es war klein, einfach eingerichtet: Bett, Spind, Tisch, Stuhl, ein paar Zeitschriften und Bücher, ein Radio, das auf den North American Service von Radio Moskau eingestellt war. Er musste sich vollständig ausziehen, durfte in einem anderen Raum baden und erhielt neue Kleidung: eine graue

Pyjamajacke mit pinkfarbenen Streifen, Hausschuhe und Bademantel. Seine Hose, Schuhe, Uniformhemd und Unterwäsche dufte er behalten, alle anderen Teile seiner Montur konfiszierten sie ebenso wie seine Papiere.

An den folgenden Tagen musste er über seine Einheit berichten, seine Aufgabe, die Kommandeure, die Kaserne und wohin G.I.s gingen, wenn sie frei haben. Sie kritzelten seine Daten in einen Fragebogen, er schrieb seinen Lebenslauf, jeden Tag von neuem. Und »Dr. Huber« und die anderen Deutschen befragten ihn stundenlang: Wie die Menschen in den Staaten lebten, wollten sie wissen, wie die Hauptstadt von Arizona heißt und wer den Text der Nationalhymne »The Star-Spangeled Banner« geschrieben hat. Und weil der zweite seiner Vernehmer, dessen Namen er nicht verstanden hatte, gerade Stefan Heyms neuen Roman »Goldsborough« gelesen hatte, debattierten sie über die Gewerkschaftsbewegung, den Kohlebergbau und die soziale Lage der Kumpel in den USA.[25]

Smallwood konnte viele Fragen nicht beantworten, er fühlte sich wie bei einem Quiz. Wo er konnte, gab er bereitwillig Auskunft, auch auf private, fast intime Fragen: Mit wem er befreundet war und mit wem er das Bett teilte, wollten sie wissen. Smallwood verstand, dass sie klären wollten, ob da wirklich ein Amerikaner vor ihnen saß. Aber es gab auch Momente, in denen er um sein Leben fürchtete. Es war ihm unheimlich, immer wieder den Verrückten aus dem Fenster schreien zu hören, mal auf Russisch, mal auf Deutsch. Er sah den Mann nie, aber er hielt ihn für einen Engländer oder Amerikaner. Einmal nämlich hörte er ihn auf Englisch rufen: »Ich will einen Anwalt, ich habe das nicht getan!« Später, als er in der Zelle in Dresden saß, sollte er einem Kumpel sagen, dass er glaube, der Mann sei später von den Russen erschossen worden.

In einem Nebenraum des »Lake House« bemerkte Smallwood bald eine weitere Person. Es war der Holländer, der wie er darauf wartete, zurückgeschickt zu werden. Aber er verfügte offenbar über Erfahrungen, die Smallwood noch bevorstanden. Diesen Holländer fragte Smallwood, wie man aus diesem Gefängnis hier verschwinden könne. Er antwortete: »Der einfachste Weg ist: Unterschreibe das Papier, das sie Dir vorlegen werden, den Antrag auf politisches Asyl.«

Tatsächlich forderten sie ihn jeden Tag bei den Verhören dazu auf. Immer wieder sagten sie ihm, dass er in Freiheit leben könne, wenn er den Antrag unterschreibe. Schnell erlahmte Smallwoods Widerstand, er war noch nie lange eingesperrt gewesen, und als sie ihm sagten, sie würden die Zeitungen informieren, dass er übergelaufen sei und um Asyl gebeten habe – egal ob er nun unterschreibe oder nicht –, da stellte er eigenhändig seinen Antrag, den er in englischer Sprache recht feierlich und unangemessen pathetisch begründete: »Von Kriegern, wie sie Amerika beherrschen, möchte ich mich ab- und Herz und Hand einer geteilten, aber friedliebenden Nation zuwenden (...)«[26]

Trotzdem musste er weitere drei Wochen an diesem Ort am See ausharren. Es war eine falsche Idylle, wie Smallwood bald fand. Er wachte Morgen für Morgen in seiner schmalen Zelle unterm Dach auf, wenn draußen die Enten laut quakend ihre Runden drehten, und wenn er im Treppenhaus auf dem Weg hinab zum Frühstücksraum durch ein Fenster blickte, über die hohe Mauer zum See hin, dann sah er manchmal einen der Wächter – Smallwood erkannte deutlich die Pistole, die sich in seiner Gesäßtasche abzeichnete – auf dem Steg angeln, an dem nie ein Boot anlegte. Dafür fuhren »Dr. Huber« und der andere fast täglich im Auto vor und quetschten ihn weiter aus, fragten nach jedem Detail aus seinem Leben und nach seinem Wissen über Militärisches. Sie blieben dabei immer korrekt, sie schlugen ihn nicht und hoben selten ihre Stimme. Nur wenn sie ihn mit dem Vorwurf konfrontierten, für die Gegenseite, das CIC, zu arbeiten, fühlte Smallwood sich unwohl, und als sie ihn einmal besonders intensiv bedrängten, brach die wachsende Angst sich Bahn, und er rief so ängstlich wie laut: »Und wenn ihr mich vergiftet, ich sage doch nichts aus!«

Danach boten sie ihm Zigaretten an. Sie empfahlen ihm, Bücher mit auf sein Zimmer zu nehmen, die in einer Art Wohnzimmer in einem Regal aufgereiht waren, vorwiegend von russischen Autoren. Aber die englischen Ausgaben, etwa Pjotr Pawlenkos »Happiness«, Anton Makarenkos »The Road to Life« oder gar Stalins »Problems of Leninism«, interessierten Smallwood nicht. Er hatte genug mit sich selbst zu tun. Düstere Gedanken begannen sich in seinem Kopf zu drehen, immer häufiger fragte er sich, wie lange sie ihn hier behalten mochten, was sie mit ihm vorhatten und ob er seine Frau und die zwei Kinder – mit einem dritten war sie schwanger – jemals wiedersehen würde. Sie hatten sich doch so darauf gefreut, zu ihm nach

Deutschland zu ziehen. Und nun bekamen sie von seinen Vorgesetzten zu hören, dass er vom Radar verschwunden sei. Je mehr Tage vergingen, desto problematischer wäre eine Rückkehr, desto schwerer würde er seinen Fehltritt erklären können, desto misstrauischer würden sie ihn behandeln und desto härter bestrafen. Er musste revidieren, was geschehen war, reumütig zurückkehren. Und so setzte sich, je länger er eingesperrt war, eine zentrale Frage in seinem Kopf fest: Wie konnte er diesem Gefängnis entfliehen?

Schließlich, es war der 24. Juni 1954, ein Donnerstag, holte »Dr. Huber« ihn ab und sagte, er werde ihn nach Bautzen bringen, wo es eine Schule für Ausländer gebe. Unterwegs staffierte er ihn mit neuen Halbschuhen, drei Paar Socken, zwei Garnituren Unterwäsche, einem Selbstbinder, einer langen Hose, einem Sakko, einem Oberhemd, Hosenträgern und drei Taschentüchern aus. Drei Stunden später stand Smallwood in Bautzen vor der großen Villa, in der er künftig lernen und vorübergehend auch wohnen sollte. Nachdem der Klubleiter, Mr. Schattel, ihn willkommen geheißen und »Dr. Huber« sich verabschiedet hatte, entschloss sich Smallwood, mit den 30 Mark, die »Dr. Huber« ihm zugesteckt hatte, die Gaststätten und Trinkstuben der Stadt auszukundschaften. Dort traf er – sehr zu seiner Überraschung – eine ganze Kompanie weiterer Deserteure. Am meisten imponierten ihm jene, die sich von den Deutschen nichts vorschreiben ließen und irgendwann denselben Weg gehen wollten wie er: westwärts.

Philip E. Morand: »Seit ich in der DDR lebe, ist mein Leben mit vollem Glück erfüllt«

Das Schlimmste, was Philip E. Morand sich irgendwann eingestehen musste, war, dass sie ihn nicht akzeptierten. Er wollte dazugehören, und er war bereit, dem Staat zu helfen, der ihm geholfen hatte. Aber genau das war der Grund für ihren Argwohn: sein aufdringliches Anbiedern, seine wiederholten Anträge um Aufnahme in ihrer Abteilung. Schenk misstraute ihm. Er sortierte auch Morand in die Gruppe der Agenten ein.

Als er im März 1954 mit »Taylor« sprach, da sagte Morand, fast resignierend, aber auch ein wenig trotzig: »Ich bin nicht sicher, ob ich den richtigen Weg gewählt habe; aber die Entscheidung ist getroffen worden, und nun muss ich das durchstehen.« Zweieinhalb Jahre später, Ende 1956, sollte Morand seine Entscheidung revidiert und eine Menge zu bereuen – und zu verschweigen – haben. Aber damals hatte RA 6717848 einfach keine andere Möglichkeit gesehen.

Damals, das war am 6. November 1948. Jahre vor Victor Grossman hatte der damals 34-Jährige ebenfalls in Linz die Donau überquert, allerdings trockenen Fußes. Er spazierte über eine Brücke, ignorierte die Rufe seiner Kameraden und stellte sich den sowjetischen Soldaten auf der anderen Seite. Nach Bautzen kam er erst vier Jahre später.

Morand hatte 1948 bereits zwei Dienstzeiten in der Army hinter sich, als er sich in Dallas erneut einschrieb. Seine Ehefrau, mit der er drei Kinder hatte, war offenbar hinter seine – wie er es nannte – »Unbesonnenheit mit anderen Frauen« gekommen. Fremdgegangen zu sein war der erste Fehler, den er später bedauerte. Dennoch wollte er den daraus resultierenden »Schwierigkeiten« aus dem Weg gehen, sagte er später in der »Splitterburg«. Obwohl er als Filmverkäufer bei Warner und United Artists gut verdient hatte, meldete er sich zur Armee. Das war sein zweiter Fehler. Die Army schickte ihn nach Europa zum 4. Constabulary Regiment (Militärpolizei) in Hörsching, Österreich.

Morand war bald unzufrieden in der Fremde, vor allem mit sich selbst; er hatte ein schlechtes Gewissen wegen der seinetwegen gescheiterten Ehe, und er benahm sich nicht so, dass seine Vorgesetzten einverstanden sein konnten. Er bereitete und er hatte Ärger. Alles lief falsch. Mehr wollte er den Vernehmern in der »Splitterburg« nicht sagen. Und deshalb sei er über diese Brücke von West nach Ost, genauer: von Süd nach Nord, vom amerikanischen Sektor in den sowjetischen gegangen.

Weshalb er rübergegangen war – Morands dritter Fehler –, wussten die Bautzener nicht, als er im April 1952 in ihrer Stadt eintraf. Was auffiel, waren seine großen, leicht abstehenden Ohren, ausgeprägte Tränensäcke und schmale Lippen, das dunkle Haar kämmte er ohne Scheitel nach hinten. Sie wussten nur, dass er mehr als drei Jahre »in sowjetischem Gewahrsam« gewesen war.

Nach dem ersten halben Jahr, in dem Morand sich mit zwei weiteren Überläufern ein Zimmer im Hotel »Stadt Bautzen« teilen musste, notierte der damals für die Ausländer in Bautzen zuständige Stasi-Mann Horst Reck, Morand sei zu Beginn »einer von den moralisch verkommensten Ausländern« gewesen; er habe Kleidungsstücke – Volkseigentum – versetzt, tage- und nächtelang getrunken und nicht gearbeitet. Dann »lernte er eine Frau kennen, die es verstand, ihn auf den richtigen Weg zu führen«. Er sei zu ihr gezogen, in die Wohnung der Eltern, seither gehe er »mit Lust und Liebe auf Arbeit«. Sie heirateten, und aufgrund des guten Verhaltens bezahlte die Volkssolidarität neue Möbel, und auch der Kreisrat spendierte eine erkleckliche Summe. Agententätigkeit schloss Reck damals aus; dass Morand und seine acht Jahre jüngere Frau Russisch sprachen und er Kontakt zu sowjetischen Offizieren suchte, schien ihn nicht zu belasten. Reck freute sich über Morands Brief an die Regierung der Deutschen Demokratischen Republik, in dem er schrieb: »Seit ich in der Deutschen Demokratischen Republik lebe, ist mein Leben mit vollem Glück erfüllt.« Der DDR-Nachrichtendienst ADN sorgte dafür, dass dieser Satz sogleich in ostdeutschen Zeitungen zu lesen war.

Es fiel auf, dass Morand seine Arbeit beim VEB Waggonbau Bautzen außerordentlich beflissen verrichtete, wie alles, was er in dieser Zeit unternahm, wobei seine Betreuer nicht wussten, ob sie sich darüber freuen sollten oder ob das ein Grund zur Besorgnis war: »Er verhält sich dort sehr ruhig, besitzt jedoch keine besondere Sympathie bei den deutschen Arbeitern, da er einen Hass gegen die Deutschen hat und durch seine gute Normerfüllung (meist weit über 100 %) die Arbeiter verärgert.«

Morand, 1914 geboren und damit einer der ältesten Deserteure, galt zwar als gutmütig, wenn er trank allerdings, was hin und wieder vorkam, mischte er sich gern in Auseinandersetzungen ein oder provozierte sie gar. Im Juni 1953 geriet er im Klubhaus mit George Smith in Streit, der sich auf Victor Grossmans Seite schlug, als der Morand kein weiteres Bier ausschenken wollte. Smith und Grossman sowie GI »Weinhold« behaupteten später, Morand habe zuerst geschlagen, woraufhin ihn ein Billardstock traf, geführt von Smiths Hand. Morand musste mit einer Wunde über dem linken Auge ins Krankenhaus eingeliefert werden. Das brachte ihm bei denen Achtung ein, die sich von Spitzeln in den eigenen Reihen beobachtet wähnten, zu denen sie Smith und Grossman zählten.

»Should I stay or should I go?«
Leben im Bautzener »Märchenschloss«

In einer seiner Akten lag ein Brief, der Schenk – abgesehen von den Rechtschreibfehlern – wegen der vulgären Sprache abstieß und gleichermaßen faszinierte. Letzteres lag daran, dass die Verfasserin sich so hemmungslos erfreut über ihr neues Leben in der DDR äußerte. Andererseits drängte sich auch bei ihr die Frage auf: Weshalb wich diese Begeisterung so schnell einer Ablehnung, ja Renitenz gegen den Staat, der sie und ihren amerikanischen Freund willkommen geheißen hatte und ihnen Asyl, Unterkunft und Ausbildung zu geben bereit war?

So groß wie die Buchstaben, die sie auf die Blätter warf, muss die Euphorie gewesen sein, als die Schreiberin im Juni 1953, mehrere Wochen nach ihrem Verlobten, in Bautzen eintraf: »Alte Sackratte!«, schrieb sie ihrem Stiefbruder in West-Berlin. »Ich bin am Donnerstag Nachmittag um ½ 4 Uhr gut in Bautzen angekommen. Es ist herrlich hier, Bautzen ist eine schöne Stadt.« Sie werde bleiben und heiraten, es sei »wirklich schön hier, und wir haben es sehr gut«, betonte sie noch einmal. Als sie ankam, habe ihr Verlobter gerade zwei Pfund Butter, zwei Dosen Schmalz und Büchsen mit Fisch und Dorschleber und sechs Dosen Fleisch erhalten – solche Geschenke verteilten die Sowjets damals noch. »Wir haben hier ein Zimmer, wo ich kochen kann, und ein duftes Hotel Zimmer mit warm Wasser wo wir schlafen. Das Hotel brauchen wir nicht bezahlen. Lebensmittel Karten habe ich auch, Schwerarbeiter Karten. Hans wir haben hier ein prima Club mit Tischtennis, Billard und ein großer Garten zum Ball spielen. Also Du kannst mir glauben ich möchte nicht mehr zurück«, schrieb sie, ihr Bräutigam lasse sie wohl auch gar nicht mehr weg. In ihrer Euphorie fügte sie noch sehr Persönliches hinzu, etwa, dass ihr Partner »geil wie ein Pis Top« sei. »Ich habe ihm heute gleich Eier mit zur Arbeit gegeben, Du weißt warum …« Am Ende unterschrieb sie mit »Deine Donna«.[27]

Aber der Sommer war schnell vorbei, und bald kam es zwischen den beiden zu Zank und Streit und nicht selten auch zu Schlägereien, häufig von Eifersucht und Alkohol befeuert. Als Ursache für all das Ungemach betrachteten sie die Umstände, die kürzlich noch so »herrlich« und »dufte« gewesen waren. Und schon wollten sie wieder weg, was sich auch in den Akten niederschlug, darunter jener von »Sonja Beier«,[28] der die Briefschreiberin offenbart hatte, »dass sie niemals hier bleiben wird (…) Die 1. Gelegenheit, die ihr geboten wird, nimmt sie wahr.«

Aus Schenks Sicht gehörte dieses Verhalten wohl in Kategorie zwei, wenn nicht drei: undankbare Nörgler oder Provokateure eines westlichen Geheimdienstes. Manchmal kam beides zusammen. Schenk verstand diese Menschen nicht. In Not waren sie in die DDR gekommen und hatten großzügige Hilfe angenommen. Was diese ordinäre »Donna« betraf, so war sie sogar privilegiert behandelt worden. Zivilisten aus dem Westen mussten eigentlich generell mit bis zu vier Wochen Haft rechnen, wenn sie die Grenze überschritten, ohne beim Ministerium für Auswärtige Angelegenheiten einen Antrag auf Zuzug in die DDR gestellt zu haben. Er wunderte sich nicht nur, wie schnell sie vergessen konnten, wer ihnen geholfen hatte. Er wunderte sich auch, wie schnell sie vergessen konnten, was sie zur Flucht veranlasst hatte.

Wenn Schenk seine Akten durchforstete, vor allem jene aus den ersten Jahren, dann fand er manch anderen Fall von Widerspenstigkeit, für den er mehr Verständnis hatte, weil so viel falsch gemacht worden war, auch von staatlichen Stellen. Bei den Zuständen in den ersten Jahren erschien es durchaus begreiflich, dass mancher »Freund« über dem Atlas brütete und mit dem Lineal die Distanz zur tschechischen Grenze maß oder gar im Klubhaus seiner Wut freien Lauf ließ wie jener Franzose, der – sein ganzes Vokabular ausreizend – empört ausstieß: »Deutschland, alles Scheiße!«[29] Aber diese Unfügsamen hätten auch sehen müssen, dass die junge demokratische Republik noch lernte; und sie lernte schnell. Das mussten doch auch die Ungeduldigsten der »Freunde« bemerken.

»So tief war ich nie gesunken, als ich im Westen war«

Der Engländer, das war so ein tragischer Fall gewesen. Wenige Wochen nach seinem 22. Geburtstag hatte er einen Satz geschrieben, der seine Bautzener Betreuer niederschmettern musste: »So tief war ich nie gesunken, als ich im Westen war.« Nie hätte er geglaubt, dass er so etwas je tun würde, ließ er wissen, er hätte von sich nicht erwartet, dazu überhaupt fähig zu sein. Aber er hatte gestohlen – aus Not, wie er meinte. Und prompt erwischte ihn sein Chef bei der HO, dem staatlichen Lebensmittelladen, in dem er in der Auslieferung beschäftigt war: Ein Pfund Butter, Zigaretten und Schokolade fanden sich in seinen Taschen. Der junge Mann war zum Dieb geworden, und Schuld daran hatten aus seiner Sicht die Genossen, die ihn, seit 1950 Mitglied der Kommunistischen Partei Großbritanniens, lehrten, dass auch im Kommunismus fehlbare Menschen an den Stellschrauben eines Lebens drehen konnten. Tief enttäuscht beklagte er sich im Ost-Berliner Innenministerium über die Bautzener SED-Funktionäre, die ihm viel versprochen und nichts davon gehalten hätten. Deshalb sei er schließlich zum Dieb geworden.

Hätten sie ihn in Wittenberge gelassen, nichts von alledem wäre geschehen, schrieb der Engländer. Aber im Juli 1951 hatten die Beamten des Innenministeriums ihm eröffnet, dass er nach Bautzen versetzt würde. Da wollte er nicht hin, schon gar nicht ohne seine Braut. Er hatte doch längst Anschluss gefunden in Wittenberge, sich vom ersten Tag an in der Gesellschaft für Deutsch-Sowjetische Freundschaft (DSF) engagiert und in nur wenigen Wochen sehr passabel Deutsch gelernt. Und vielleicht hätten die Beamten in der Abteilung Bevölkerungspolitik ihm, dem englischen Deserteur, irgendwann doch genügend vertraut, um ihn statt als Hilfsarbeiter beim VEB Zellstoff- und Zellwollewerke dort einzusetzen, wo er seiner Ausbildung entsprechend am nützlichsten war: im Rundfunktechnik- und Fernmeldewerk. Das aber hatten die Genossen von der Stasi abgelehnt – aus Sicherheitsgründen. Schenk hatte für diese Entscheidung Verständnis, aber im Falle des Briten verstand er auch, dass diesen das Misstrauen der Genossen schmerzen musste.

Nur wenige Wochen zuvor hatten die Berliner Beamten begonnen, einen Befehl der Sowjetischen Kontrollkommission (SKK) umzusetzen. Woche für Woche hatten sich Nato-Soldaten entschlossen, ins »Friedenslager« überzutreten, und die Sowjets reichten sie nach ausführlichen Verhören in der Potsdamer Villa an die DDR-Behörden weiter. Dieser Tage wollten sie der DDR weitere 20 Deserteure übergeben, informierte Staatssekretär Johannes Warnke die Abteilung Bevölkerungspolitik. Sie sollten künftig – anders als bis dahin – an einem Ort zusammengefasst werden, »damit die bessere Einbeziehung in die Maßnahmen der Regierung erreicht werden kann«. Ursprünglich hatte das Innenministerium – »nach sorgfältiger Überprüfung« – Greifswald dafür vorgesehen. Schon sollte dort eine Stelle für einen Sachbearbeiter eingerichtet werden, der sich um die Ausländer zu kümmern hätte. »Hierzu gehört auch die enge Einbeziehung zu den Kultur-Organisationen, wobei in Wechselwirkung gearbeitet werden soll, d. h. die Ausländer sollen ebenfalls als Propagandisten gegen die Absichten des anglo-amerikanischen Kriegsblocks in Erscheinung treten.«[30]

Doch dann entschieden sich die Behörden für Bautzen, und im Oktober 1951 war der englische Butterdieb einer von 18 ausländischen neuen Stadtbewohnern: sieben Engländer und ein Schotte, vier US-Amerikaner, darunter Charles Lucas, zwei Franzosen und vier Marokkaner, die sich dem Unabhängigkeitskampf angeschlossen hatten oder wenigstens verbunden fühlten und deshalb nicht mehr in der französischen Armee dienen wollten, um nicht eines Tages auf ihre Brüder schießen zu müssen.[31]

Das Städtchen in der Lausitz, ganz im Südosten der Republik, war auf das, was nun kam, nicht vorbereitet. Noch waren längst nicht alle Kriegsschäden beseitigt, die Bautzen erheblich zeichneten: In den letzten Kriegswochen waren hier nicht nur mehrere Tausend Soldaten – Deutsche, Polen, Ukrainer und Russen – und Hunderte von Zivilisten gestorben, weil die Nazis den Ort zur Festungsstadt erklärt hatten; auch kleine und große Betriebe, drei Dutzend öffentliche Gebäude sowie fast ein Drittel des Wohnungsbestands fielen der »Schlacht um Bautzen« zum Opfer.

Ungnädig bemängelte ein Inspektor des Innenministeriums im September 1951 die »schwache Zusammenarbeit mit dem Wohnungsamt« und eine »völlig mangelhafte« Mitarbeit der SED-Kreisleitung und des Leiters der Gemeindeabteilung des Kreisrats Bautzen. Außerdem beklagte er, dass »auch die Stasi dieser gesamten Angelegenheit nicht die richtige Bedeutung beizumessen« scheine.[32]

Auch um den Engländer kümmerte sich niemand. Dessen Braut folgte ihm nach Bautzen, illegal, und weil sie sich nicht bei der Polizei anmeldete, erhielt sie weder Lebensmittelkarten noch Arbeit. Als auch er seine Stelle kündigte, weil es ihn beleidigte, dass sie ihn auch in Bautzen nur als Hilfsarbeiter betrachteten, musste er seinen Mantel und die Uhr seiner Verlobten im Pfandhaus versetzen. Alles, was er danach bekam, sagte er, waren leere Versprechungen und weitere Handlangerjobs. Wenn schon als Ungelernter und »nicht berufsrichtig« eingesetzt, dann wollte er wenigstens unter Tage malochen, da gab es wenigstens einen nennenswerten Lohn. Aber auch das ließen sie nicht zu.

Statt Hilfe zu erhalten, hörten der Engländer und die anderen Ausländer pathetische Reden: »Da Sie fast ausnahmslos aus der französischen, amerikanischen bzw. englischen Armee zu uns gekommen sind, werden Sie selbst am besten beurteilen können, welchen Zwecken diese Kriegsheere, die Sie nun für immer verlassen haben, dienen sollen«, sagte ein Funktionär aus dem Berliner Innenministerium auf der Weihnachtsfeier für die »Freunde« am 10. Dezember 1951. »Überall, wo die Macht des amerikanischen Monopolkapitals hinreicht, wird die Freiheit der Menschen in Unfreiheit verwandelt, wird das Leben der werktätigen Menschen bedroht von den unmittelbaren Auswirkungen der Kriegsvorbereitungen. An einigen Stellen des Erdballs aber herrscht schon wieder Kriegslärm, unschuldige Menschen werden getötet, um ganze Völker zu versklaven. Denken Sie an Korea! Denken Sie an Vietnam! Auch Sie sollten an diesen Verbrechen gegen die Menschheit teilnehmen, man hat Sie dafür ausgebildet. Sie aber wollten nicht teilhaben an dem zweifelhaften Ruhm, Menschen zu töten, damit die Drahtzieher der Kriege daran verdienen. Und deshalb besitzen Sie unser Vertrauen.«[33]

Solche wohlfeilen Worte sättigten aber keinen hungrigen Magen. Und so waren der Engländer und dessen Frau bald für den Sozialismus und das »Friedenslager« verloren. Er besaß nicht das Vertrauen der Genossen, und sie hatten seines binnen Wochen verloren; er wurde immer aufsässiger und wollte sich nichts mehr vorschreiben lassen. Er kündigte beim Polygraph Papierverarbeitungsmaschinenwerk Perfecta, wo er zuletzt gearbeitet hatte, und als sie ihn nach dem Grund fragten, antwortete er, das sei seine Sache. Als sie ihn aufforderten, sich beim Kreisrat zu melden, um seine Angelegenheit betreffs Kündigung zu klären, beschied er ihnen: »Ich bin doch kein Sklave!« Jeden, der es hören wollte, ließ er wissen: »Ich werde dieses Land wieder verlassen.« Am 8. August 1952 war er mit seiner inzwischen schwangeren Verlobten tatsächlich verschwunden, wie vor ihm schon ein weiterer Engländer und ein Amerikaner, die ebenfalls gegen ihren Willen nach Bautzen verlegt worden waren.[34]

Bei einigen »Freunden« war nicht die Gegenwart in Bautzen die Ursache für die »Flucht zurück«, sondern die Vergangenheit. Wer weggeht, lässt einen Teil seines Lebens zurück. Und genau von dieser Stelle aus warfen die westlichen Agentenzentralen vergiftete Köder herüber. Schenk fand in den Akten den Fall eines deutschstämmigen US-Soldaten,[35] dessen im Westen gebliebene Braut, eine Tänzerin, von CIC-Agenten regelrecht drangsaliert wurde. Sie durchsuchten ihre Wohnung, nötigten sie, über den Verbleib ihres Bräutigams zu berichten und ihn zur Rückkehr zu überreden. Schenk konnte sich vorstellen, was das bedeutete, er kannte die zermürbenden Methoden der üblen Nachrede, er wusste, wie man Druck aufbaute, wie man ein Leben binnen kürzester Zeit auf den Kopf stellt; und er wusste, dass ein junger Mensch dem nicht lange widerstehen konnte. Auch der US-Soldat knickte ein, kehrte um, kam ins Gefängnis, versuchte sich in der Zelle das Leben zu nehmen und fragte schließlich verzweifelt seine Braut, »was sie mit dem CIC zu tun habe«.

Wenn's sein musste, missbrauchten die Imperialisten sogar Kinder, um die Deserteure unter Druck zu setzen, musste Schenk lernen. Er hatte während seiner Aktenstudien in den ersten Monaten von einem Engländer gelesen, der seine Kinder aus einem Waisenhaus in Blackburn zu sich holen wollte. Weil die Briten sie weder ihm in der DDR noch seiner in England lebenden Schwester anvertraut hätten (angeblich weil deren Mann arbeitslos war), ging er nach Hause, zurück in das Land, in dem sie – so empfand er es – seine Tochter und seinen Sohn gefangen hielten. Er hatte nicht warten wollen, bis ein englischer Kommunist die Kinder adoptieren und in die DDR hätte bringen können, wie Schenks Kollegen empfohlen hatten. Zwar hatte er die Regierung der DDR noch im Februar 1954 um Hilfe gebeten, »damit ich meine beiden Kinder wieder an meiner Seite habe«, doch am 22. Juli erschien in der von den Briten gegründeten westdeutschen Zeitung *Die Welt* ein kurzer Artikel mit der Überschrift »Der siebte Versuch«, der darüber informierte, dass einem

Deserteur namens Hartley nach sechs gescheiterten Versuchen Ende Juni die Flucht aus der DDR gelungen sei.[36]

Einen weiteren Engländer hatten sie mit ähnlichen Methoden weichgeklopft. Er hatte schon im Frühjahr 1951 versucht, seine Familie in die DDR nachzuholen, aber seine deutsche Frau wollte nicht in den Osten. Der Mann verzweifelte, wusste weder ein noch aus, und eines Tages erwischten ihn die Genossen beim Versuch, das Land »illegal« zu verlassen. Viereinhalb Monate saß er danach »wegen Fluchtgefahr« in Stasi-Haft, und als er sich anschließend in Bautzen einzurichten versuchte, kamen diese Briefe aus Buckingham: »Wir werden da niemals glücklich sein, wo Du jetzt bist«, schrieb seine Frau und beschimpfte ihn, er habe ihr Leben ruiniert und sie mit dem Kind zurückgelassen. Eine letzte, vierwöchige Frist räumte sie ihm ein, um zurückzukehren. Sie warte auch, bis er aus dem Gefängnis entlassen werde, lockte sie. Dazu schickte sie Fotos. Eines von ihr selbst trug die Aufschrift: »Du hast uns so weh getan.« Auf ein Bild ihres Sohns hatte sie geschrieben: »Er sehnt sich nach seinem Väterchen.« Vier Wochen später meldete ein Stasi-Genosse, der Mann sei im englischen Sektor von Berlin festgesetzt worden. »Nehme an die Sehnsucht nach Frau u. Kind haben ihn dazu getrieben.«[37]

Schenk verstand das sehr gut. Wer könnte angesichts dieses Psychoterrors einen klaren Kopf behalten? War es ein Wunder, wenn ein verantwortungsbewusster Mann, derart bedrängt, auf dem Pfad des Fortschritts umkehrte? Er war überzeugt davon, dass die Feinddienste auch dieser Tage noch dafür sorgten, dass die »Freunde« sich in der DDR nicht wohlfühlen konnten. Ihre Agenten machten alles mies, zettelten Schlägereien an, schickten Mädchen herüber, um die Anständigen zu Suff und ausschweifendem Leben und schließlich zu unbedachten Handlungen zu verführen. Drüben angekommen, sperrten die Militärrichter sie dann ins Gefängnis. Schenk hatte von einem Amerikaner erfahren, dem sie 25 Jahre aufgebrummt hatten. Einer der »Freunde« hatte das in einem dieser Soldatensender aufgeschnappt, die zu hören ihnen offenbar nicht abzugewöhnen war, was allerdings auch sein Gutes hatte: Zwar sorgten die hohen Strafen dafür, dass die Nato-Soldaten bei der Fahne blieben, andererseits – aus westlicher Sicht ein Kollateralschaden – verunsicherten die Berichte heimwehgeplagte Deserteure in der DDR.

Die »Internationale Solidarität«:
»Jeder Freund, der bei uns eine neue Heimat findet,
ist eine Waffe gegen die Kriegstreiber«

Für die Staatssicherheit war das überschaubare Städtchen Bautzen sicher der am besten geeignete Platz, um ein wachsames Auge auf die »Freunde« werfen zu können: weit genug von der Westgrenze entfernt, um den feindlichen Agenten die Arbeit wenigstens zu erschweren. Und weil die Beamten aus dem Innenministerium bis hin zum Kreisrat in Bautzen die Infrastruktur für die Überläufer langsam ausbauten, war Schenk voller Hoffnung, die Deserteure in Bautzen in den Griff zu bekommen.

Schon 1951 hatte der Rat des Bezirks die an der Ecke Siegfried-Rädel-Straße und Wallstraße gelegene Villa Weigang als Klubhaus für die »Freunde« eingerichtet, in dem es auch einige Zimmer für Neuankömmlinge gab. Den verspielten Jugendstilbau hatte ein Industrieller, der mit dem Druck und Verkauf von bunten Zigarrenbanderolen ein Vermögen erwirtschaftet hatte, im Jahr 1903 inmitten einer ausgedehnten Parklandschaft errichten lassen, in der weitere Wohnhäuser und ein Palmenhaus standen. Dieses »Märchenschloss« war das Hochzeitsgeschenk für seinen Sohn, der bis 1933 dort wohnte, dann aber das ganze Areal an die Stadt verkaufen musste, weil das Geschäft nicht mehr lief.[38]

In der DDR wurde die Villa zu einem Haus der Organisation »Internationale Solidarität«. Geführt von Heinz Schattel, einem gelernten Buchbinder, Kriegsteilnehmer und SED-Mitglied aus dem nahegelegenen Göda, wurde es Treffpunkt der Deserteure, Umschlagplatz für Informationen und Gerüchte. Die Mitarbeiter des Klubhauses versuchten, bei Behördenproblemen zu helfen, schlichteten Streit um oder mit Frauen und solchen, der wegen übertriebenen Alkoholkonsums entstanden war – manchmal kam beides zusammen. Einige der Deserteure lebten die ersten Wochen hier, bis ein Hotelzimmer oder eine Wohnung gefunden war. Vor allem aber war der Klub als Alternative zu den verrufenen Spelunken wie »Lebelt's Erben« in der Rosenstraße und »Café Lehmann« in der Wendischen Straße gedacht, in denen die »Freunde« sich gern aufhielten und – betrunken oder nicht – immer wieder aus der Rolle fielen. Im Klubhaus waren sie leichter zu kontrollieren.[39]

Im Frühjahr 1953 hatten die Beamten im Innenministerium der DDR auch verstanden, dass es nicht genügte, lediglich die Grundbedürfnisse zu befriedigen: Brot und Betten, Spiel und Schnaps, Schiedsgericht und Rückzugsplatz. Wer eine solche Deserteurs-Enklave einrichtete, musste seine Gäste befähigen, sich einzugliedern. Dafür sollten sie Gelegenheit erhalten, Sprache und Kultur kennenzulernen, wobei das Politische nicht zu vernachlässigen war. Ein beträchtlicher Teil der »Freunde« sprach bei Ankunft kaum ein Wort Deutsch, die meisten waren schlecht oder gar nicht ausgebildet.

Deshalb entstand die Schule der IS, in der sie lernen sollten: Deutsch, Mathematik und natürlich die Grundzüge des politischen und gesellschaftlichen Systems der DDR. Schließlich sollte die Schule »die ausländischen Freunde, die die imperialistischen Armeen verlassen haben und denen die Regierung der DDR Asyl gewährt, zu bewussten demokratischen Menschen und guten Facharbeitern erziehen«. Außerdem war vorgesehen, »die besten ausländischen Freunde zum Studium auf verschiedenen Gebieten zu delegieren, während die übrigen ihren hier erlernten Beruf in der Produktion weiter ausüben werden«.[40]

Das ehrgeizige Projekt erforderte Personal und Geld, viel Einfühlungsvermögen und guten Willen. An allem schien es bis dahin gefehlt zu haben. Aber seit es Haus und Schule der IS gab, bot Bautzen für alle, die nach der Filtration dort landeten, zumindest eine Chance. Es gab eine Kantine, Aufenthaltszimmer mit Glasveranda, Kinosaal, je ein Billard-, Fernseh- und Schachzimmer. Victor Grossman, von der Knochenarbeit in der Fabrik befreit, sorgte von Mai 1953 an für Unterhaltung. Er bekam den Posten des Kulturdirektors und bemühte sich um ein attraktives Programm. Sogar das »kapitalistische Glücksspiel« Bingo konnte er gegen Schattels anfänglichen Widerstand durchsetzen.

In der zweiten Etage gab es zwei Wohnräume und in der ersten zwei Zimmer, in denen Neuankömmlinge vorübergehend leben konnten, bis eine andere Unterkunft gefunden war, außerdem die Bücherei und einen Raum für die FDJ-Leitung, ein Dienst- und Lehrerzimmer sowie das Klassenzimmer, in dem die Überläufer von August 1953 an jeweils ein Jahr lang unterrichtet wurden. Diese Sonderschule der IS leitete seit Dezember 1953 Heinrich Fuchs.

Bei seiner Einführungsrede sagte er, dem deutschen Volk falle eine historische Verpflichtung zu, »den Völkern der Welt zu beweisen, dass der Faschismus mit dem deutschen Volk nichts gemein hat. Das deutsche Volk muss beweisen, dass es seine historische Existenzberechtigung hat, indem es die historischen Aufgaben erfüllt und als Vorhut des Sozialismus ein Wiederauferstehen des Faschismus in Europa verhindert.« Zuallererst aber sollte die IS »ein Beispiel der Völkerfreundschaft« werden. »Indem wir die Freunde mit dem Marxismus-Leninismus vertraut machen, muss es uns gelingen den Nationalismus zu zerschlagen, der von den bürgerlichen Ideologen in den kapitalistischen Ländern verbreitet wird, um die Menschen für Kriege reif zu machen und zu verhindern, dass sie ihren wahren Feind erkennen. Weiterhin müssen Beispiele der Internationalen Solidarität geschaffen werden, indem wir, ohne Unterschied der Rassen und Nationen, jedem Menschen die gleiche Unterstützung zukommen lassen. Besonders muss dabei hervorgehoben werden, dass die deutsche Arbeiterklasse diese großen Mittel zur Verfügung stellt, um den Freunden eine Bildung zukommen zu lassen, die sie befähigt, besser zu leben als in den kapitalistischen Ländern.«

Wenn die Schule das leistete, dann konnte die IS tatsächlich werden, was Fuchs in ihr sah: ein kleines Rädchen im Getriebe der Befreiungsbewegungen; und sie konnte dazu beitragen, dass der Sozialismus sich insgesamt durchsetzte »und damit das friedliche und glückliche Zusammenleben aller Völker gesichert« werde. Es müsse gelingen, »aus den besten Kräften der ausländischen Freunde qualifizierte Funktionäre zu erziehen, die imstande sind, auf die Entwicklung im Sinne des Sozialismus einzuwirken und den Freiheitskampf ihrer Völker aktiv zu fördern. Die Hauptaufgabe unserer Schule ist die Erziehung der ausländischen Freunde zu Kämpfern für den Sozialismus und für die Erhaltung des Weltfriedens.«[41]

In der Villa traf sich der ganze Westen: schwarze und weiße Amerikaner, Engländer und Waliser, die sich – so hieß es – des Dialekts wegen manchmal nicht verstanden, ein Ire, der aus Belfast stammte und angeblich der IRA angehörte, Franzosen, denen eine frühere Mitgliedschaft in der SS, in der Fremdenlegion oder in der Kommunistischen Partei nachgesagt wurde, angeblich homo- und heterosexuelle Holländer, darunter einer, der zu Beginn renitent war, sich aber schließlich, nachdem die sowjetischen Freunde sich seiner angenommen hatten, als guter Kommunist erwies und bald die FDJ-Gruppe des Hauses leitete; außerdem einige Araber, die nicht bereit waren, für die Franzosen die Kastanien aus dem vietnamesischen oder nordwestafrikanischen Feuer zu holen. Die Marokkaner hassten alle Franzosen, hielt der Jahresbericht 1954 fest, »ohne aufgrund der marxistischen Wissenschaft von den Klassen und vom Klassenkampf zu unterscheiden, dass die französische Arbeiterklasse unter Führung der Partei nicht der Feind der kolonial unterdrückten Völker ist, sondern sie in ihrem gerechten Kampf um die Unabhängigkeit unterstützt«. Die Marokkaner mochten auch die Algerier nicht, weil sie »halbe Franzosen« seien, und es kam deshalb zu Streit und Schlägereien. »Hier wirkte sich die französische Kolonialpolitik aus«, urteilte der Berichterstatter, »durch die unterschiedliche Behandlung der Völker Nordafrikas Hass unter den Völkern zu säen, um sie von ihren Lebensinteressen abzulenken.«

Unter den »Freunden« gab es Männer, die sich mit zweifelhaften Frauen herumtrieben, Analphabeten und Faulpelze, Abenteurer, die in den Tag hinein lebten, und zweifellos auch Gesandte westlicher Geheimdienste. Und deshalb gab es im Haus GI »Taucher« und weitere Mitarbeiter, die das Innenministerium und die Staatssicherheit informierten. Der Leiter des Hauses, Heinz Schattel, Jahrgang 1921, ein schlanker, kleiner Sachse mit dunkelbraunen Haaren, und der 1,85 Meter große, blauäugige, reines Hochdeutsch sprechende Lehrer Wolfgang Noack, der nach sechs Jahren in der Hitlerjugend sich der SED angeschlossen hatte, berichteten unter den Decknamen »Weinhold« und »Schwarzdorn«.[42]

Trotz der unbestreitbaren Vorteile hielten nicht alle Staatsdiener die IS für eine nützliche Einrichtung. Ein unzufriedener Lehrer, der vor Fuchs kurzzeitig als Schulleiter fungiert hatte, schrieb im März 1954 an Innenminister Willi Stoph und das ZK: »Die ganze Aktion ist weggeworfenes Geld. Die Mehrzahl der Schüler ist nicht gewillt, zu lernen oder diszipliniert zu arbeiten. Es handelt sich meist um solche Menschen, die sich etwas zuschulden kommen ließen und daraufhin in die DDR gekommen sind. Von den in Bautzen untergebrachten ehemaligen Westsoldaten sind einige vor mehreren Wochen wieder nach Westdeutschland ausgerückt, und andere tragen sich ebenfalls mit dem Gedanken zu flüchten.« Deshalb empfahl er dem Genossen Minister, »diese Aktion in Bautzen aufzulösen«.[43]

Schenk, der noch keine halbes Jahr dabei war, kochte innerlich. Natürlich hatten manche der Deserteure einen schlechten Charakter, waren unbelehrbar und undankbar. Aber vielleicht wandten sich manche ab, weil sie nicht erkennen konnten, wo das Besondere der DDR war, welch attraktive Alternative ihnen dieser junge Staat bot: lernen und arbeiten für den Frieden statt Armeedrill für Krieg und Tod, Gleichberechtigung statt Rassismus. Dass manche der Überläufer das nicht erkennen konnten, lag vielleicht schlicht daran, dass die Genossen in Bautzen sich zu wenig bemühten, dass sie sich mehr um den Ausbau des eigenen Hauses oder andere private Interessen kümmerten als um die »Freunde«. Aber hier waren Einsatz und Einfühlungsvermögen gefragt, Fleiß statt Faulheit. Und wenn alle sich ein bisschen mehr anstrengten, dann waren aus diesen Männern – wären sie erst einmal in Lohn und Brot – gute Sozialisten zu machen, die sich anpassten. Da war Schenk sich sicher: Jede Mühe lohnte sich, auch die kleinste, fürs Große und Ganze.

Schenk gestand sich ein: Ja, der Unterricht litt unter der schlechten Arbeitsdisziplin, ja, nur wenige der »Freunde« interessierten sich für die Bestrebungen der Kräfte des Friedens und die Methoden und Ziele der Kriegstreiber, ihre Machenschaften und Unterdrückungsmethoden in den kapitalistischen und kolonialisierten Ländern, ja, ein Drittel der Ausbildungsstunden ging verloren durch Krankheit sowie entschuldigtes oder unentschuldigtes Fehlen, ja, die »Freunde« interessierten sich nicht genug für die politischen Zirkel am Donnerstagabend, und ja, sie lernten zu langsam Deutsch, weil die einen lieber in ihrer eigenen Sprache mit ihren Landsleuten redeten, die anderen mit ihren Frauen in einem albernen Kauderwelsch. All das stimmte. Aber die Deserteure waren für Schenk von weltpolitischer Bedeutung. Jeder dieser Soldaten war ein gutes Argument im Kampf gegen die Kapitalisten. Jeder Deserteur aus einer Nato-Armee war der lebende Beweis dafür, dass es abwärtsging mit dem Imperialismus und dass der Sozialismus die bessere, die menschlichere Alternative war. Diese Männer, selbst die Kriminellen und die Alkoholiker, waren in Schenks Augen leuchtende Vorbilder, die sich für den richtigen, den konsequenten Weg entschieden hatten. Schattel hatte es auf den Punkt gebracht: »Jeder Freund, der bei uns eine neue Heimat findet, ist eine Waffe gegen die Kriegstreiber.«

»Ein schönes Zuhause, eine gute Arbeit und genügend Freizeit«

Der propagandistische Nutzen der Deserteure

Anfang Mai 1954 hatten sie Adkins so weit. Sie hatten ihm seine Vergangenheit abgenommen und ihm eine Zukunft offeriert, die seinen ursprünglichen Plänen nicht entsprach. Adkins hatte noch immer ein großes Ziel, Russland, und um das nicht zu gefährden, beugte er sich. Er hieß nun nicht mehr William D. Adkins, geboren am 19. Januar 1931 in Indianapolis, wie er in der »Splitterburg« in seinen Lebenslauf geschrieben hatte, sondern Jack Forster, geboren am 1. Januar 1930 in New York City. Am 14. Mai um acht Uhr stieg er in einen Wagen, der in der Auffahrt stand. Darin saßen ein desertierter englischer Militärpolizist, den er in »Objekt 4« kennengelernt hatte und der ebenfalls nach Russland wollte,[44] sowie »Dr. Huber«, der die beiden im Auftrag von »Gen. Generalleutnant« Mielke nach Dresden fahren sollte.

Schenk wusste zu diesem Zeitpunkt bereits, dass Adkins in der Armee durchaus ein wichtiger Mann gewesen war: »Sein Dienst in Österreich war mit der Bildung einer neuen österreichischen Armee verbunden, die unter dem Deckmantel der Bildung von Polizeistreitkräften vorgenommen wurde«, fasste einer seiner Kollegen[45] zusammen. »Er war dem amerikanischen Oberbefehlshaber der österreichischen Truppen unterstellt und dessen Adjutant. Er war der Berater des leitenden Versorgungsoffiziers der österreichischen Truppen. In der Praxis war er jedoch der wirkliche Leiter der gesamten Versorgung der österreichischen Truppen.« Übergelaufen sei er wegen der »wachsenden Faschisierung Österreichs, vor allem der österreichischen Armee, deren Offizierskorps aus fanatischen deutschen Nazi-Offizieren besteht«.

Auch aus seinem Privatleben hatte der dunkelblonde, sportliche, schlanke Brillenträger in den Wochen in der »Splitterburg« einiges preisgegeben: Sein Großvater habe nach der Großen Depression eine Schuhmacherei betrieben. »Indem er Neger beschäftigte, die er viel schlechter (als Weiße, P. K.) bezahlte, war es ihm möglich, binnen drei Jahren genügend Geld zu sparen, um das Haus zu kaufen, in dem wir lebten. Ich erinnere mich, dass er später sagte, wir lebten in einem mit ›Negerschweiß‹ bezahlten Haus.« Von 1945 an ging Adkins auf die Broad Ripple Highschool und gehörte zu den Redakteuren der Schülerzeitung. Der Direktor ermunterte die jungen Leute, sich mit aktuellen Zeitfragen zu beschäftigen. Adkins forderte er auf, einen Leitartikel über den Ku-Klux-Klan zu schreiben, dem wegen des Zuzugs von Schwarzen, die in der Kriegsindustrie von Indianapolis arbeiteten, neue Mitglieder zugelaufen waren. Der Beitrag sollte die Schüler vor dieser Organisation warnen. Adkins' Eltern, strenge Befürworter der Segregation, ließen den Sohn gewähren. Aber der Großvater war Mitglied des Ku-Klux-Klan und sagte bitter: »Kein wahrer Verwandter könnte solch einen Müll schreiben.« Von diesem Tag an bis zu seinem Tod zwei Jahre später sprach er kein Wort mehr mit seinem Enkel, berichtete Adkins. Dass eine Tageszeitung den Artikel später nachdruckte, habe sein Leben zusätzlich »für einige Wochen ein wenig unbequemer gemacht«.

Als Adkins sich im letzten Highschool-Jahr dafür einsetzte, die Gewinne der Schulcafeteria zu teilen, musste er als Präsident des Schülerparlaments zurücktreten, um nicht von der Schule verwiesen zu werden. Nicht einmal der Streik der Schüler half. »Der Eigentümer und mehr als die Hälfte der Lehrer widersetzten sich.«

1947 lernte er Bekannte seiner Eltern kennen, die, wie er glaubte, Kommunisten waren. Der Mann war Redakteur einer kleinen Gewerkschaftszeitung, die Frau arbeitete als Radiosprecherin und verhalf Adkins zu gelegentlicher Mitarbeit. Das Ehepaar beeindruckte ihn so sehr, dass er Journalismus studierte. Weil jedoch das Geld nicht reichte, brach Adkins das Studium ab und meldete sich zur Army. Dort traf er die Frau, die er heiratete, Betty, die er jedoch nicht annähernd so sehr liebte wie Pam, die inzwischen mit dem Kind eines anderen schwanger ging, was ihn dazu veranlasst hatte, sich dem Kommandanten der sowjetischen Garnison auszuliefern.

Für einen Kommunisten wie Schenk gab es keinen Grund zu bezweifeln, dass Adkins damit nur einen weiteren konsequenten Schritt auf seinem Lebensweg gegangen war, der sich schon zu Jugendzeiten durch radikalen Nonkonformismus abgezeichnet hatte und seine Erfüllung im Kommunismus finden musste. In Dresden angekommen, gab Schenk dem Leiter der BV[46] einen Brief der »Leitung des Hauses«, also von Staatssekretär Ernst Wollweber, dem damaligen Leiter der Staatssicherheit, und Erich Mielke, in dem die BV Dresden »gebeten wird, die Ansiedlung zu unterstützen«. Zunächst durfte Adkins alias »Jack Forster« das Zimmer 110 des Hotels »Astoria« am Ernst-Thälmann-Platz beziehen, und »Karl Gottlieb«, der Hotelportier, meldete bald, dass der amerikanische Gast häufig auswärts schlafe. Schenk wies an, Forster solle rasch einen Pass für Ausländer und Lebensmittelkarten der Kategorie B erhalten sowie möglichst bald ein möbliertes Zimmer. Udo Kretschmer (»Lippmann«) von der KD Bautzen solle Forster wöchentlich besuchen.

Der machte Fortschritte, die Stasi hatte keinen Grund, mit ihm unzufrieden zu sein. Für die 500 Mark, die er dank Mielkes Unterschrift monatlich erhielt – mehr als ein Durchschnittsgehalt, mehr als jeder berufstätige Deserteur –, schrieb er Seite um Seite über das Leben in den USA und über Aufbau und Struktur der United States Armed Forces, Berichte von »hohem operativen Wert«, wie Schenk urteilte.

Aber Jack Forster bemühte sich nicht nur darum, Schenk und dessen Genossen mit den kleinsten Details der ihm bekannten militärischen Einrichtungen vertraut zu machen, was es Neuankömmlingen aufgrund des enormen Vorwissens, das die Vernehmer nun hatten, erschweren sollte, die Filtration zu überstehen. Als er, längst im Dienste der Stasi, mit anderen Überläufern bekannt geworden war und deren Fluchtpläne und die Gründe dafür kennengelernt hatte, überlegte Forster auch, wie ihr Freiheitsdrang eingedämmt werden könne. Forster dachte dabei – anders als etwa Philip Morand – nicht an Belohnung für Wohlverhalten.

Morand hatte ein seiner Ansicht nach »gerechtes Prämiensystem« entwickelt, das sich an der Dauer der Anwesenheit in der DDR orientieren sollte. Wer ein halbes Jahr in der DDR lebe, würde demnach 25 Mark erhalten, bei einem Jahr 50 Mark, bei zwei Jahren 75, bei zweieinhalb Jahren 100, bei drei Jahren 125 und bei fünf Jahren eine Sonderprämie von 500 Mark sowie die DDR-Staatsbürgerschaft. Wer im Gefängnis saß oder Schlechtes getan hatte, bekomme natürlich keine Belohnung.

Weder für Forster noch für Schenk war das der richtige Ansatz. Wohlverhalten müsse vielmehr aus Einsicht in die Notwendigkeit entstehen, es könne doch nicht durch Geld erkauft werden. Generell müsse sich etwas ändern, fand Jack Forster, wenn die Deserteure im Land bleiben und dadurch bezeugen sollten, dass ein Leben unter Sozialisten lebenswerter war als mit Kapitalisten. Nach wenigen Monaten in dem Land, mit dem er sich mühsam hatte anfreunden müssen, skizzierte er einen »rough plan«, einen groben Entwurf, wie die DDR-Behörden die politischen Flüchtlinge kontrollieren und sie in ihr neues Leben »in einem fremden Land mit fremden Bräuchen und fremder Sprache« geleiten könnten.

Er empfahl eine Organisation, die keinesfalls die Arbeit der Stasi ersetzen, sondern unter deren enger Aufsicht stehen solle. Diese Institution könne den Flüchtlingen in Alltagsfragen helfen, um sich in ihrem neuen, sozialistischen Leben zurechtzufinden. Sie müsse für geeignete Unterkünfte sorgen, den Männern beibringen, wie sie sich zu benehmen hätten, ihr Verhalten, den Schulbesuch sowie den engen Kontakt zu den Parteiorganisationen kontrollieren, um aus ihnen »nützliche Bürger« zu machen. »Unter Anleitung anderer Ausländer hätten die Flüchtlinge die Möglichkeit, sich in die Gesellschaft einzugliedern, in der sie leben«, schrieb Forster, und es klang fast wie eine Bewerbung. Jeder Neuankömmling solle am ersten Tag eine Regelliste erhalten. »Nachdem er diese Regeln gelesen hat, wird er aufgefordert, ein Statement zu unterschreiben, dass er sie verstanden hat und befolgen will. Es sollte ihm klargemacht werden, dass jede Verletzung dieser Regeln mit Geld- oder Gefängnisstrafe geahndet wird.« Die Führungsgruppe der Organisation müsse die Macht erhalten, die Flüchtlinge auf diese Weise zu bestrafen. Es genüge nicht, »ein sozialer Verein zu sein, der Bierpartys finanziert«.

Der Vorstand solle aus fünf Flüchtlingen der wichtigsten Nationalitäten bestehen und eng mit der Regierung der DDR zusammenarbeiten. »Diese Gruppe sollte absolute Kontrolle über die Flüchtlinge erhalten. Diese Gruppe herausragender Vertreter der jeweiligen Länder sollte die Macht erhalten, am Ende des ersten Jahres zu beurteilen, ob ein Flüchtling sich wirklich bemüht habe, ein guter Bürger zu werden. Falls sich erwiesen hat, dass der Flüchtling das nicht anstrebt, sollte die Gruppe der Regierung empfehlen, den Flüchtling als unerwünscht auszuweisen.« Gleichzeitig empfahl Forster, die DDR-Regierung solle einen Brief an die Obrigkeit des Herkunftslandes des Mannes schicken, um kundzutun, dass er unerwünscht sei und die anderen Flüchtlinge ihn zur Rückkehr aufgefordert hätten. Das sollte öffentlich geschehen. »Damit wären es die Flüchtlinge selbst und nicht die Regierung der DDR, die den Mann in sein Herkunftsland zurückschickt. Das würde die Regierung von der Verantwortung freisprechen.«

Offensichtlich hatte Jack Forster auch die propagandistische Bedeutung der Deserteure im Blick. Um zu demonstrieren, wie sie für die sozialistische Welt zu gewinnen wären, entwarf er ein Flugblatt, das sich an US-Soldaten wandte: »Ich lebe in der Deutschen Demokratischen Republik«, setzte er als Überschrift und fügte hinzu: »Hier ist die Geschichte eines jungen amerikanischen Soldaten, der sich entschloss, im Lager von Frieden und Demokratie zu leben.« Er sei ganz normaler Soldat gewesen, der die Schikanen von Vorgesetzten und Antikommunisten erlebt habe, wandte er sich an seine ehemaligen Kameraden. Eines Tages habe er sich gefragt: »Was, John Smith, mache ich eigentlich hier in Deutschland?« Er habe auf AFN von der neuen deutschen Armee gehört und sei verstört gewesen: »Man hatte mich nach Deutschland geschickt, um einen neuen Krieg zu verhindern. Aber ich sah, das war eine Lüge. Die US-Regierung denkt nicht an die Soldaten, wenn sie den Nazis wieder Waffen gibt.« Und deshalb habe er sich entschlossen, in die DDR zu gehen und wie ein normaler Mensch zu leben. »Hier in der DDR lebe ich besser als zu Hause. Ich habe Arbeit und ein großartiges Zimmer. Alle versuchen, mir zu helfen. Es wäre eine gute Idee für alle, die nicht in einem neuen Krieg kämpfen möchten, über die Vorteile nachzudenken, im Lager von Frieden und Demokratie zu leben.«

Mit solchen Flugblättern könne man ganz Berlin fluten, Berichte in Zeitungen sollten »das normale Leben der Flüchtlinge« darstellen. Westdeutsche Frauen seien darin anzusprechen, »die Soldaten heiraten möchten, es aber nicht dürfen. Das würde die Männer mehr beeindrucken als direkte Propaganda (…) Wenn diese Frauen überzeugt sind, werden auch die Männer den Inhalt beachten. Der Vorteil des Ehelebens und die Hilfe, die Flüchtlinge erhalten, sollten herausgestellt werden. Sprecht diese Leute über ein schönes Zuhause, eine gute Arbeit und genügend Freizeit an.«

Auch Radioprogramme sollten sich an den »durchschnittlichen amerikanischen Soldaten« wenden. Für Jack Forster hieß das: keine klassische Musik, sondern »ein Programm von guten, modernen Aufnahmen, gespielt von Orchestern aus der DDR, begleitet von Humor und leichter Propaganda könnte sehr effektiv sein«, außerdem Spiele und Kurzgeschichten, »um die sich Flüchtlinge kümmern könnten, die in der DDR leben«. Eine Rubrik »scene news« wäre denkbar mit Reportagen über Besuche bei Flüchtlingen. Nicht angebracht seien dagegen Berichte über die wirtschaftliche Lage der Schwerindustrie in der DDR. »Die Soldaten würden das nicht verstehen und schnell ihr Interesse verlieren. Ich muss daran erinnern, dass jeder Propagandasender im Wettbewerb mit AFN stünde, dass der amerikanische Soldat politisch nicht geschult ist und schon das Wort Kommunismus sofort schlechte Reaktionen erzeugt. Er hat nichts über Kommunismus gelernt, außer dass er schlecht ist.«

In Zeitungen solle gezeigt werden, »dass die Propaganda des Westens nicht wahr ist. Es sollte erklärt werden, wie die Flüchtlinge behandelt werden und dass jeder die Chance auf ein gutes Leben in der DDR hat.« Dazu bedürfe es lediglich eines guten Beispiels: »Nimm einen Flüchtling, der vielleicht verheiratet ist, fotografiere sein Apartment, seinen Arbeitsplatz, ihn selbst, wie er etwas tut in der DDR – nicht nur arbeiten, sondern auch in den Ferien. Es ist die Absicht der Zeitung, die Soldaten zu überzeugen, dass unsere Art zu leben besser ist als die in der Armee der USA.«[47]

Solche Artikel freilich hatten die DDR-Zeitungen längst zuhauf gedruckt. Sie hatten sich allerdings an die Bevölkerung der DDR gewandt, nicht an weitere fluchtwillige Soldaten im Westen, und entbehrten nicht dessen, was Jack Forster zwischen den Zeilen kritisierte: ideologischen Ballasts.

Jack Stuart macht sich in der DDR ein schönes Leben

Die Redakteure der ostdeutschen Zeitschrift *Neue Berliner Illustrierte* (NBI) druckten 1950 auf dem Cover des zweiten Hefts das ganzseitige Foto eines blendend aussehenden jungen Schotten. Auf der rechten Schulter seines Jacketts war ein Aufnäher mit dem Wort »Regiment« erkennbar, darunter ein weiterer, der einen Fallschirm und zwei Flügel zeigte. Die Überschrift lautete: »Warum ich über die Elbe ging? Weil ich den Frieden will!«

Das habe dieser junge Mann, Jack Stuart vom II. Bataillon des in Hannover stationierten britischen Fallschirmjäger-Regiments, dem Reporter des Blattes erklärt. »Jack Stuart war von den Kriegsvorbereitungen der Westmächte so angewidert und empört, dass er auf den Boden der Deutschen Demokratischen Republik übertrat, um sich hier friedlicher Aufbauarbeit zu widmen.« Auf Seite 7 folgt der Text über Stuarts »Flucht in den Frieden«, durch den »das Lager des Krieges« einen Soldaten weniger habe, dafür aber »das des Friedens zwei Hände mehr«.

Jack Stuart war der Sohn eines Arbeiters. Er besuchte die Volksschule bis zur achten Klasse und arbeitete dann in verschiedenen Betrieben. Im Sommer 1949 kam er als Besatzungssoldat nach Westdeutschland und lief im August 1949 über, noch vor Gründung der DDR am 7. Oktober des Jahres.

Der Zeitungsbericht breitete weitere, mitleiderregende biografische Details aus: »Der Kalender zählte den 24. August 1930, als Jack Stuart in der schottischen Stadt Falkirk, einige Meilen von Glasgow entfernt, geboren wurde. Sechs Monate später starb Jacks Mutter, mit 13 Jahren verlor er den Vater. Als die Rüstungsindustrie auch in Falkirk auf vollen Touren lief, explodierte ein Kesselofen der Munitionsfabrik und zertrümmerte seinem dort beschäftigten Vater den Schädel. Der Anblick des grausam zugerichteten Toten ist dem Kind ein unauslöschlicher Eindruck. Jack stand nun allein im Leben.«

Nach der Schule und einer Lehre in einer Bauschlosserei brachte ihm der Postbote eines Morgens den Gestellungsbefehl für die Armee, die ihn 1949 nach Hannover und schließlich nach Helmstedt schickte. »Grenzmanöver! Die britische Armee spielte Krieg«, dramatisierte der Reporter. »Noch geschah es mit Holzpatronen und Pappsoldaten, die es zu treffen galt, aber selbst solche ›Greenhorns‹, wie es Rekruten zu sein pflegen, durchschauten die Absicht, anstelle der Holz- und Pappattrappen Blut und Eisen zu verwenden, sobald der X-Tag anbricht. Das hörte Jack Stuart im theoretischen Unterricht, das las er in allen englischen Zeitungen, die Rekruten zu lesen erlaubt sind, das wusste er, wie es jeder weiß, der nicht auf dem Mond lebt. Jack Stuart dachte an Falkirk, an die Schule, an die Munitionsfabrik und den Tod des Vaters, an zwei Jahre rechtlose Beute auf dem Arbeitsmarkt und fragte sich: ›Krieg? Für wen? Etwa für die Industriellen, die an Geschützen, Granaten und Visiereinrichtungen verdienen?‹ Diese Frage stellen, hieß sie auch verneinen. Jack Stuart zog daraus die Konsequenz.«

Eines Nachts überquerte Jack die Grenze bei Helmstedt, stellte sich einem sowjetischen Posten und beantragte Asyl. »Er erhielt Zivilkleider, ordentliche Papiere und schließlich das Angebot, in eine Stadt zu ziehen, die er sich auswählen könne«, fuhr der Bericht fort. »Stuart kam mit Mitgliedern der FDJ zusammen. Er hörte von großen Gemeinschaftsdörfern, von Kombinaten, die im Entstehen begriffen sind, und zeigte reges Interesse. ›Dörfer und Werke, die der Jugend gehören?‹ Jack glaubte an einen Übersetzungsfehler des Dolmetschers. Seine Gesprächspartner klärten ihn auf. Wochen vergingen, mit verschiedenen Formalitäten ausgefüllt. In dieser Zeit kam im Jugendkombinat Schlieben in Sachsen-Anhalt ein Brief an. ›Wer kann Englisch?‹, hieß es daraufhin im Verwaltungsbüro. ›Ein Engländer schreibt an uns.‹ Jack Stuart kündigte sich an.

Noch ehe die Nachricht bei allen 260 Lehrlingen des Kombinats, Jungen und Mädchen zwischen 14 und Anfang 20, die Runde gemacht hatte, stand Jack vor der Tür. ›How do you do?‹, glänzten seine Kameraden, gespannte Gesichter zeigend, mit ihrem Schulenglisch. Sie machten es ihm, was Sprachkenntnisse anbetrifft, später recht schwer, denn statt ihm Deutsch beizubringen, suchten sie mit seiner Hilfe, ihr Englisch zu vervollkommnen. Nun lebt Jack Stuart seit über zwei Monaten im Jugendkombinat ›Karl Liebknecht‹ bei Schlieben. Er spricht bereits einige Brocken Deutsch (…)«

Den Artikel illustrierten zwei Fotografien. Die erste zeigte Jack im FDJ-Heim, umringt von Jugendlichen. Unter dem Bild stand: »Wenn Jack erzählt, herrscht im Jugendkombinat atemlose Spannung. Den 260 Lehrlingen, die hier verschiedenste handwerkliche und landwirtschaftliche Berufe erlernen, berichtet er von der in seiner Heimat herrschenden Kriegstreiberei, die ihn veranlasste, die Zonengrenze zu überschreiten.« Im zweiten Bild war Jack mit einem kleinen Jungen zu sehen: »Abendliche Spielstunde mit einem kleinen Freund. Damit dieses Kind nicht eines Tages vor den Trümmern eines dritten Weltkrieges steht, hat Jack sein Gewehr aus der Hand gelegt, um jenseits des anglo-amerikanischen Machtbereichs dem friedlichen Aufbau zu helfen.«[48]

So idyllisch beschrieb die DDR-Propaganda das Leben des Friedensfreunds Jack Stuart. Aber es sollte eine jähe Wendung erfahren und schließlich der Westpresse Gelegenheit geben, den Deserteur und die DDR zu denunzieren. Denn Jack Stuart beging wenig später einen verhängnisvollen Fehler, der ihn für 15 Jahre ins Gefängnis bringen sollte.

Ostpropaganda: »Wir sind aus freiem Entschluss in die DDR übergetreten«

Unterm Strich waren die Überläufer nicht nur erstklassiges Propagandamaterial, sondern sie wirkten auch zersetzend in die feindlichen Armeen, sogar bis in die Familien hinein. Aus den Briefen Angehöriger wussten die Genossen von der HA II, wie schwer es eine amerikanische Familie traf, wenn ein Angehöriger der Army desertierte. Vollkommen unerträglich war ihnen der Gedanke, ihr Sohn oder Bruder könnte freiwillig zu den Kommunisten übergelaufen sein. Verschleppt, gezwungen wähnten sie ihre »boys«, vielleicht hatten sie wegen eines Mädchens oder einer anderen Kleinigkeit eine Dummheit begangen, die sie bestimmt längst bereuten, und nun ließen die Kommunisten sie nicht mehr aus ihren Händen. So dachten die Verwandten aller westlichen Deserteure, sofern sie nicht aus den sich langsam befreienden nordafrikanischen Kolonien stammten.

Aber selbst jene Männer wie William O'Ryan und Simon Le Roy, die sich nicht eingewöhnen konnten, waren doch freiwillig gekommen. Dass es ihnen in der DDR nicht gefiel, hatte mit ihrer Erziehung zu tun, das war Schenk klar. Le Roy war ein verwöhnter Bürgerlicher, immerhin, wie Schenk einräumte, ein gescheiter Bürgerlicher. Sein Vater war ein reicher ukrainischer Gummifabrikant namens Symon Sozontiv. Als er und seine Frau sich scheiden ließen, nahm Simon den Mädchennamen seiner Mutter an, Le Roy. Als junger Soldat traf er eine eindeutige Entscheidung: Weil er sich nicht nach Indochina schicken lassen wollte, stieg er Ende Dezember 1953 in der West-Berliner Bülowstraße in die U-Bahn, fuhr ein paar Stationen nach Osten und kehrte auf diese Weise der Armee der »Grande Nation« den Rücken. Das war konsequent gehandelt. Im »Krankenhaus« erklärte er: »Einige behaupten, dass Frankreich ein freies Land ist, aber das ist eine Lüge. Frankreich befindet sich in völliger Abhängigkeit vom amerikanischen Kapitalismus. Frankreich ist heute ein amerikanisches Lager mit Flugplätzen, Kasernen usw. Die amerikanischen Waren hemmen die Entwicklung der französischen Wirtschaft, so dass der französische Arbeiter keine Arbeit finden kann.« Er sei gezwungen gewesen, in die Armee einzutreten, weil »ein Franzose keine Arbeit antreten kann, wenn er nicht seiner Militärdienstpflicht genügt hat«. Und ausgerechnet ihn wollten sie dann nach Indochina schicken.

Für die Stasi war diese freimütige Kritik Anlass, daraus eine Meldung zu verfassen, welche ADN Ende Dezember verbreitete und das *Neue Deutschland* unter der Überschrift »Französischer Soldat bittet um Asyl« druckte. Le Roy hatte angeblich gesagt: »Ich sehe den Krieg in Indochina als Anschlag auf die Freiheit eines Volkes an, das ich hochachte. Ich will nicht gegen ein Volk kämpfen, dem ebenso wie mir die Freiheit teuer ist und das die Unabhängigkeit seines Landes verteidigt.«

Le Roy war nicht der einzige Deserteur, der sich mit Kritik an der Politik seines Heimatlandes in der Zeitung wiederfand: »Wir sind aus freiem Entschluss in die DDR übergetreten«, hatten die Niederländer Robert Willeminus Louwman und Robert Wanrooy eigenhändig niedergeschrieben. Ihr Regiment hatte Ende September 1953 an einem Nato-Manöver in Grenznähe teilgenommen, die beiden waren desertiert. Und die *Tägliche Rundschau* druckte ihre Rechtfertigung: »Der Grund unseres Übertritts ist, dass wir mit dem, was gegenwärtig in Holland vor sich geht, nicht einverstanden sind. Wir haben an uns selbst zum Beispiel die ›amerikanische Lebensweise‹ kennengelernt, die einen verderblichen Einfluss auf die nationalen Einrichtungen ausübt, auf die unser Volk immer so stolz war.«[49]

Solche Zeitungsmeldungen bedrückten westliche Dienste offenbar sehr. Im Februar 1954, während die Außenminister der vier Besatzungsmächte in Berlin über die Möglichkeit gesamtdeutscher Wahlen debattierten, meldete sich ein Holländer, der sich als Journalist auswies, beim Presseamt von DDR-Ministerpräsident Otto Grotewohl, weil er Louwman und andere Deserteure besuchen wollte. Staatssekretär Hegen ließ sich Zeit bis zum 23. April und wies dann den Leiter des Presseamtes an, dem Journalisten mitzuteilen, »dass die sich in der Deutschen Demokratischen Republik aufhaltenden Ausländer, die um politisches Asyl nachgesucht haben, damit ihren Willen zum Ausdruck brachten, in der Deutschen

Demokratischen Republik am friedlichen Aufbau und am Kampf um den Frieden teilzunehmen. Sie bekunden mit diesem Schritt, dass sie mit der Politik der derzeitigen Regierung ihres Heimatlandes nicht einverstanden sind (…) Ich erachte es deshalb im Interesse der in der Deutschen Demokratischen Republik politisches Asylrecht erhaltenden Ausländer nicht für ratsam, die in dem Schreiben (…) gewünschten Verbindungen zu unterstützen.«[50]

Es waren kleine Nadelstiche für die Kapitalisten. Auch die britischen Deserteure ließen sie abblitzen. Am 15. März 1954 war im *Neuen Deutschland* zu lesen, alle Überläufer dieser Herkunft hätten ein Treffen abgelehnt, da »sie sich mit der von den britischen Behörden betriebenen Politik der Militarisierung Westdeutschlands nicht einverstanden erklären können und den Wunsch hegen, sich friedlicher Arbeit in der DDR zu widmen«. Einer der Überläufer aus einem »Royal Regiment« habe erklärt: »Heute hat man mir mitgeteilt, dass die britischen Behörden mit mir zu verhandeln wünschen. Ich persönlich sehe dafür keine Notwendigkeit, da ich nicht die Absicht habe, jemals zu den britischen Streitkräften oder nach Großbritannien zurückzukehren. Ich habe in der DDR eine Arbeit, die ich gut ausführe. In Kürze beabsichtige ich zu heiraten.«[51]

»Während es in den USA Rassendiskriminierung gibt, sind in der Sowjetunion alle Menschen gleich«

Die schärfste Propagandawaffe gegen die Kapitalisten waren die Nachkommen der Sklaven. Raymond Hutto aus Dawson, Georgia, war einer von ihnen. Im August 1953 hatte die U.S. Army den 20-Jährigen nach Berlin versetzt, wo er eine acht Jahre ältere Frau kennenlernte, die schließlich schwanger wurde. Offenbar hätte er sie gern geheiratet und mit in die USA genommen, aber Mischehen waren noch immer in zahlreichen Bundesstaaten verboten, und so schrieb Hutto in seinem Lebenslauf: »Die Leute mögen es nicht, wenn ein Farbiger eine Weiße heiratet. Ich hätte sie in Berlin zurücklassen müssen.« Deshalb wünsche er, mit ihr in der Hauptstadt der DDR zu leben. »Hier kann ein farbiger Mann ein Mädchen jeglicher Rasse heiraten und mit ihr zusammenleben, ohne um Erlaubnis fragen zu müssen.« Hier könne niemand ihn und seine Frau aus der

Stadt verjagen. Hier könne er die Schule beenden. Hier werde er behandelt wie jeder andere Mensch, »nicht wie ein Hund, weil ich ein Neger bin«. Pathetisch fuhr er fort: »Wenn Sie mich hier leben lassen, werde ich das Gefühl von Freiheit haben und glücklich leben. Hier kann ich das Wunder des Lebens genießen und gemeinsam mit meiner Frau die Kleinen in Frieden und ohne Angst aufwachsen sehen. Bitte, bitte schicken Sie mich nicht dahin zurück, wo ich nicht erwünscht bin.«[52]

Schenk und seine Genossen wären nie auf den Gedanken gekommen, ihn zurückzuschicken, auch wenn er nicht wegen seiner Zukunftsträume in die DDR geflüchtet war, sondern wegen seiner Vergangenheit, die ihn ins Gefängnis geführt hätte – »zu Unrecht«, wie ein Stasi-Mitarbeiter zu konstatieren bereit war, obwohl Hutto einem Kameraden die Geldbörse gestohlen hatte. Schenk wusste um die propagandistische Wirkung von schwarzen Deserteuren. Deshalb stellte das Presseamt beim Ministerpräsidenten der Öffentlichkeit auch ein Exzerpt von Huttos Niederschriften aus dem »Krankenhaus« zur Verfügung. Und so stand am 16. Juli 1954 in der Zeitung, Hutto habe in der Armee feststellen müssen, »dass die Unterschiede zwischen Weißen und Farbigen noch größer waren als im zivilen Leben. Am eigenen Leibe musste ich die unmenschliche Behandlung der farbigen amerikanischen Soldaten spüren (…) Es ist nicht mein Wille und meine Absicht, an einem neuen imperialistischen Krieg teilzunehmen, an einem Krieg, der gegen die Freiheit der Völker gerichtet ist. Deshalb entschloss ich mich, die Armee zu verlassen und in die Deutsche Demokratische Republik zu kommen.«[53]

Jeder Deserteur beschäftigte die Heimat. Aber bei den Schwarzen, das war Schenk klar, war es eine Frage von weltpolitischer Bedeutung. Während die Weißen lediglich als Vaterlandsverräter galten, waren die Schwarzen Gewichte auf jener Waage, welche die moralische Integrität der großen, sich längst erbittert bekämpfenden Systeme anzeigte. Denn das mussten die Amerikaner der Welt erst einmal erklären: Wie konnte es sein, dass eine Zwei-Klassen-Armee versuchte, die Nazis und Rassisten in Deutschland umzuerziehen? Nichts beantwortete in Schenks Augen die Frage so eindeutig, welches System das gerechtere sei, das demokratischere und das freiere, wie der Umgang mit den Nachfahren der Sklaven.

Dass in der US-Armee noch immer die Gesetze der Rassentrennung galten, verstärkte die Proteste gegen die »Jim Crow Laws«, die die Segregation zwischen 1876 und 1964 gesetzlich festschrieben, im Land selbst. Jede Aussage eines schwarzen Soldaten, dass in der DDR das Leben freier sei, trug zur Unruhe in den USA bei. *The Crisis*, die Zeitschrift der Bürgerrechtsorganisation National Association for the Advancement of Colored People (NAACP), hatte die Segregation in den USA bereits mit den nationalsozialistischen Rassegesetzen gleichgesetzt: »Wir müssen nicht nur Hitler bekämpfen, sondern den Hitlerismus überall.« Sie wollten streiten für eine Welt, in der Lynchmorde, Gewalt, Terror, Demütigung und Erniedrigung durch Diskriminierung beseitigt sind, und sie erkannten: »Dieser Kampf beginnt bereits in Washington.« Zehntausende Soldaten, darunter ungezählte Rückkehrer aus Europa, schrieben sich in den Jahren seit Kriegsende in die Mitgliedslisten der US-amerikanischen Bürgerrechtsbewegung ein.

Je mehr die Zeitungen der Schwarzen, wie der *Chicago Defender,* über »Russlands Kampf gegen den Rassismus« berichteten und wenn schließlich die bekannteste und einflussreichste Zeitung der Welt, die *New York Times,* einen schwarzen Deserteur wie Charles Lucas zitierte – »Während es in den USA Rassendiskriminierung gibt, sind in der Sowjetunion alle Menschen gleich« –, dann war offensichtlich, dass das selbsternannte »land of the free« mit einem Widerspruch lebte: Die USA waren in den Krieg gezogen, um Europa Freiheit zu bringen, den Deutschen die Demokratie und der Menschheit den Beweis, dass das Gute aus Amerika kommt. Und nun war für alle Welt sichtbar, dass dieser Anspruch im Fall der schwarzen Amerikaner der Realität widersprach, sowohl in der Zivilgesellschaft als auch in der Armee. Genau deshalb waren Hillie, Hutto und Lucas für die Amerikaner ein Problem – weil sie zeigten, dass dem Versprechen keine Taten gefolgt waren. Und deshalb versuchten die Militärbehörden, ihre verlorenen Schafe zurückzuholen. Aber Hutto und Lucas wollten nicht zurück in die Armee, und Hillie wollte nicht ins Gefängnis. Sie wollten frei leben – am liebsten in der DDR.[54]

»Der verhätschelte Mörder«: Jack Stuarts schönes Leben ist zu Ende

Nicht nur Ost-Berlin, auch der Westen wusste die Deserteure zu nutzen – wenn sie wieder heimkehrten. Schenk ärgerte sich jedes Mal, wenn er einen dieser »Hetzartikel« erhielt, gespeist aus tendenziösen Berichten der Rückkehrer, die sich als Opfer darstellten. Im April 1954 erst war einer in der *Welt der Arbeit* erschienen, womit der Herausgeber, der Deutsche Gewerkschaftsbund, erneut seinen verräterischen, konterrevolutionären und arbeiterfeindlichen Charakter bewiesen hatte: »Die Leute, die nach drüben gehen, haben oft wegen irgendwelcher Vergehen eine Bestrafung zu erwarten, manchmal aber auch haben sie in der Tat am Kommunismus einen Narren gefressen«.

Das war für Schenk offenkundig Propaganda. Natürlich, wer sich unerlaubt von der Truppe entfernt hatte, musste in der US-Armee mit einer empfindlichen Strafe rechnen, das galt auch für Franzosen und Briten. Aber wer nicht in Korea töten und nicht für die Interessen der Wall-Street-Kapitalisten sterben wollte, war in Schenks Augen kein Verbrecher. Die meisten von ihnen gehörten zu den Ausgebeuteten, den Armen, für die das Soldatenleben letzte Zuflucht zu sein schien und die zu spät merkten, worauf sie sich eingelassen hatten.

Der Westpropagandist dagegen schien die Überläufer allesamt als Nichtsnutze abzuqualifizieren. Die Deserteure seien »nicht verpflichtet, Arbeit anzunehmen«, behauptete er. »Schließlich gingen ja die meisten auch nicht um zu arbeiten in die Sowjetzone. Aber das Taschengeld, das lediglich zum Kauf der Rauchwaren ausreicht, veranlasst zwangsläufig die meisten, eine geeignete Arbeitsstelle zu suchen. Doch selbst, wenn sie Arbeit finden, müssen sie täglich stundenlange Vorlesungen über politische Ökonomie und dialektischen Materialismus besuchen.«

Das war in Schenks Augen reine Demagogie. In Bautzen durften die Überläufer zur Schule gehen, um Sprache, Land und Leute kennenzulernen, sie erhielten ausreichend Geld für den Lebensunterhalt, bis sie in den Produktionsprozess eingegliedert werden konnten. Ein Paradies für Faulenzer, so verstand es Schenk, wollte und durfte der Arbeiter-und-Bauern-Staat aber keinesfalls sein. Der

Aufbau des Sozialismus verlangte nach Menschen, die bereit waren, die Ärmel hochzukrempeln. Wer glaubte, wegen seiner paar Schritte in den Osten Anspruch auf eine lebenslange Rente zu haben, war hier fehl am Platz. Der Frieden war nicht zu gewinnen, indem man die Hände in den Schoß legte, er musste mit harter Arbeit errungen werden.

»Ein Teil der Deserteure erkennt nun zu spät die ganze Tragweite seiner Flucht«, schloss der Zeitungsartikel, »und möchte lieber die in West-Berlin zu erwartende Strafe auf sich nehmen. Sie haben sich den Kommunismus völlig anders vorgestellt, und nur wenige werden linientreue Stalinisten.«[55]

Sollte man nun Mitleid für die Faulenzer empfinden, weil sie arbeiten sollten und diese Zumutung in eine jahrelange Haft in westlichen Militärgefängnissen umzutauschen bereit waren? Als gäbe es im Kapitalismus Brot ohne Arbeit auch für jene, denen die Produktionsmittel nicht gehörten. Niemand hatte diese Männer gezwungen, in die DDR zu kommen. So sah es Schenk.

Doch während Schenk sich sorgte, wie er die wegen Coffmans Tod noch immer aufgebrachten »Freunde« in Bautzen beruhigen konnte, gelang einem Mann aus Dresden die Flucht – eine willkommene Gelegenheit für einen weiteren propagandistischen Gegenschlag des Westens. Der Mann hieß Erwin Kaufmann, und in der Bundesnotaufnahmestelle erzählte er eine schier unglaubliche Geschichte, seine Geschichte und die seiner inzwischen toten Frau. Vier Jahre habe er in der DDR schweigen müssen, sagte der 56-Jährige. Jetzt, im Westen, konnte er endlich reden, und ein Reporter griff Kaufmanns Geschichte begierig auf:

Eines Tages im Jahr 1950 habe Kaufmann einen Untermieter erhalten, »einen jungen ausländischen Friedenskämpfer«, den er in seinem Haus in der Böttgerstraße 13 in Dresden aufnehmen und wie einen Pflegesohn behandeln sollte. Der junge Mann war von seiner Truppe desertiert. Kaufmann erzählte, wie der Überläufer – er hieß Jack Stuart – in Dresden verhätschelt worden sei, dass die FDJ komfortable Möbel geliefert und sein Zimmer mit lorbeerumrahmten Stalinbildern geschmückt habe. »Dann erschien Jack Stuart, lässig, leicht arrogant, die Zigarette im Mundwinkel, in Begleitung von vier SED-Funktionären und begrüßte seinen Gastgeber hoheitsvoll (...) In Kaufmanns Wohnung ging es zu wie in einem Taubenschlag. Die SED-Prominenz ging ein und aus. Der gut aussehende Jack Stuart war in Mode gekommen. Von allen Seiten bekam der Star der sowjetzonalen Propaganda Geld, Kleidung, Freikarten und Einladungen. Besonders der literarische Salon des SED-Schriftstellers Max Zimmering und die Tochter des persönlichen Referenten Grotewohls, Tzschorn, heute Staatsanwältin in Dresden, nahmen sich des Deserteurs aufs wärmste an.«

Auf Stuart habe diese Art zu leben gewaltigen Eindruck gemacht. »Ohne Arbeit, aber immer im Mittelpunkt zu stehen, gefeiert zu werden, das war etwas, wovon er schon lange geträumt hatte. Sein Benehmen wurde immer arroganter. Mit dem Titelbild der *Neuen Berliner Illustrierten* in der Tasche, suchte und fand der vom Deserteur zum Friedenskämpfer avancierte Jack Stuart immer neue amouröse Abenteuer. Die Zechen in den Gaststätten blieb er schuldig, und die Taxis, die er benutzte, bezahlte er nicht. Bei Gastgeber Kaufmann erschienen die Gläubiger (…) Die Popularität des Propagandaaktivisten erreichte ihren Höhepunkt im Juli 1950, als er vor einer fanatisierten SED- und FDJ-Menge auf dem Karl-Marx-Platz mit dem geflohenen Reuter-Korrespondenten John Peet eine Resolution verlas und zum Ehrenmitglied der FDJ ernannt wurde. Die Spenden, die von begeisterten Verehrern anlässlich dieser Ehrung in der Kaufmann'schen Wohnung eintrafen, setzte Jack Stuart sofort in Bargeld um. Seine ausgedehnten Zechtouren mit seinen Freundinnen kosteten ihn ein Vermögen.«

Doch am 1. Februar 1951 sei Stuart früh um halb sechs Uhr von einem »Propagandafeldzug« zurückgekehrt, Erwin Kaufmann arbeitete auswärts. Stuart habe an der Schlafzimmertür von Frau Kaufmann geklopft und sie um eine Tasse Kaffee gebeten. »Als die ahnungslose Frau öffnete, stach er sie mit einem Brotmesser nieder. Danach durchwühlte er die Wohnung, packte einen wertvollen Schmuck und andere Beute in zwei Koffer ein und fuhr nach Westberlin.«

Als der Mord entdeckt wurde, hätten Männer mit einem Parteiwagen Erwin Kaufmann abgeholt und ihm klargemacht, »dass er nun keine unüberlegten Schritte unternehmen dürfe. Auch der persönliche Sekretär des SED-Landesvorsitzenden ermahnte ihn bei seinem Beileidsbesuch im Namen der Partei: ›Genosse, belaste nicht Partei und FDJ. Es ist besser für Dich.‹«

Jack Stuart habe unterdessen in West-Berlin »seine mütterliche Freundin und Gönnerin« aufgesucht, Annemarie Hase, Schauspielerin am Ost-Berliner »Berliner Ensemble«. »Sie versprach dem Mörder, sich bei Helene Weigelt (sic!), der Frau Bert Brechts, und bei dem damaligen SSD-Chef Zaisser für ihn einzusetzen. Aber sie hatte kein Glück und bekam den Befehl, den Flüchtigen in den Osten zurückzulocken. Hier wurde Jack Stuart hinter der Bühne des Deutschen Theaters verhaftet.« Das Schwurgericht Dresden verurteilte Stuart am 7. September 1951 wegen Mordes zu einer lebenslangen Haftstrafe.[56]

Und Erwin Kaufmann? »Er fand keine Ruhe. SSD-Agenten beschatteten ihn, man fürchtete, dass er Einzelheiten über den Mordfall nach dem Westen schleusen könnte«, heißt es in dem Artikel. 1954 habe Annemarie Hase bei Prominenten und Spitzenfunktionären der SED Unterschriften gesammelt, damit Stuart begnadigt werde. Angehörige der Generalstaatsanwaltschaft in Dresden hätten Entlastungszeugen für Stuart gesucht. »Sogar ein Oberstaatsanwalt schloss sich hier der allgemeinen Stuart-Begnadigungshysterie an. Auch an Kaufmann traten die Genossen und Freunde des Stuart heran, die Petition zu unterschreiben. Er sollte erklären, dass seine Frau schon immer ›mannstoll‹ gewesen sei und den jungen Soldaten verführt habe (…) Da war es soweit: Kaufmann floh nach Westberlin.«

So landete dessen Geschichte im Mai 1955 auf Schenks Schreibtisch. »In der Westillustrierten *IBZ* Nr. 21/55 wurde nachfolgende Geschichte veröffentlicht«, notierte Schenks Kollege Goller. »Im Referat 1 ist über den Genannten nichts bekannt.«[57]

Operation »Volkswagen«

Die Stasi sucht den Fluchthelfer

Natürlich nutzten die Propagandisten des Westens auch Coffman für ihre Zwecke. AFN hatte schon wenige Tage nach seinem Tod gemeldet, dass der amerikanische Soldat bei einem Verhör des Staatssicherheitsdienstes erschlagen worden sei. Als »Zeugen« konnten sie dafür den Iren Joseph Kerr aus Londonderry benennen, der wenige Stunden nach dem Tod des Amerikaners verschwunden war.

Wenig später traf Schenk GI »Heide« im Kasino des Pergamonmuseums. Die Amerikaner interessierten sich für den Fall, rapportierte sie. Mr. Faust vom CIC, zu dem sie mit Schenks Wissen Kontakt hielt, habe ihr aufgetragen, genaue Informationen über Coffmans Mörder, seine Freundin und ein Foto des Grabes zu beschaffen. Schenk schärfte »Heide« ein, Folgendes zu sagen: Coffman sei bei einem Streit unter Ausländern erschlagen worden, er habe ein schönes Begräbnis bekommen. Von verhafteten Deutschen sei ihr nichts bekannt. Coffmans Freundin kenne sie nicht, sie wisse nur, dass sie »die Bucklige« genannt werde. Außerdem ordnete er an: »Fotografien werden nicht angefertigt.« Damit hoffte er, Zeit zu gewinnen, um sich einem gravierenden Problem widmen zu können.

Coffmans Tod hatte bei den »boys«, wie nicht nur »Taylor« berichtete, für Misstrauen und Angst gesorgt. Die Franzosen sagten, in Bautzen sei es für sie nicht mehr sicher. Ein Amerikaner fürchtete, ein ähnliches Ende zu erleiden wie Coffman. Ein anderer glaubte, dass er eines Tages im Klubhaus aufgehängt werde. »Es werden Leute kommen, die das erledigen«, sagte er. Solch einen Tag habe es schon einmal gegeben. Ein neuer 17. Juni werde kommen. Seine Freundin hatte ihn schon am Tag von Coffmans Begräbnis ahnungsvoll raunen hören, »dass er sicher auch einmal seine Heimat auf diesem Wege wiedersehen wird«.

Jede Flucht von »Freunden« hatte bisher für Unruhe gesorgt, jeder dieser Fälle war Ursache für irrwitzige Spekulationen. Als Ende 1952 mehrere Ausländer gleichzeitig verschwunden waren, diskutierten die Verbliebenen in Charles Lucas' Wohnung über die Gründe: »Die werden wohl alle nach der Sowjetunion gebracht.« Und die Stasi, waren sie sich sicher, habe Coffman auf dem Gewissen. Sie fühlten sich von Spitzeln umgeben, und sie litten unter dem Eindruck, dass die Regierung – wie einer von Schenks Kollegen schrieb – sie »nicht als Friedenskämpfer ansehen würde, sondern als Verbrecher«. Natürlich wussten sie, dass sie unter Beobachtung standen. Und sie wussten, dass auch viele Einheimische ihnen misstrauten.

Einer der US-Amerikaner, der ein anständiges Leben zu führen versuchte, litt unter den Vorbehalten der ganzen Gruppe gegenüber: Nach jeder Schlägerei, nach jedem Saufgelage fühlte er sich als Ausländer einem Generalverdacht ausgesetzt. Die Reisebeschränkung, die er als Ergebnis des generellen Misstrauens verstehen musste, empfand er als demütigend und interpretierte sie als Sonderbehandlung. Jede Fahrt zu den Verwandten seiner Frau nahe Potsdam müsse er beantragen, klagte er. Dabei hätten sie ihm doch bei seiner Einreise 1952 versprochen, dass er wohnen könne, wo es ihm beliebe. Schließlich waren seine Frau wie seine Schwiegereltern Kommunisten, und er war nur aus einem Grund in die DDR gekommen: um zu heiraten. Da konnten doch die Beschränkungen, die anderen Ausländern auferlegt waren, nicht auf ihn angewandt werden.[58]

Zu allem Überfluss verbreiteten Charles Lucas und ein anderer Amerikaner weitere Details aus der Sendung des AFN: Kerr sei vor Gericht freigesprochen worden. Ein Blitzurteil, das Schenk und »Taylor« darauf zurückführten, dass Kerr tatsächlich – wie sie gemutmaßt hatten – ein »Agent des Imperialismus« war.

Möglicherweise irrte sich Schenk hier. Kerr hatte in der DDR schlicht Angst gehabt. Wenn wahr ist, was er zehneinhalb Monate später – zurück im Osten – Schenk gegenüber aussagen sollte, dann hatten einige Verantwortliche in Bautzen bei Coffman schwere Fehler begangen. Schenk notierte aus diesem Gespräch: Kerr wusste, dass Coffmans Freundin am Tag nach der Schlägerei in »Lebelt's Erben« wegen dessen kritischen Zustands mit Schattel gesprochen und um Hilfe gebeten hatte, dem das aber »lästig« gewesen sei. Am selben Tag trafen Kerr und der Franzose Roger Rodriguez einen Mann, der die an der Prügelei beteiligten Deutschen angeblich wiedergesehen hatte. Doch eine Mitbesitzerin des Wirtshauses habe sie gebeten, nichts zu unternehmen, sie wünsche keine Auseinandersetzung mit der Polizei. Als einer der Schläger am Abend erneut auftauchte, ging Kerr zum Hotel »Stadt Bautzen«, in dem er den Geschäftsführer bitten wollte, die Volkspolizei anzurufen. Die hätten dann zwar die Daten des Mannes notiert, aber nichts weiter unternommen. Deshalb sei eine kleine Abordnung der Überläufer zur sowjetischen Kommandantur gegangen, und Kerr habe beschlossen, nach Berlin zu fahren, um Druck auf die nachlässigen Ermittler zu erzeugen. Am Bautzener Bahnhof habe er mit einem jungen Mann gesprochen, den er bei seiner Ankunft in Ost-Berlin wiedersah. »Dieser Mann fragte ihn nach seinem Ziel in Berlin und erklärte sich bereit, ihm zu helfen, wenn er, wie Kerr ihm mitteilte, mit der Regierung sprechen wolle«, protokollierte Schenk Kerrs Aussagen. In Berlin seien sie in die U-Bahn gestiegen, »und als sie wieder ans Tageslicht kamen, sah er ›Margarinereklame und andere Reklame‹. Er wusste nun, dass er im Westteil der Stadt war, und versuchte, wieder zum Zug zu kommen. ›Jemand fasste mich an dem Arm und sagte, dass er bewaffnet sei. Wir gingen die Bahnhofstreppe hinunter, und dort war, wie ich später merkte, das Polizeipräsidium in Charlottenburg.‹«[59]

Ob Kerr log, konnte Schenk nicht klären, als er ihm fast ein Jahr später wieder gegenübersaß. Welche Folgen Kerrs von AFN verbreitete Aussagen hatten, wusste er sofort: Kerrs Interview ließ rückkehrwillige Freunde hoffen, vor den westlichen Militärgerichten mit Freispruch davonzukommen, falls sie die richtigen Worte fanden und Informationen mitbrachten. Dem Ziel der Eingliederung der Ausländer diente das nicht.

Einen Monat nach Coffmans Tod resümierte Schenk, durch den Vorfall seien »die seit Jahren bestehenden Spannungen zwischen der einheimischen und ausländischen Bevölkerung von Bautzen noch krasser zutage getreten. Beide Teile der Bevölkerung suchen in diesem Vorfall Argumente für ihre gegenseitige Abneigung.«

Schenk befürchtete eine neue Fluchtwelle. Und er wusste nicht, wie er das verhindern sollte. Dabei schien seiner Abteilung ganz zu Beginn seiner Arbeit der entscheidende Mann ins Netz gegangen zu sein: Sie hatten den Schleuser gefangen. Doch die Reihe der Republikfluchten setzte sich fort. Schenk fragte sich, was da schiefgelaufen war.

Der Fluchthelfer: Zehn Jahre Gefängnis
für den Rothaarigen

Sie nannten ihn Klokenstien. Oder schlicht Harry. Das war der Vorname des hageren jungen Mannes mit den rötlichen Haaren. Die meisten Deserteure konnten seinen Nachnamen nicht korrekt aussprechen. Aber alle kannten sie ihn, vor allem jene, die einen brauchten, der sie zurückbringen konnte. Mehrere Monate hatte er in Bautzen verbracht, und wenn er zusammenzählte, kam er auf eine stattliche Liste von Männern, die er 1953 nach West-Berlin geleitet hatte. Aber im Spätsommer beschlich ihn das Gefühl, im Fadenkreuz der Stasi zu stehen.

Tatsächlich hatte die bereits ein beachtliches Dossier erstellt. Sie wusste, dass Harry im Vorjahr wegen Unterschlagung zu einer Geldstrafe verurteilt worden war, bereits mehrfach in der DDR gelebt und sich immer wieder illegal nach West-Berlin begeben hatte, dass frühere Nachbarn ihn als »nichtsnutzigen Kerl« bezeichneten, »der keine Lust zum Arbeiten hatte und auf anderer Leute Kosten lebte«, dass er »einen zänkischen und rohen Charakter« hatte und mit seiner Ehefrau ständig stritt, »was u. a. auch zu Tätlichkeiten führte«.

Trotzdem kamen, wenn Harry im Klubhaus saß, immer besonders viele Überläufer, denn er wusste viel und war bereit, sein Wissen mit ihnen zu teilen. Doch dann, im Juli, verwehrte ihm Douglas Sharp, dieser »englische Terrier« in Stasi-Diensten, den Eintritt. Dass sich Joseph Kerr und die anderen Ausländer auf Harrys Seite schlugen, schadete mehr als dass es nutzte, denn der Argwohn gegen ihn wuchs.[60] Im August zog Harry deshalb mit Frau und Tochter wieder nach West-Berlin, Knappenpfad 3 in Frohnau, »weil ich annahm, dass man mir langsam auf die Spur gekommen ist«, wie er später sagte. Trotzdem pendelte er weiter zwischen Ost und West. Denn er hatte noch Aufträge zu erfüllen. Und er hatte einen falschen Ausweis, mit dem er glaubte, sicher reisen zu können.

Sie nahmen ihn am 21. Dezember 1953 fest. Wieder einmal war er in den Ostteil Berlins gefahren, um »Geschäfte« zu erledigen. Gegen 13.30 Uhr sprachen ihn zwei Männer an, als er gerade eine Gaststätte in der Nähe des U-Bahnhofs Dimitroffstraße (heute U-Bahnhof Eberswalder Straße) betreten wollte. Harry leistete keinen Widerstand. Sie nahmen ihm den Ausweis ab, brachten ihn nach

Bautzen und sperrten ihn in eines der dortigen Gefängnisse, Bautzen I, das der Volksmund wegen der sandfarbenen Klinkermauern »Gelbes Elend« nannte. Im Haftbeschluss heißt es: »Steht seit dem 15.4.1953 mit dem amerikanischen Geheimdienst CIC in verbr. Verbindung. Er lieferte Spionageberichte über das Lager Bautzen und veranlasste dessertierte (sic!) alliierte Soldaten nach Westberlin zurückzukehren, um sie an den amerik. Geheimdienst auszuliefern.« Das Dokument trägt die Unterschrift des Stasi-Staatssekretärs und ZK-Mitglieds Erich Mielke.

Völlig überraschte Harry, dass sein Geständnis, ein paar Deserteuren bei der Rückkehr geholfen zu haben, ihn so viele Jahre Freiheit kosten könnte. Bis morgens um fünf Uhr hatten sie ihn nach der Festnahme verhört, aber er gab nur preis, was sie ohnehin wussten oder zu wissen glaubten und was ihn in seinen eigenen Augen entlastete; vor allem seine Legende: dass die Franzosen ihn nicht mehr in Ruhe gelassen hatten, weil sie ihm nachweisen konnten, dass er seinem Schwager, dem Franzosen André Labarthe, den Weg in den Osten geebnet hatte; dass sie ihm eine zweite Chance angeboten hatten, um seinen Fehler wiedergutzumachen; dass er nach Bautzen gehen sollte, um die Deserteure der französischen Armee zurückzubringen; und dass er dem gezwungenermaßen zugestimmt hatte. Er gab auch an, dass bei seinem ersten Besuch im Westen nach der Umsiedlung nach Bautzen für ihn unerwartet auch Amerikaner und Briten auf der französischen Dienststelle erschienen wären, die ihm Listen mit vielen Namen gegeben hätten, ihm unbekannten, weil er bis dato nur wenige Tage in Bautzen gewesen war. Außerdem sollte er von diesem Tag an nicht nur Franzosen, sondern auch Amerikaner und Briten herausholen. Dreimal sei ihm das gelungen; diese Zahl erhöhte er im Lauf des Verhörs mehrmals.

Welch ein Verbrechen das in den Augen der Kommunisten war, muss er erkannt haben, als er im April 1954 vor Gericht stand und Staatsanwalt Unger seine Anklageschrift verlas. Er warf Harry vor, »Boykotthetze gegen demokratische Einrichtungen sowie Kriegshetze betrieben und durch Propaganda für den Faschismus und Militarismus sowie Verbreitung tendenziöser Gerüchte den Frieden des deutschen Volkes und der Welt gefährdet zu haben«.

Aus Harrys Sicht mochte es kein Verbrechen sein, Menschen dabei zu helfen, dahin zu gehen, wo sie leben wollten. Hier ging es um die Freiheit jedes einzelnen Menschen. Aber der Staatsanwalt erläuterte unmissverständlich, wie er die Dinge sah: »Die westlichen Kriegstreiber, mit den USA-Imperialisten an der Spitze, bereiten einen neuen Krieg mit allen Mitteln vor (…) Es liegt also an den Friedenskräften, an den Völkern selbst, ob die Mächte der Finsternis, also des Krieges, ihre dunklen Pläne zur Durchführung bringen können oder nicht.« Große Teile der Völker hätten dies schon erkannt. »Selbst Angehörige der Armeen dieser imperialistischen Länder erkennen immer mehr«, fuhr Unger fort, »dass sie nur billiges Kanonenfutter der imperialistischen Machthaber sind. Sie verurteilen z. Zt. ebenso wie alle ehrlichen Patrioten den schmutzigen Krieg in Vietnam. Das kommt darin zum Ausdruck, dass der Schwager des Beschuldigten (…) selbst, wie viele andere, sich in das Friedenslager begab, als er zu diesem Kriegsschauplatz gebracht werden sollte. Aus diesem Grunde suchen viele Angehörige der westlichen alliierten Streitkräfte unsere Republik auf, um sich vor diesem Völkermorden zu retten und nicht mitschuldig am neuen Krieg zu werden.«

Am 21. April 1954 sprach die Vorsitzende des Strafsenats 1a des Dresdner Bezirksgerichts, Oberrichterin Löwe, das Urteil: zehn Jahre Gefängnis. »Für Recht erkannt« haben diese hohe Strafe, dokumentiert durch ihre Unterschrift, die Schöffen Rudolf Locke, Schlosser, und Paul Drechsel, Heimleiter.

Harry war niedergeschlagen: So lange würde er in einer Zelle in Bautzen sitzen, erst mit 35 Jahren wieder frei sein. Die Kinder und seine Frau – sie war erneut schwanger – würden ihn nicht besuchen können. Er würde die Kinder nicht aufwachsen sehen, und ob seine Frau in West-Berlin auf ihn warten würde, wäre ungewiss.

Vielleicht erinnerte sich Harry während der Verhöre, der Verhandlung oder im Gefängnis an den Abend des 22. September 1953, als er wieder einmal den Amerikaner aus Virginia mit der Tätowierung am Arm und der Narbe am Kinn besuchte, dem Harry einige Monate zuvor nach fünf Tagen aus dem Gefängnis geholfen hatte, nachdem der im »Café Lehmann« herumgebrüllt hatte: »Malenkow Scheiße, DDR Scheiße, West-Berlin prima«[61] und sich dann mit einem Polizisten geprügelt hatte, der ihn verhaften wollte. Neben seiner Freundin, die den Frauen gern die Karten legte, saß noch der eine oder andere Amerikaner am Tisch. Wie immer bei solchen Treffen gab es viel Alkohol, und die Zunge, obgleich schwer, funktionierte manchmal schneller als das Gehirn. Damals zog Harry ein dickes Bündel Scheine aus der Tasche und brüstete sich damit, wie er das Geld verdient hatte. Und jetzt habe er wieder den Auftrag, einen nach drüben zu bringen – so wie die zuletzt geflüchteten »Freunde« auch.[62]

Das war natürlich dumm, andererseits hatte Harry damals keinen Grund gehabt, dem Tätowierten zu misstrauen. Der damalige Berliner CIC-Chef, der sich Conners nannte, hatte versichert, dass der Kerl auf ihrer Seite stehe: »Vor dem brauchst Du keine Angst zu haben«. Das war wohl ein Irrtum. Der Amerikaner – das freilich konnte Harry nicht wissen – petzte im Klubhaus, und »Weinhold« reichte sein Wissen sofort weiter. Harry konnte auch nicht wissen, dass ein GI beobachtet hatte, wie er eine Liste sämtlicher in Bautzen wohnender Deserteure der westlichen Länder anfertigte. Und er konnte nicht wissen, dass »Sonja Beier« ihrem Führungsoffizier bereits im Juli 1953 berichtet hatte, dass Harry und die Freundin des Tätowierten »in West-Berlin bekannt waren«.

Wenig später kam ein weiterer Amerikaner nach Bautzen, Norman Lowell. Sowjetische Soldaten hatten ihn Mitte September zunächst ins Hotel »Adria« in der Friedrichstraße 134 gebracht, eine der geheimen Unterkünfte in Berlin, in denen die Stasi ihre Erstprüfungen vornahm. Lowell gab an, die Sektorengrenze in der Absicht überschritten zu haben, in der DDR um Asyl zu bitten. Gemeinsam mit seiner Braut und deren Baby blieb er dort bis zum 1. Oktober, im Zimmer 218; im Nebenzimmer wohnten zwei ebenfalls desertierte Holländer, Louwman und Wanrooy. Für die zwei Wochen mussten Schenks Vorgänger knapp 4800 Mark bezahlen, mehr als 3400 davon allein für Verpflegung.

Zumindest die Investition in Lowell schien sich sofort zu rentieren. »Sonja Beier« notierte, dass Lowell in einer Kaserne in West-Berlin auf der Hauptwache zwei zurückgekehrte Deserteure[63] getroffen habe; sie alle hätten im August »von einem Rothaarigen, einem Deutschen« berichtet, »der ihnen vorgeschlagen hatte, sie von Bautzen nach Berlin zu bringen (…) Der Rothaarige sei Mitarbeiter des CIC, er sei etwa 30 Jahre alt, mager (…) seine Frau sei in anderen Umständen. Sie wohnten mit zwei Kindern im Kreis Bautzen.« Von einem Rothaarigen, der Agent des CIC sein solle und in Bautzen lebte, erzählte Lowell Anfang November auch einem Mitarbeiter der Abteilung IV in Dresden: »Wir ersuchen um Feststellung, um welche Person es sich hier handelt. Dabei ist festzustellen, ob diese Person zu einer Überwerbung geeignet ist.«[64]

Zu diesem Zeitpunkt war Harry mit seiner Familie längst wieder nach West-Berlin gezogen, also eigentlich in Sicherheit. Erst am 5. September 1953 legte die KD Bautzen den Einzelvorgang »Ausland« an, der sich auf Harry konzentrierte, weil er »unter dem dringenden Verdacht« stand, »Agententätigkeit für den amerikanischen Geheimdienst durchzuführen«. Inzwischen wussten sie, dass Harry einen Personalausweis auf den Namen Robert Zimmermann besaß, und bald erfuhren sie, dass Harry nicht mehr im Osten lebte. Die Ehefrau des Franzosen Labarthe hatte am 10. September an ihre Mutter in West-Berlin geschrieben: Sie könne die bestellten Grüße an Harry nicht ausrichten, weil der und seine Frau nicht mehr da seien. »Wir dachten, die sind wieder nach Berlin zurück. Nun wissen wir gar nicht wo sie sind. Einmal heißt es sie sind in Bautzen gesehen worden. Dann sollen sie 5 Lebensmittelkarten zu viel abgeholt haben. Ich weiß wirklich nicht mehr was da los ist. Die sind schon bald 4 Wochen lang nicht mehr in der Wohnung gewesen. Wer weiß was die noch alles ausgefressen haben. Seitdem die beiden hier sind haben sie uns nur Schande gemacht. Die hätten besser in Berlin bleiben sollen. Die haben mehr gehabt wie wir und waren nie zufrieden. Wenn sie noch in Bautzen sind werden sie bestimmt eingesperrt. Wenn sie zurück sind nach Berlin haben sie Glück gehabt. Schreibe mir doch bitte ehrlich ob sie wirklich nicht da sind. Denn vor uns haben sie alles heimlich gemacht.«

Harry war abgetaucht. Erst am 18. Dezember 1953 fand die Stasi wieder seine Spur, ausgerechnet in der US-Armeezeitschrift *Stars and Stripes*. Darin war ein Artikel erschienen, der sich kaum mit einem amerikanischen Deserteur beschäftigte, der nach West-Berlin zurückgekehrt war, aber sehr intensiv mit einem Deutschen, Harry. Er sei »von französischen und amerikanischen Kreisen engagiert, um im Osten gehaltene Soldaten zur Rückkehr zu veranlassen«, stand darin. Der Berliner, der sich als »antikommunistischer Agent« ausgebe, sagte im Prozess gegen einen US-Soldaten aus New York[65] aus, der im September nach einem halben Jahr in der DDR zurückgekehrt war. Der Deutsche habe vor Gericht dessen Aussage bestätigt, dass der Soldat loyaler Amerikaner sei und in Bautzen gegen seinen Willen festgehalten worden sei, so wie die Mehrzahl der 60 bis 65 Überläufer in Bautzen, wo der Deutsche ein Dutzend Mal gewesen sei. Nicht alle müssten arbeiten, alle erhielten jedoch Geld, »weil sie aus Propagandagründen dort sind«.[66] Dass Harry nach dieser Veröffentlichung erneut nach Ost-Berlin ging, ist schwer zu verstehen.

Der Schleuser ist gefasst, aber die Fluchten hören nicht auf

Für Schenk in Berlin wie für die Mitarbeiter der KD Bautzen muss es ein Schock gewesen sein, dass weitere Überläufer davonliefen, obwohl sie den Fluchthelfer eingesperrt hatten. Seit 1951 bis zu Harrys Festnahme hatten 14 Männer der DDR »Goodbye« oder »Au revoir« gesagt, nach Weihnachten war auch Norman Lowell verschwunden, am 15. Januar 1954 setzte sich sogar ein ganzes Trio ab.[67]

Rückblickend hätte es sich als lohnend erweisen können, Lowell intensiv zu beschatten. »Weinhold« hatte berichtet, dass Lowell am 12. Dezember mit dem Holländer Wanrooy in einer Kneipe saß. »Nachdem Wanrooy gemerkt hat, dass Lowell etwas angetrunken war, hat er ihm noch zu trinken gekauft, damit Lowell betrunken wurde, dann hat Lowell erzählt, dass er für den Geheimdienst CIC arbeitet. Er hat weiter gesagt, dass seine Braut am Montag oder Dienstag wieder nach West-Berlin fährt und sich bei ihrer Mutter in der Wohnung mit dem Geheimdienst trifft (…)« Lowell sei versprochen worden, »dass seine Braut mit Kind später nach Amerika gebracht wird, ohne dass sie eine Strafe erhalten«.[68]

Die KD Bautzen ließ »Sonja Beier« weitere Informationen sammeln, griff aber nicht zu: Lowells Braut erzählte ihr, sie hätte es sich kaum im Haus ihrer Mutter in West-Berlin gemütlich gemacht, schon habe der CIC geklingelt. Damit wollte sie wohl sagen: Ich bin keine Agentin. Andererseits, so »Sonja Beier«, habe die Freundin des tätowierten Amerikaners ihr erzählt, Lowells Freundin habe ihr angeboten, sie nach West-Berlin zurückzubringen, was sie offenbar mit anderen Ausländern bereits gemacht habe. Sie habe jedoch abgelehnt, weil ihr dann sicher ihr Freund folgen und im Westen verhaftet würde – und sie möglicherweise auch.[69]

Jetzt, nachdem Lowell und seine Partnerin ihre Wohnung am Taschenberg 10 in Bautzen gegen eine Unterkunft in der Dresdner Straße 17 im westlichen Berliner Bezirk Kreuzberg getauscht hatten, hielt auch »Sonja Beier« beide für Mitarbeiter des CIC. Dass Lowell und der Tätowierte mit ihren Frauen in West-Berlin häufig miteinander tanzen waren, wusste sie ebenso wie die Tatsache, dass das Quartett Harry aus dieser Zeit kannte.

Die Stasi machte sich ihren Reim darauf: Es schien also nicht nur Harry, sondern ein Netzwerk von Fluchthelfern zu geben. Aber nichts bestätigte den Verdacht, und niemand in der KD hatte die leiseste Ahnung, wie die »Freunde« nun in den Westen gelangten. Auch Schenk in Berlin war ratlos. Wie kamen sie raus? Wer half ihnen? Welchen Weg wählten sie, und wer zeigte ihnen, wo sie lang mussten? Wer fuhr sie? Die Deserteure durften Bautzen nicht verlassen, ihre Aufenthaltserlaubnis beschränkte sich bisher auf den Landkreis. Taxifahrern war es verboten, Ausländer nach außerhalb zu transportieren. Volkspolizisten überwachten die Zugverbindungen nach Berlin und überprüften vor der Stadtgrenze die Reisenden, und ein Auto besaß keiner der Überläufer. Und doch passierten sie die Grenze.

Schenk fand die Verantwortlichen für die Fehlschlagserie schließlich in Bautzen. Angeleitet von Instrukteur Pawelow strukturierte er in der Berliner Stasi-Zentrale die Abteilung um, die künftig die Oberaufsicht über die Deserteure auch tatsächlich ausüben sollte. Zuerst sorgte Schenk dafür, dass er stets und sofort im Bilde war. Am 9. Februar 1954 erließ er den Befehl: »Ist ein Ausländer flüchtig oder besteht bei einem Fluchtverdacht, so ist uns sofort telefonisch davon Meldung zu machen.«[70]

Vier Tage später, am 13. Februar 1954, einem Samstag, meldete ein Mann auf der Polizeidienststelle in Bautzen seine Ehefrau als vermisst, außerdem sei sein Personalausweis unauffindbar. Was ihm zu diesem Zeitpunkt noch nicht bekannt war: Weit vor Sonnenaufgang war seine Frau tags zuvor zu Fuß zur Autobahnbrücke bei Oehna marschiert, um ihrem Geliebten, einem Spanier, den Pass ihres Mannes in die Hand zu drücken. Möglich, dass dies ihr letzter Liebesdienst war, das »Adiós« für einen Mann, der nicht anders handeln konnte als zu gehen. Einige Meter entfernt hatte ein Wagen gehalten, vor dem ein Mann und eine Frau standen, die sie nicht kannte.

Im Auto saß bereits Toni, ein aus der US-Armee desertierter Mexikaner. Auch er hatte einen gestohlenen Ausweis in der Tasche und ließ eine schwangere Freundin zurück. Nachdem »Weinhold« kürzlich die Polizei informiert hatte, dass Toni die Dollar, die sein Vater ihm regelmäßig schickte, beim Pfandleiher Am Fleischmarkt 7 zum Schwarzmarktkurs von 30:1 in Mark gewechselt habe, war er aufs Revier bestellt worden. Möglich, dass das Verhör ihn zur schnellen Flucht veranlasste, vielleicht aber hatte er auch dem Drängen seines Vaters nachgegeben, der ihn in Bautzen besucht und danach gewarnt hatte – vor der deutschen Frau: »Sie gehört nicht zu Deiner Rasse«, schrieb er in seinem Brief. »Deshalb muss ich Dir vor Augen führen, dass die Mexikanerin sich, wenn sie will, an alles Mögliche anpassen kann, aber die Europäerin vielleicht nicht.«[71]

Für die beiden Flüchtlinge, den Spanier und Toni, war der fremde Pass sehr hilfreich auf ihrem Weg nach West-Berlin, sofern Polizisten und Grenzwächter die Fotos nicht genau betrachteten. Sie auszutauschen wäre unmöglich gewesen. Wie hätten sie das verlorene Stück Stempel wieder auf das neue Bild setzen sollen? Sie mussten hoffen, bei einer Kontrolle als diejenigen durchzugehen, denen der vorgelegte Pass gehörte.

Bald stellte sich heraus, dass die vermisste Ehefrau am Tag der Flucht des Spaniers in Bautzen den D-Zug in Richtung Dresden – Leipzig – Erfurt bestiegen hatte. Es ging westwärts. Sie hatte sich offiziell für sechs Wochen bei der Polizei abgemeldet, um drüben Verwandte zu besuchen. Vielleicht hatten sie vereinbart, sich dort wiederzutreffen. Vielleicht war es ihr Plan gewesen, Mann und Kind für immer zurückzulassen und damit das ganze alte Leben.

Bald gab es unter den »Freunden«, ihren Betreuern, der IS und in der Stasi-Kreisdienststelle in der Mättigstraße mehr Antworten als Fragen. Es ging um Geld, illegalen Besitz und Umtausch von Devisen, und es ging um die Frage, wie die Männer ihren Weg nach Westen gefunden haben könnten. Die Gerüchte hatten eine kurze Halbwertszeit, und im und um das Klubhaus entstanden immer neue.

Ins Visier der Stasi geriet bald der Pfandleiher, mit dem sich der Mexikaner nach Aussage seiner verlassenen Freundin öfter getroffen hatte. Er sei ein guter Freund, außerdem habe er »einen guten Kumpel, der vor kurzem aus Westdeutschland gekommen sei« – mit einem Wagen. Dass der Pfandleiher mit seiner Geliebten öfter nach West-Berlin fahre, wusste auch GI »Taylor«. Und GI »Suliko« bestätigte, dass ihr der Pfandleiher bei der letzten Fahrt eine Flasche Parfüm der Marke »Tosca« mitgebracht habe.

Dass die beiden Flüchtigen in einem Wagen nach West-Berlin gebracht worden seien, pfiffen bald die Spatzen von den Dächern. Aber wer fuhr sie? Der Pfandleiher? Dessen Sohn? Oder doch eine dritte Person? Es ging das Gerücht von einem hilfreichen – einheimischen – Taxifahrer, andere berichteten von Fremden, die Ausländer ansprachen, um sie zurück in den Westen zu locken.

Am 18. Februar bemerkte »Suliko« im benachbarten Garagenhof einen grauen Wagen mit der Nummer AW 247943, aus dem ein schwarzhaariger Mann mit dem Hund des Pfandleihers ausstieg und mithilfe einer Leiter, die immer dort stehe, über die Mauer auf dessen Grundstück kletterte. »Taylor« traf den Sohn des Pfandleihers im »Café Lehmann«, der sich als »long-distance lorry driver«, LKW-Fernfahrer, vorstellte. »Suliko« überreichte ihrem Führungsoffizier zwei Tage später einen schriftlichen Bericht, nach dem ihr Verlobter erwähnt habe, »dass hier in Bautzen eine gewisse Organisation bestünde, welche den ausländischen Freunden verhilft, nach Westdeutschland zu reisen. Bei dieser Organisation tauschte Toni die Schecks ein. Dafür erhielt er 5000 DM. Der Leiter dieser Organisation soll eine ganz unauffällige Person sein, welche evtl. auch in der Partei ist (SED).«

So wie »Suliko« beteiligten sich auch andere GI daran, die Lage durch immer neue Mutmaßungen mehr zu ver- als zu entwirren. In diesen Tagen im Februar und März schien es so, als trüge sich fast die gesamte Ausländergemeinde mit Fluchtgedanken. Für »Weinhold« waren es vor allem die Franzosen, weil sie immer sehr gut informiert seien. Einer von ihnen habe orakelt: »Es werden nur 4 oder 5 noch übrigbleiben in Bautzen, und das sind die ›gestempelten von uns‹.« Spöttisch meinten sie damit diejenigen »Freunde«, die aus politischer Überzeugung blieben und die Behörden unterstützten. Gleichzeitig verdächtigte »Weinhold« auch die drei zuletzt in Bautzen eingetroffenen Überläufer, unter ihnen O'Ryan und Le Roy; sie könnten »mit bestimmten Aufträgen nach hier geschickt« worden sein – ein Verdacht, der durch nichts begründet war.

Außerhalb der IS hatte »Taylor« alles im Blick: Ein Engländer aus Manchester[72] riet ihm, die Reisebeschränkung zu ignorieren und nach Berlin zu fahren, wann immer ihm danach sei. »Jeder Tag in England ist besser als hier«, sagte er. Auch ein Amerikaner vertraute sich ihm an: »Wäre er kein Familienvater, würde er in den Westen zurückgehen, selbst wenn er dort 20 Jahren Gefängnis erhalte.« Bis er sich zum Fortgang entschlösse, »spiele er Ball mit den Leuten – er meinte die Repräsentanten der Regierung – und sage Ja zu allem«. Diese Taktik anzuwenden riet er auch »Taylor«.[73]

Dessen Augenmerk richtete sich wie das von »Suliko« auf den tätowierten Amerikaner, den »Taylor« für »einen der Reaktionärsten, aber auch einen der Geschicktesten unter den ausländischen Freunden« hielt, der in die DDR gekommen sei, »um einen Spionagering aufzubauen«. Er schlug vor, »ihn vorsichtig zu observieren, bis seine Verbindungen bekannt sind, statt ihn vorzeitig einzusperren«. Als dessen Freundin »Taylor« vor dem »Café Lehmann« ganz aufgelöst erzählte, dass ihr Kerl mit zwei Frauen drin sitze und ihre Beziehung zu Ende sei, nannte er das kühl »eine Show, die nur Einfaltspinsel irreführen könnte. Meiner Meinung nach ist das nur die Ouvertüre, die sich zuerst in ihrer Abreise fortsetzen wird und später in seiner.« Auch »Sonja Beier« belastete den Tätowierten, weil ihr Mann sicher sei, dass er zwei Tage in seiner Kompanie gewesen sei, »um dann zur CIC-Schule zu gehen«.

Elf Tage nach der Flucht des Spaniers und des Mexikaners, am 24. Februar 1954, beschloss die KD Bautzen, den Gruppenvorgang 4/54 anzulegen, dem sie den Namen »Volkswagen« gab.[74] Er richtete sich zunächst gegen den Pfandlleiher, der beschuldigt werde, »von ausländischen Freunden der »Internationalen Solidarität« Dollar und andere Devisen aufgekauft zu haben«. Gleichzeitig habe er gemeinsam mit seinem Sohn »den Weggang« der beiden Ausländer nach West-Berlin organisiert. »Durch seine häufigen Berlinfahrten besteht der Verdacht der Verbindung zu einer Agentenzentrale.«

Wenige Tage später erfuhr »Taylor« von einem weiteren Fluchtvorhaben dreier Männer. Schenk wies ihn an, sich der Gruppe anzuschließen.

André Labarthe verrät die Stasi,
aber nicht seine Schwägerin

Am Tag, an dem der Spanier und der Mexikaner verschwanden, war auch André Labarthe nach Berlin gereist, allerdings nur in den »demokratischen Sektor« im Osten. Er war dienstlich unterwegs, geschickt von der KD Bautzen, um sich mit seiner Schwägerin zu treffen, der Schwester seiner Ehefrau, die mit Harry verheiratet war. Kretschmer hatte den Plan ausgeheckt, und Pawelow und Schenk hatten ihn genehmigt.

Also fragte Kretschmer Labarthe, »ob er bereit ist, mit uns Agenten entlarven zu helfen«. Labarthe sagte zu. »Hierauf wurde er befragt, ob er bereit sei, zwischen uns und seiner Schwägerin (…) aus West-Berlin im dem. Sektor von Berlin eine Aussprache herbeizuführen in Bezug auf ihren Ehemann.« Nun hatte er »einige Hemmungen«, habe aber schließlich den gewünschten Brief geschrieben, um sie am 13. März um zehn Uhr am Ostbahnhof zu treffen. Kretschmer versprach sich davon »Belastungsmaterial über Agenten, welche in Bautzen im Auftrage imp. Geheimdienste an der Abziehung von Ausländern arbeiten«.

Die Stasi ging davon aus, dass Harrys Frau die Verbindungen von amerikanischen Deserteuren zum CIC kannte. Aus abgefangenen Briefen war zu erkennen, dass sie über das weitere Schicksal von aus Bautzen nach West-Berlin geflüchteten Ausländern, deren jetzige Tätigkeit und Strafen im Bilde war. »Diese genaue Kenntnis lässt die Vermutung aufkommen, dass sie mit dem amerik. Geheimdienst in Verbindung steht.« Außerdem sei bei den Ermittlungen gegen ihren Mann festgestellt worden, dass sie ihm geholfen hatte.

In den Händen der Stasi hätte Harrys Frau zwei Möglichkeiten gehabt: Hätte sie verwertbares Material geliefert, wäre sie zwangsläufig als GI in West-Berlin eingesetzt worden. Falls sie dem nicht zustimmte, so hätte die Stasi sie »wegen aktiver Beihilfe bei der Agententätigkeit ihres Mannes« verhaftet.

André Labarthe schrieb den Brief und fuhr am 13. März nach Berlin. Eine Stunde wartete er am Ostbahnhof, aber seine Schwägerin erschien nicht. Dafür bemerkten Schenks Kollegen, dass die Gegenseite den Treffpunkt observierte. Sie brachen die Aktion schließlich ab.

Am nächsten Tag schrieb Labarthe einen zweiten Brief: »Liebe Anita! Wie ich Dir geschrieben habe war ich gestern in Berlin Ostbahnhof um 10 Uhr, ich staune, dass Du nicht gekommen bist!« Er fragte, ob sie krank war, und bat um ein späteres Treffen: »Vielleicht bald es kann möglich sein dass ich nach Berlin wieder fahren kann!«

Auch das nächste Treffen scheiterte. Doch inzwischen wunderte das weder Schenk noch Kretschmer. GI »Ingeborg« hatte den Hinweis dafür geliefert, weshalb Harrys Frau dem Treffen ferngeblieben war: weil sie in dem Brief nicht die Handschrift ihres Schwagers erkannt habe, was offenbar seine Absicht gewesen war. Von diesem Tag an war Labarthe kein GI mehr.

»Spring operation«: Ein Vogel will zurück ins Nest

Heinz Schattel war ein scharfer Beobachter. Mitte März bemerkte er, dass einer der strebsamsten Schüler, Moto-Rogba Adelani, sich auffällig veränderte. Er war als Musterkommunist nach Bautzen gekommen, im Gepäck ein Buch aus der »Krankenhaus«-Bibliothek, das Schenk ihm überlassen hatte: »Students«, Juri Trifonows autobiografischer Erstling von 1951. Nicht jeden entließ Schenk mit einem Geschenk aus dem »Krankenhaus«, es war ein Zeichen der Wertschätzung. Und nun das! Mehrfach schimpfte der Nigerianer gegen die Reisebeschränkung, die es ihm und den anderen Ausländern verbot, den Kreis Bautzen zu verlassen. Und weil »Ade«, wie sie ihn nannten, sich immer öfter mit zwielichtigen Männern traf – Simon Le Roy, Robert W. Louwman und William Patrick O'Ryan –, keimte in Schattel alias »Weinhold« ein Verdacht, den er am 19. März 1954 meldete: Die Männer wollten die Republik illegal verlassen. Und er hatte recht.

Den Trip, der nach Paris führen sollte, hatte O'Ryan »spring operation«, Frühlingsoperation, getauft. Am Nachmittag des 18. März legten die vier Männer nach tagelangen Diskussionen ihren Reiseplan fest: Mit der Bahn wollten sie nach Dresden oder Karl-Marx-Stadt reisen, getarnt als Ausflügler, von dort mit dem Taxi nach Zwickau fahren, dann weiter entweder mit dem Zug oder zu Fuß nach Plauen. Für die letzten fünf oder sechs Kilometer bis in die Nähe der Grenze wollten sie erneut ein Taxi benutzen, um sich schließlich durch den Wald westwärts bis zum Grenzort Wiedersberg im Vogtland durchzuschlagen.

Schenk und die Bautzener Genossen waren über jeden Schritt dieser vier Männer informiert. »Taylor« berichtete, dass Le Roy seine Mutter bereits postalisch benachrichtigt habe, »dass ein Vogel in sein Nest zurückkommt«. Vater und Bruder warteten in Saarbrücken, um die jungen Männer über die Grenze nach Frankreich zu lotsen. Le Roy selbst wollte nach gelungener Rückkehr in Paris bleiben; er erwartete, dass er die in seiner Abwesenheit von einem französischen Gericht verhängte fünfjährige Gefängnisstrafe nicht werde absitzen müssen. Seine Mutter hatte ihm signalisiert, dass sein Vater ihm helfen könne; der werde bald eine einflussreiche Position annehmen, die des Regierungschefs der ukrainischen Exilregierung in Paris.

Nach Ankunft in der DDR hatte er diesen Vater noch verleugnet, von dem nichts mehr anzunehmen er sich geschworen hatte. So tief war das Zerwürfnis gewesen, dass Le Roy trotzig zur Armee ging. Nach der Desertion hielt er es offenbar nicht für opportun, sich als Sohn eines Konterrevolutionärs zu erkennen zu geben, der 1918 aus Sowjetrussland geflüchtet war.

Nun aber wollte er nach Hause. Und »Taylor« wusste über Le Roy noch viel mehr zu berichten, nämlich dass er und sein Vater Briefe so chiffrierten, dass niemand sie richtig lesen könne. Für »Taylor« war seither erwiesen: Le Roy war ein Westspion.

Auch Louwman hielt er für einen »Agenten des Westens, einer ihrer geschicktesten und gefährlichsten«. Das sei »sehr wahrscheinlich«, weil Louwman nach Holland fahren wolle, um sich einen Ausweis zu besorgen. »Ein Mann, der behauptet, ein Deserteur zu sein, würde es niemals für möglich erachten, einen offiziellen Ausweis zu erhalten.«

O'Ryan schließlich wollte in Paris seiner Familie in den USA schreiben und um 5000 US-Dollar Startkapital für sein neues Leben in Nigeria bitten, dem Heimatland von Adelani, der ihm dort, im Unternehmen seines Vaters, eine Karriere als Kaufmann und Reichtum versprochen hatte.

»Taylor« berichtete vor dem 20. März fast täglich, und er musste vorsichtig sein, weil alle Beteiligten einander beargwöhnten. Er habe seinen letzten Report verbrennen müssen, schrieb er fünf Tage vor dem Fluchttermin, weil O'Ryan seine Papiere durchsuche. »Er vertraut mir nicht genug.« Und deshalb habe er diesen langen Bericht tagsüber geschrieben, statt zur Schule zu gehen, anders wäre ihm das nicht möglich gewesen.[75]

Weil die Mitarbeiter der KD Bautzen auf Schenks Anordnung hin jeden Schritt der Männer beobachteten, kamen diese nicht weit. Am späten Abend des 20. März 1954, sie wollten gerade in den Waggon einsteigen, nahm die Stasi sie auf dem Bahnsteig fest. Schenk fuhr noch in der Nacht nach Bautzen. Immerhin war das Ergebnis der Verhöre befriedigend: Adelani und Louwman gaben sofort zu, dass sie nach Westdeutschland wollten. Auch Le Roy bekannte sich zur Fluchtabsicht. Nur O'Ryan stritt ab, er sagte, sie hätten bloß auf einen Drink nach Dresden fahren wollen.

Für Schenk war diese Aktion in zweierlei Hinsicht ein Erfolg: Die Flucht unterbunden zu haben war sein erster sichtbarer Arbeitsnachweis, seine erste eigenständig geplante und geglückte Operation. Und er konnte eine alte Rechnung begleichen, indem er in den Bericht schrieb: »O'Ryan, ein amerikanischer Deserteur, der am Ende des Jahres 1953 in die DDR kam und der zusammen mit dem Franzosen Le Roy aus unserem Filtrationspunkt ausbrach und sich in Karlshorst über die deutsche Behandlung beschwerte, dieser O'Ryan ist der Anstifter der Flucht.«

Am 2. April wies der sowjetische Genosse an, Adelani und Le Roy aus der Haftanstalt zu entlassen. »Beiden soll die Möglichkeit gegeben werden, wieder in die Schule zu gehen«, notierte Schenk. »Notfalls soll ihnen auch etwas Geld zur Verfügung gestellt werden, um weiter in B. leben zu können. Es soll sogar alles unternommen werden, um Adelani die Möglichkeit zu geben, an einer Universität in der DDR zu studieren.«[76] Die Gründe für diese Entscheidung waren Schenk bekannt, aber er schien in Bezug auf Le Roy nicht überzeugt zu sein. In einer Aktennotiz hielt er am selben Tag fest: »Er wurde durch inoffizielle Mitteilungen an der Flucht gehindert, festgenommen und nach eingehender Vernehmung durch den Gen. Pawelow am 2.4.54 wieder freigelassen. Er versprach, keinen weiteren Fluchtversuch zu unternehmen. Ihm wurde die Möglichkeit gegeben, wieder die Schule zu besuchen und zu arbeiten. Die Freilassung erfolgte auf Anweisung des Gen. Pawelow.«

Damit gelang es Schenk zu verschleiern, weshalb Le Roy so schnell freigekommen war: Er hatte nicht nur versprochen, nicht mehr wegzulaufen, sondern mit der Stasi zu kooperieren, was aufmerksame Beobachter unter den Ausländern bald registrierten, die ihn fortan mieden. Adelani dagegen nahm die Dissidentengemeinde unter den »Freunden« sofort wieder auf. Er galt nun als englischer Agent. Bei erster Gelegenheit sprach der Amerikaner Philip Morand den Nigerianer auf seinen Fluchtversuch und die Haftzeit an und fragte: »Ist Dir eigentlich klar, dass Du ein Held sein und eine Menge Geld verdienen wirst, wenn Du in den Westen zurückkehrst und weißt, wie Du Deine Story verkaufen kannst?« Morand riet Adelani, zu sparen und abzuhauen. Wenn er genügend Geld zusammen hätte, dann würde er ihm den richtigen Mann vorstellen.[77]

Louwman und O'Ryan, die Klubleiter Schattel von April an als »unbekannt verzogen« in seinen Listen führte, mussten dagegen im Gefängnis bleiben. Am 17. Mai brachte Pawelow den Holländer nach Köpenick. Im »Krankenhaus« sagte Schenk, ihm könne »nicht länger in der DDR politisches Asyl gewährt werden«, da, wie sich inzwischen herausgestellt habe, er »nicht aus politischen Gründen in das Gebiet der DDR gekommen ist«. Dagegen hatte Louwman wahrscheinlich nichts einzuwenden, er wollte ja ohnehin heimkehren. Aber er war offenbar nicht bereit, die geforderten Erklärungen zu schreiben. Und so musste Louwman einen Frühling und fast einen ganzen Sommer lang ausharren, bis sie ihn schließlich am 11. August in den BMW setzten, ihm eine Binde um die Augen legten und durch das Tor fuhren, beobachtet vom GHI in Müggelhort und einem verdutzten Bauarbeiter. An den Rand von Gollers Bericht über die Abschiebung schrieb Schenk in kleinen, akkuraten Buchstaben mit blauer Tinte: »Noch heute haben wir keinen Wagen mit Vorhängen!«

Die Leiden des jungen Stasi-Spitzels

Zu Beginn seiner geheimen Tätigkeit hatte »Taylor« heftig unter den ebenso unangenehmen wie unerwarteten Begleiterscheinungen seiner Arbeit zu leiden. Um Zugang zu den vermeintlichen Staatsfeinden, Fluchthelfern und potenziellen Flüchtlingen unter den Deserteuren zu finden, hatte er laut über seine Unzufriedenheit gesprochen, sich nicht über den Kreis Bautzen hinaus bewegen und noch immer nicht in Leipzig studieren zu dürfen. Intern beklagte er die Folgen: »Welch eine Woche! Ich habe das Vertrauen von Menschen, deren Freundschaft mir viel bedeutet, teilweise oder ganz verloren«, schrieb er in seinem zweiten Bericht vom 3. März 1954. »Ich habe geredet wie ein Reaktionär, und sie haben schneller darauf reagiert, als ich erwartet hatte. Jetzt kann ich meinen Freunden von der FDJ-Kreisleitung, den Kameraden Schattel, Fuchs und Koppatsch, nicht mehr in die Augen blicken, und meine wirklichen Feinde (Reaktionäre) haben mir unerwartet ihre Gunst erwiesen.«

Er erhielt daraufhin keine Erlaubnis, zum II. Deutschlandtreffen der FDJ nach Berlin zu reisen, und es kränkte ihn sehr, dass er »als bester Sammler des Kreises Bautzen« nicht mitfahren durfte. Doch seinem Kontaktmann gelang es, ihm verständlich zu machen, »dass wir uns als Staatssicherheit nicht für ihn einsetzen konnten, ohne seine Konspiration zu gefährden«.

Es war ein furchtbares Dilemma: Diejenigen, die entschieden, wer mitreisen durfte, schlossen »Taylor« aus ihrem Kreis aus, er gehörte nicht mehr zu den Fortschrittlichen, zu denen er gezählt worden war; er war in ihren Augen zum Reaktionär mutiert. Trotzdem widmete sich »Taylor« seiner Aufgabe mit der Akribie eines Mannes, der ein Ziel anpeilt. Seine Erkenntnisse führten ihn zum Schluss, dass in Bautzen zwei Fluchthelfergruppen existierten: Die erste versuche, »im Auftrage einer westlichen Macht Personen nach West-Berlin zu schmuggeln«; die zweite verfolge kommerzielle Interessen. Er habe »eine starke Vermutung, dass diese Gruppen dem Ausländer Philip Morand gut bekannt sind«. Morand habe angedeutet, dass ein Amerikaner sich nur acht Kilometer von Bautzen entfernen müsse, um kostenlos nach Berlin zu gelangen. Morand habe ihm außerdem erzählt, dass der Pfandleiher mit seiner Freundin – der Schwester von Morands Frau – öfter nach Berlin fahre, um dort Sachen zu verkaufen und zu erwerben. Er habe gesagt, »alles was man braucht, um hier wegzugehen, ist ein Taxichauffeur«. Morand habe versprochen, ihm diesen Mann vorzustellen. Er – der Übersetzer übertrug: der Pfandleiher – verlange 200 Mark Lohn und 70 Mark für den Kraftstoff, weil er den auf dem Schwarzmarkt kaufen müsse. War die Fluchthelferorganisation ein Familienbetrieb?

Um Morand auf die Schliche zu kommen, bot »Taylor« sich selbst als Köder an: »Ich schlage vor, eines Tages zu ihm zu gehen und mit ihm zu trinken. Ich werde ihm dann eröffnen, dass ich beabsichtige, gen Westen zu gehen. Vorausgesetzt, dass ich sein Vertrauen gewonnen habe (und ich sehe keinen Grund, weshalb ich dazu nicht in der Lage sein sollte), würde er mich zu seiner Verbindung bringen.« Offenbar war »Taylor« auch ein sehr vorsichtiger Mensch, denn er verlangte Begleitung: »Dieser Vorschlag setzt voraus, dass sie (ich meine: die Polizei) mich überwachen würde, sobald ich sein Haus betrete, sowie an jedem anderen Ort, zu dem er mich bringt.«

»Taylors« Angst war unbegründet. Morand hätte ihm nichts zuleide getan, körperlich. So wie es aussah, war ausgerechnet der Spitzen-GI der Mann, den Morand persönlich zu Fall bringen wollte, um dann selbst bei der Stasi anheuern zu können.

Anfang Mai nämlich hatte er sich an »George« gewandt, und der spielte dessen Anliegen über die IS an die zuständigen Behörden der DDR zurück. Wenige Tage später suchte »Weinhold« das Gespräch mit Morand und wies sich mittels eines Briefs von »George« als der Mann aus, mit dem Morand reden sollte. »Du konntest keinen besseren Mann wählen als Schattel«, lobte Morand den »Dear George« in einem handschriftlichen Brief. Schattel sei »sehr verlässlich und ein harter Arbeiter«. Er habe mit ihm über den illegalen Verkauf von Lebensmittelkarten gesprochen, womit einige »Freunde« Geschäfte trieben, sowie über den Besitzer eines »Hock Shops«, eines Pfandleihhauses, der häufig nach West-Berlin reise, manchmal per Taxi und in Begleitung.

Auch mit Adelani habe er gesprochen und ihm gesagt, dass er gern wüsste, wer die Leute im Auto nach Berlin fahre. Adelani habe ausweichend geantwortet, wenn er es wüsste, würde er mit niemandem darüber reden. Morand nahm offenbar an, dass Adelani den Fahrer kannte, denn »er kommt hier mehr herum als die meisten von uns, hat deshalb natürlich bessere Kontaktmöglichkeiten und – offen gestanden – ich glaube, er weiß, dass mehr dahintersteckt. Es gibt in Bautzen zweifellos jemanden aus der Westzone, der für die Amerikaner arbeitet. Ich habe nach allen Regeln der Kunst versucht, auch nur eine Ahnung davon zu bekommen, wer es sein könnte, aber es hat nichts gefruchtet. Ich weiß, es brauchte eine weitaus cleverere Person als mich, um ihn oder sie festzusetzen, aber es wäre ein netter Fang.«[78] Den Brief schloss Morand mit dem Gruß »Your Friend Phil«.

Im Juni 1954 bat Morand Schattel, ihm eine Telefonnummer zu geben, »wo er wichtige Mitteilungen schnell berichten kann«. Morand begründete seinen Wunsch damit, »es käme ab und zu eine Person mit einem Auto nach Bautzen und versucht, Freunde von uns nach dem Westen zu fahren. Diese Freunde müssen je 50 DM bezahlen. 4 Freunde werden bei einer Fahrt mitgenommen. 70 kostet das Benzin, das übrige Geld ist für die Person. Gleichzeitig erklärt Morand, er will die Autonummer feststellen.« Es war offensichtlich, dass Morand sich der Stasi als Zuträger anbot. Aber er erhielt keine Telefonnummer.

Die längsten und ergiebigsten Berichte schrieb weiterhin »Taylor«: Bis August lieferte er 21 umfangreiche Berichte, 105 von Hand beschriebene Blatt Papier über zwei Dutzend Deserteure in Bautzen und einige von deren Frauen sowie jede Andeutung einer möglichen Flucht. Fast schien er sich in eine Paranoia hineingesteigert zu haben, denn nach einigen Monaten als GI schien er überall Agenten und Imperialistenspitzel zu sehen.

»Suliko« lieferte neue, den Pfandleiher belastende Erkenntnisse: Die finanzielle Grundlage seines Geschäfts sei in der Nazi-Zeit geschaffen worden und beruhe auf der Ausbeutung anderer, auf Unterschlagung und Betrug. »Suliko«, die in der Mättigstraße 21 in der obersten Etage dem Pfandleiher gegenüber wohnte, wollte im Juli erfahren haben, dass der Pfandleiher »während des Krieges mit seinem Bruder zusammen eine Schuhmacherwerkstatt auf der Brüdergasse in Bautzen« betrieben habe. »Er hatte zahlreiche Angestellte in seiner Werkstatt beschäftigt, welche zum großen Teil ausländische Kriegsgefangene waren. Nach dem Zusammenbruch (1945) hatte er sich einiges Schuhmaterial von seiner Kundschaft zurückbehalten, um damit Schiebergeschäfte zu unternehmen. U.a. hat er in einem Zimmer, welches er vorher gemietet hatte, einige Lederwaren eingemauert (…) Im Jahre 1947 kaufte Sch. das Grundstück der Mättigstr. 21, für 3500 DM (vor der Währungsreform), welches durch Bombardierung ziemlich zerstört war. Dieses Grundstück ließ Sch. im Verhältnis zu der schweren Zeit, wo Baumaterialien schwer zu bekommen waren, sehr schnell wieder aufbauen.« Auch »Schiebergeschäfte« sagte sie ihm nach.[79]

Die Geliebte des Spaniers hatte von all dem keine Kenntnis. Als sie am 10. Mai – sehr verspätet – von ihrem Besuch in Westdeutschland zurückkehrte, erhielt sie sofort Besuch. Sie verstand schnell, in welcher Gefahr sie schwebte, gab während des Verhörs zwischen 12 und 19 Uhr in der Kreisdienststelle unumwunden zu, den Personalausweis ihres Mannes gestohlen und ihn ihrem Geliebten gegeben zu haben, identifizierte auf ihr vorgelegten Fotos den Franzosen Roger Rodriguez und dessen Freundin als die beiden Personen, die sie an der Autobahnbrücke gesehen hatte, und ließ sich auf die Fährte des Entsprungenen setzen. Zurück kam sie mit der Erkenntnis, dass ihr Ex-Galan sich in West-Berlin mit einer anderen tröstete und ein schwarzer Personenwagen mit grünen Polstern ihn am Tag der Flucht morgens um halb vier Uhr vor dem Fernmeldewerk Bautzen abgeholt hätte. Dieser Hinweis schien ein Durchbruch zu sein, die Angaben deckten sich mit dem Interieur des PKW, der vor dem Haus von Pfandleiher Schmidt stand.

Und so klammerte sich die KD Bautzen weiter an den Anfangsverdacht – trotz des Versuchs von O'Ryan, Louwman, Le Roy und Adelani, die DDR per Bahn zu verlassen. Schließlich hätte man einen Untersuchungsvorgang nicht länger »Volkswagen« nennen können, wenn das Fortbewegungsmittel die Bahn war. Außerdem entsprach der Pfandleiher dank »Sulikos« Recherchen wunderbar dem sozialistischen Feindbild. Nur einer zweifelte: Schenk. Er war höchst unzufrieden mit den Genossen in Bautzen, und er war entschlossen, noch einmal ganz von vorn zu beginnen.

Operativer Vorgang »Lehrzeit«: Halbweltdamen für die Stasi

Wo Erfolge ausblieben, da war nach Ursachen zu forschen. Für Schenk lagen sie in Bautzen inzwischen offen: Dilettantische operative Mitarbeiter wählten unfähige GI aus. Oder wie anders sollte Schenk es bewerten, dass Reck, als er im Februar 1954 erwog, die Freundin des Tätowierten anzuwerben, schrieb, »dass sie gegenüber dem männlichen Geschlecht eine gute Zuneigung zeigt« und in West-Berlin »einen sehr leichten Lebenswandel führte«. Waren das etwa objektive Kriterien? War von Frauen, die sich Männern gegenüber gern öffneten, zwangsläufig verlässliche und vertrauensvolle Zusammenarbeit zu erwarten?

Und dann »Suliko«! An dem lyrischen Decknamen fand Schenk ja durchaus Gefallen. Wahrscheinlich hörte »Suliko« das melancholische georgische Volkslied gern, seit es mit einem deutschen Text von Alexander Ott und Ernst Busch 1949 bei »Lied der Zeit« auf Schellack herausgekommen war, auf dem Album »Zum 70. Geburtstag von Josef Wissarionowitsch Stalin«. Das Lied, in dem ein Mann das Grab seiner Liebsten sucht, stand in der persönlichen Hitparade des Georgiers ganz oben. Aber das Codewort, das »Suliko« sich merken musste, um es beim Anruf über die geheime Nummer zu nennen, falls ein Treffen geplatzt war und sie wieder Kontakt mit Reck aufnehmen wollte, lautete: »Moketten«! Wer darauf wohl gekommen war? Reichte Reck ihr etwa bei jedem Treffen in der konspirativen Wohnung (KW), wohin er sie schon beim ersten Treffen geführt hatte, ein Schächtelchen dieser gefüllten klassischen Mokkabohnen aus Zartbitterschokolade, dunkel wie die Sünde, im Mund zunächst leicht bitter nach Kakao schmeckend, bis angenehm süß die Sahne, der Zucker, das Vanillin sich aus der zerfließenden Masse löst und ab und an, ganz unverhofft, ein unbekanntes, exotisches Aroma?

Schenk hielt nicht viel von »Suliko«. Sie war eine auffallende Erscheinung, dunkelblond, vollschlank und ein Meter siebzig groß, 23 Jahre jung, geboren als Hella Barthel in Bautzen am 6. August 1931. Eine bildhübsche junge Frau war aus ihr geworden, und Schenk wusste, dass sie als Tänzerin am Stadttheater in Bautzen, später in Zittau geglänzt hatte. Doch als sie 18 Jahre alt war, ging es nicht mehr, weil die Knie zu sehr schmerzten. Sie lebte eine Weile von Stütze und zog wieder zu ihrer Mutter in die Mättigstraße. Schließlich fand sie einen Arbeitsplatz als Karteikraft. Sie war Mitglied im FDGB und in der FDJ. Ihr Leumund war einwandfrei. Aber ganz anders als Reck das einschätzte, hieß das alles für Schenk noch lange nicht, dass »Suliko« verlässlich war.

Schon allein die Tatsache, dass ihr Vater bei der SS gewesen war, ließ Schenk an ihrer Eignung zweifeln, noch bedenklicher war, dass er die Sowjetische Besatzungszone (SBZ) nach dem Krieg schnell verlassen hatte und »Suliko« deshalb vermutlich Westkontakte unterhielt. Schenk hätte sich auch intelligentere GI gewünscht als solche, die sich verpflichteten, »gegen Spione, Agenten und Sapodeure zusammenzuarbeiten« und diese »Schädlinge liquidieren« wollten.

Und er hätte sich im Staatssekretariat für Staatssicherheit (SfS) Hauptamtliche gewünscht, die ihre Kandidaten nicht »als Mittel der Überzeugung für die Mitarbeit des SfS« gewannen. Konnte er sich auf Kollegen verlassen, die so nachlässig mit der deutschen Sprache umgingen?

Fakt war, dass unter »Sulikos« Augen binnen weniger Wochen im Januar und Februar ein halbes Dutzend »Freunde« getürmt war, und jetzt im Juni schon wieder zwei, ein Engländer und ein Franzose, der gerade eine Haftstrafe wegen Diebstahls abgesessen hatte.[80] Nicht den kleinsten Hinweis hatte sie davon aufgeschnappt, so wie sie im März auch keine Ahnung hatte, dass O'Ryan, Louwman, Le Roy und Adelani flüchten wollten. Dabei verkehrte sie unter den Ausländern, seit sie sich einen von ihnen angelacht hatte.[81]

Da auch »Sulikos« Mutter mit Ausländern zusammenkam, war das Barthel'sche Haus eigentlich ein vielversprechender Ort, um deren Gedanken und Pläne zu ergründen. Wenigstens schien Hella Barthel die richtige Einstellung zu haben: Sie traute den Überläufern nicht, es seien sehr undurchsichtige Elemente darunter, wie sie sagte. Unverständlich sei ihr, dass einige der Ausländer wieder zurückkehren möchten, »wo sie hier doch wirklich, wenn sie es wollen, ein schönes Leben führen können«. Sie glaube, »dass hier deutsche Personen die Hand im Spiel haben, die diese Ausländer wieder nach Berlin zurückschleusen«. An dieser Stelle des Werbungsgesprächs eröffnete Reck ihr, für wen er arbeitete. Sie war weder überrascht noch empört, sondern ließ sich am 11. Februar 1954 verpflichten: »Ich weiß, dass die imperialistischen Kräfte alles versuchen, um den friedlichen Aufbau in der DDR zu stören, und damit auch die Sicherheit unserer ausländischen Freunde in Bautzen bedrohen.«

Schon beim nächsten Treffen führte Reck »Suliko« in die etwas abgelegene Wohnung eines Rentners in der Dr.-Peter-Jordan-Straße 36, die KW »Balkon«, in der er und seine Kollegen sich nur mit den qualifiziertesten GI trafen. Reck hielt seine Neuakquisition offenbar für geeignet und sah glänzende Perspektiven, dank ihrer Englischkenntnisse sogar für den Einsatz im Westen.

Schenk bezweifelte das und wies die Bautzener KD an, »Suliko« gezielter zu führen und anzuleiten. Er entschloss sich außerdem, das Flickwerk der Bautzener Mitarbeiter durch GI zusammenzuhalten, die er unmittelbar kontrollierte. Ein »Taylor« allein, den er den Bautzenern empfohlen hatte, reichte nicht. Vor allem musste er die KD in Bautzen strenger führen, vielleicht sogar das Personal austauschen.

Schenk war klar, dass es ihn viel Schweiß kosten würde, um in Bautzen für Ordnung zu sorgen und den Taubenschlag zu befrieden. Er nahm ein Stück Papier aus der Schublade und begann, mit seinem Füller eine Reihe kleiner Buchstaben in blauer Tinte auf einen Zettel zu setzen, die so akkurat getrimmt waren, als hätte er sie durch eine Höhennormmaschine geschoben. So wollte Schenk auch die »Freunde« auf Linie bringen – und die nachlässigen Genossen der KD Bautzen.

Im Juni 1954 reiste Schenk in die Lausitz, um den verschlafenen Zauderern Beine zu machen. Aber er fand – obwohl er seinen Besuch angekündigt hatte – eine leere Kreisdienststelle vor. Genosse Kretschmer hatte es vorgezogen, einen kürzlich eingetroffenen US-Deserteur in Meißen aufzusuchen,[82] den Schlüssel für den Aktenpanzerschrank hatte er mitgenommen. Dafür gab es nur eine Erklärung: Das war ein Affront, Obstruktion geradezu. Das konnte Schenk nicht dulden. Sobald wie möglich würde er mit Kretschmer abrechnen, er würde ihn nach Berlin versetzen und die Leitung einem fähigeren Genossen übertragen. Noch aber begnügte er sich in seinem Bericht mit einem unmissverständlichen Satz: »Die Vernachlässigung der Arbeit durch die Genossen Kretschmer und Reck muss sofort aufhören.«

Die Fragen lagen offen auf dem Tisch: Wieso beschränkte sich der Überprüfungsvorgang »Volkswagen« im Wesentlichen auf den Pfandleiher und dessen Sohn? Weshalb hatten sie »Sulikos« Liste mit den Autonummern noch nicht abgearbeitet? Weshalb fühlten sie dem Tätowierten nicht mehr auf den Zahn? Und wieso wurde dessen Kumpel Morand nicht intensiver beobachtet, wo es doch offensichtlich war, dass auch dieser Amerikaner für das CIC arbeitete? Vor allem aber bearbeitete offenbar niemand den bisher größten Fang, den Fluchthelfer, der seit Dezember 1953 in Bautzen im Gefängnis saß. Es war doch erkennbar, dass der Rothaarige bei den Vernehmungen und vor Gericht nur zugegeben hatte, was nicht abzustreiten war.

Schenk fragte sich: Wie sollte die Arbeit gelingen, wenn einer der Genossen lieber an seinem Haus werkelte als am Gelingen des Arbeiter-und-Bauern-Staats? Ohnehin war die Kreisdienststelle angesichts der Aufgaben, die sie wegen der »Freunde« zu bewältigen hatte, mit zwei Leuten unzureichend besetzt. Schenk verstand, dass niemand darüber glücklich sein konnte, aber dabei sich selbst so gehen und die ganze Sache schleifen zu lassen, war auch keine Lösung. Operative Mitarbeiter, die gegen ihn arbeiteten, konnte Schenk jedenfalls nicht dulden.

Die Arbeit in diesem Referat sollte sein Gesellenstück werden, ein Meilenstein in seiner noch jungen Karriere. Er, zurzeit Unterleutnant, wollte eine Abteilung aufbauen, die dazu beitrug, dass das Staatssekretariat für Staatssicherheit den Makel des Versagens und des Verrats abstreifen konnte, der ihm seit dem 17. Juni 1953 anhing, dem Tag, nach dem Wilhelm Zaissers Ministerium herabgestuft worden war zum Staatssekretariat, zu einem Wurmfortsatz des Innenministeriums. Trotzdem wuchsen Aufgabenbereiche und Personalstamm der Staatssicherheit. Und immerhin, Schenks Chef, Josef Kiefel, hatte am 17. Juni vollen Einsatz gezeigt und war »beim Kampf mit Provokateuren und faschistischen Elementen« schwer am Kopf verletzt worden. Er war der lebende Beweis dafür, dass die Stasi sich mit vollem Einsatz der Konterrevolution entgegengestemmt hatte.[83]

Zum Gespräch mit den Genossen Wollweber und Mielke am 5. Juli hatte Schenk ein Merkblatt erstellt: »Innerhalb des 2. Sonderreferats der Hauptabteilung II des Staatssekretariats ist eine besondere Gruppe für die Arbeit unter den Überläufern der westlichen Besatzungsarmeen zu schaffen«, empfahl Schenk. »Dafür sind außer dem schon vorhandenen operativen Mitarbeiter, Gen. Schenk, noch zwei zu bestimmen, von denen der eine die englische, der andere die französische Sprache gut beherrschen muss. Der Gruppe ist ein PKW und ein Fahrer zur Verfügung zu stellen.«

Schenks Abteilung wünschte ein eigenes Auto mit undurchsichtigen Gardinen vor den hinteren Fenstern, schließlich konnte man die Deserteure nicht fortwährend im offenen Auto zum Filtrationspunkt oder von dort nach Bautzen fahren. Nicht nur die Anwohner in Müggelhort zogen angesichts der Mitfahrer ihre Schlüsse, auch die Gegenspionage war ja zu berücksichtigen. Es konnte außerdem nicht sein, dass er vor jedem Transport einen Wagen anfordern musste, in dem stets ein anderer Fahrer saß. Er brauchte einen ständigen Chauffeur, weil sonst irgendwann die ganze Fahrbereitschaft das »Krankenhaus« kannte, und wer weiß, wer ihnen dahin bald folgte. Auch dort brauchte Schenk Personal, das Englisch und Französisch sprach. Wie viele wichtige Hinweise mochten schon verlorengegangen sein, weil der Wachposten nichts verstand, wenn die Überläufer sich durch die verschlossenen Zimmertüren – er vermied das Wort Zellentüren – unterhielten. Außerdem müsse endlich ein Filtrationspunkt in Dresden eingerichtet werden, verlangte er. In »Objekt 4« sollten die Überläufer künftig nur so lange bleiben, bis sie den Asylantrag gestellt hätten. Für Möbel, Kino, Billardzimmer, Radioanlage, Bibliothek, Teppiche, Geschirr, Bilder und dergleichen seien Mittel bereitzustellen.

Drei Wochen später hielt Schenk – sehr zufrieden – die Urkunde in den Händen, unterschrieben von Erich Mielke am 24. Juli 1954, mit der er Schenks drei Tage zuvor ausgefertigten Beschluss in Kraft gesetzt hatte. Das Papier erteilte ihm die Aufgabe, dafür zu sorgen, dass die »Deserteure aus den Armeen kapitalistischer Staaten« endlich angemessen bearbeitet würden. Er wollte mit vollem Einsatz dafür sorgen, dass diese Aktion der »Internationalen Solidarität« ein Erfolg werde. Dazu war er der DDR verpflichtet, und auch sich selbst. Schenk nahm einen neuen Ordner und schrieb mit dickem Filzstift und in großen Buchstaben darauf: »Objektvorgang 1835/60 – Bearbeitung der Ausländer, Nato-Überläufer und Staatenlosen aus dem kapitalistischen Ausland«.

Damit die Schule mitsamt Klub- und Wohnhaus nicht länger ein Taubenschlag blieb, den jeder anflog und bei Laune wieder verließ, wollte Schenk dafür sorgen, dass künftig alle »Freunde« ständig bearbeitet werden konnten. Harry Goller, der als Übersetzer perfekt Englisch sprach und seit 1952 der Staatssicherheit angehörte, war als erste Verstärkung und Stellvertreter bereits im April 1954 von der Abteilung I/2 zur HA II/5/1 gekommen und ging die neue Aufgabe mit Enthusiasmus an; er lieh sich sogar aus der Berliner Staatsbibliothek Unter den Linden Bücher über britische Militärfragen.

Bald würde Fiedler dazustoßen, und dann würde Berlin endlich für eine »verstärkte Anleitung und Kontrolle« der Bautzener sorgen, die wiederum eine schlagkräftige Truppe von Geheimen Informatoren zusammenstellen mussten. Und natürlich hatte der sowjetische Kollege und Berater Pawelow recht, wenn er mahnte, dass es nicht genüge, die übergelaufenen Soldaten nach ihrer Ankunft zu filtrieren und in Bautzen lediglich zu beobachten. Schenk war gewillt, in die Offensive zu gehen und den Feind im eigenen Lager aufzusuchen, in West-Berlin.

Für das Recherchepersonal hatte Pawelow ihm ganz eigene Vorstellungen hinterlassen: GI, so empfahl er, »sollen hübsche, junge Halbweltdamen sein, die in Verbindung treten sollen mit Offizieren der kapitalistischen Armeen«. Pawelow war sicher, dass diese Mitarbeiterinnen in der Lage wären, wichtigen Offizieren der feindlichen Mächte mit Zugang zu entscheidenden Dokumenten nicht nur den Kopf zu verdrehen. Beginnen wollte Schenk, Pawelows Vorschlag folgend, mit den Damen, die noch in Berlin wohnten, aber Bautzener »Freunde« liebten – oder was sie für Liebe hielten.

Für Schenk – und nicht nur für ihn – waren alle diese Frauen Flittchen (die Genossen scheuten sich auch nicht, das Wort »Nutte« zu benutzen), die sich auf Kosten der Männer, ja der ganzen Gesellschaft ein schönes Leben machten. Aber wenn er mithilfe dieser »Damen« mit häufig wechselndem Geschlechtspartner (im Amtsjargon »HWG-Frauen« genannt) den Taubenschlag befrieden könnte, dann war er bereit, seinem Lehrer zu folgen, auch wenn ihm dabei nicht recht wohl war. Ihm wäre das nicht eingefallen, ihm ging das eigentlich zu weit, aber moralische Bedenken dieser Art, Überbleibsel einer kleinbürgerlichen Erziehung, waren hier fehl am Platze. Denn vom politischen Standpunkt aus betrachtet hatte Pawelow natürlich recht. Es galt, den Feind zu besiegen und den »Freunden« zu helfen. Selbstverständlich war auch »Arbeit in und nach dem Operationsgebiet« unverzichtbar, um diejenigen zu schützen, die sich der DDR in ihrer Not anvertraut hatten. Und dabei war jedes Mittel recht. So war Unterleutnant Schenk bereit, auch unkonventionelle Methoden anzuwenden. Er war bereit, die Ratschläge anzunehmen, die Oberst Pawelow ihm in den letzten Gesprächen erteilt hatte, bevor er die Betreuung der Überläufer endgültig und vollständig in die Hände der DDR übergab, und damit in die seinen, wie Schenk es verstand. Nun erarbeitete er ein Konzept, um die Deserteure effektiver bearbeiten zu können. Den neuen Operativen Vorgang (OV) taufte er auf den Namen »Lehrzeit«.[84]

Schenks »U-Boot« bei den Amerikanern

Es dauerte nicht lange, da hatte Schenk die erste »hübsche, junge Halbweltdame« gefunden. Am erfreulichsten daran: Sie war bereits aktenkundig, da sie im Frühjahr 1952 mit amerikanischen Offizieren in Kontakt getreten war, unfreiwillig zunächst. Die Amerikaner, es waren zwei Männer, gabelten sie in West-Berlin auf, vor dem Haus Alt-Moabit, Nr. 89. Sie fuhren mit ihrer Limousine an den Gehsteig heran, stiegen aus und sprachen sie an. Sie erkannte sie sofort als Amerikaner, sie verstand Englisch, weil sie von 1946 an bei amerikanischen Einheiten in verschiedenen westdeutschen Städten angestellt war und sich – wie sie es formulierte - »hochgearbeitet« hatte.

Fast hatte Charlotte Hillie damit gerechnet, sich eines Tages in solch einer Situation wiederzufinden, seit sie bei einem ihrer letzten Besuche im Westteil der Stadt in eine Passkontrolle geraten war. Das war drei Wochen zuvor gewesen, als die »Stumm-Polizei«[85] sie bei einer Kontrolle gefragt hatte, wieso sie staatenlos sei. »Mein Mann ist Österreicher«, antwortete sie geistesgegenwärtig, »deshalb habe ich solch einen Pass.« Doch die Polizisten notierten ihren Namen.

Die Amerikaner aus der Limousine, die jetzt vor ihr standen, hatten sie identifiziert und forderten sie auf einzusteigen. In der Gelfertstraße 26, einer unscheinbaren Zweigstelle des CIC, umfriedet durch eine niedrige Mauer mit aufgesetztem Holzlattenzaun, an dem ein kleines Schild mit dem Namen »Georges« das Haus »tarnte«, nahm ein kleiner blonder Herr sie in Empfang, der sich nicht vorstellte, wenig Deutsch sprach, sie eine Treppe hinab in den Keller führte und ihr bedeutete, dass sie warten müsse. Nach einer Weile holte er sie nach oben, wo ein anderer Mann sie empfing. Sie beschrieb ihn später so: »Etwa 28–30 Jahre alt, ca. 1,75 m groß, schlanke Figur, längliches Gesicht, schwarze Haare, dunkle Augen, große kräftige Nase, (höchstwahrscheinlich Jude), auffallend dicke Lippen, trägt helle Hornbrille (…) Er spricht fehlerhaft Deutsch mit starkem amerikanischen Akzent.« Dass er beim Gehen mit dem rechten Bein schlenkerte, fiel ihr ebenfalls auf, außerdem seine sehr schmalen Hände.

Er erkundigte sich nach Jack, ihrem Mann. Cox, so sein Name, habe gefragt, »ob sie bei ihrer Tournee durch die DDR Erfolg gehabt haben« und ob er nicht wieder nach West-Berlin kommen wolle,

»er bekäme nur 18 Monate Gefängnis für die Desertion, das andere in Bezug auf Propaganda würde nicht angerechnet«.

In der Straße Alt-Moabit war sie gewesen, weil sie ihre Tochter treffen wollte, die sie bei dort wohnenden Verwandten zurückgelassen hatte, als sie mit Jack Hillie in den Osten flüchtete. Er hatte einen Polizisten niedergestochen und war dann aus der Militärhaft ausgebüxt. Nun wollten die Amerikaner wissen, »wo er arbeitet und wer die Reden aufgesetzt hat während unserer Vortragsreise. Er fragte mich, ob ich bereit sei, mit Jack zu sprechen und ihn so beeinflussen könnte, dass er freiwillig zurückgeht.« Wieder zu Hause, habe Charlotte Hillie ihrem Mann erzählt, wo sie gewesen war. Jack habe nur geantwortet: »Die bekommen mich nicht.«

Wenige Tage nach dem ersten Treffen mit Mr. Cox, an einem Sonntag, begegnete sie ihm erneut, dieses Mal an der Ecke Alt-Moabit/Turmstraße. Charlotte bemerkte seine Enttäuschung darüber, dass sie allein gekommen war. Er ließ sie in seinen Wagen steigen, fuhr in das Quartier, in dem er wohnte, und ließ sie eine Stunde warten, während er im Nebenraum telefonierte. Als er zurückkam, schlug er Charlotte vor, sie solle Jack zu Hause betrunken machen, er würde ihn dann abholen lassen. »Bei dieser Unterhaltung«, gab Charlotte später zu Protokoll, musste sie eine Telefonnummer lernen: 74 44 29 05.

Wenig später besuchte sie eine frühere Arbeitskollegin bei der Zeitung *Junge Welt*, bei der sie von April bis Dezember 1951 gearbeitet hatte – für sie eine zu anstrengende Arbeit, die sie aufgab, »weil es mir nicht möglich ist, den ganzen Tag an der Schreibmaschine zu sitzen«. Dort sah sie, wie die Redaktionsassistentin, »Frl. Gertrud«, genau die Telefonnummer wählte, die sie kürzlich auswendig gelernt hatte. »Ich sagte ihr, ich wüsste, mit wem sie sprechen will. Zuerst war sie sehr erschrocken (…) Sie fing sich schnell und sagte: Du bist doch auch nicht mit hier einverstanden.«[86]

Da offenbarte Charlotte der Kollegin, dass auch sie Mr. Cox kenne. Und »Frl. Gertrud« vertraute ihr an, bereits längere Zeit Aufträge des CIC zu erfüllen. Einer ihrer engen Freunde stelle einem Mitglied der »Kampfgruppe gegen Unmenschlichkeit« (KGU) seinen Briefkasten und seine Wohnung in West-Berlin für Treffs mit Agenten aus der DDR zur Verfügung. Sie beide seien Teil eines Spionagenetzwerks.

Als Charlotte und Gertrud das nächste Mal gemeinsam nach West-Berlin fuhren, wies Cox die beiden an, »in die SED einzutreten«, mit dem Ziel, »die beste Genossin zu werden und eine höhere Position zu erhalten«. Danach habe Cox sie nach draußen geschickt, während er sich noch allein mit Gertrud unterhalten habe, die er »Candy« nannte. Dann fuhr Cox die beiden zum Bahnhof Zoo und forderte Charlotte beim Abschied auf, sie solle »das mit ihrem Mann Jack nicht aus den Augen verlieren«.

Charlotte gehörte offenbar nicht zu den Menschen, die ein Geheimnis für sich behalten können. Zu Hause angekommen, erzählte sie ihrem Untermieter, einem Genossen des Satireblatts *Frischer Wind*, dem Schriftsteller Alf Scorell, dass die Amerikaner Jack suchten und sie ihn ausliefern solle. Und sie verschwieg auch nicht die Sache mit »Frl. Gertrud«. Wenig später erschien der Nachbar »mit einer zuverlässigen Person«, der Charlotte vertrauen könne und mit der sie ausführlich sprechen solle. Charlotte hatte Bedenken, sie wies darauf hin, dass nur sie von der Sache wisse »und bei einer Verhaftung von Agenten der Verdacht nur auf sie fallen würde und sie dann Repressalien vonseiten Mr. Cox ausgesetzt wäre«.

Doch dann konnte Schenks Vorgänger notieren, Gertrud sei an sie herangetreten »und forderte Frau H. auf, für eine westliche Dienststelle mitzuarbeiten«. Gertrud habe damit gelockt, »sie könne sich Geld verdienen, und wenn die Amerikaner einmarschieren, wird ihr Mann nicht verhaftet. Fr. H. lehnte dieses Angebot ab.«[87]

Das Gespräch hatte verheerende Folgen für »Frl. Gertrud«, sie wurde Ende Juli während eines Kuraufenthalts in Bad Liebenstein verhaftet. Der Strafsenat des Bezirksgerichts Potsdam (Oberrichter Geller, Schöffinnen Deutschkron und Lehnert, Staatsanwalt Ammann) verurteilte sie »wegen Boykotthetze gegen demokratische Einrichtungen und Organisationen sowie Erfindung und Verbreitung tendenziöser Gerüchte gemäß Art. 6 der Verfassung der DDR« zu zwölf Jahren Gefängnis. Auch Gertruds Freund, dessen Name und Adresse in West-Berlin (Mommsenstraße 6) Charlotte ebenfalls genannt hatte, geriet in die Hände der Stasi, er wurde »wegen feindlicher Tätigkeit« zu 15 Jahren Haft verurteilt.[88]

Charlotte dagegen verhielt sich sehr einsichtig und klug, wie Schenk rückblickend meinte, sie ließ sich im Juli 1952 verpflichten und erhielt ihre ersten 50 Stasi-Mark. Der Mann, der ihr die Mitarbeit nahegelegt hatte, gab ihr mangels eigener Idee den Decknamen »Else«; weil sie damit nicht zufrieden war, wollte sie von Januar 1953 an mit »Heide« unterzeichnen, dem Namen ihrer Tochter.

Von diesem Tag an traf sich Charlotte immer wieder mit Mr. Cox. Sie informierte Schenks Vorgänger darüber, dass Cox eine Brille mit schmaler Horneinfassung und einen Pfeffer-und-Salz-Anzug getragen und sein Wagen die Nummer KB 069-588 habe. Außerdem lieferte sie eine Skizze des CIC-Quartiers in der Gelfertstraße 26.

Im Laufe der folgenden Monate beauftragten Mr. Cox und sein Nachfolger Diwano sie, verlässliche Zugführer und -begleiter zu finden, die als Kuriere zu seinen Mitarbeitern in DDR-Städten einsetzbar wären. Ihre Berliner Stasi-Führer spielten »Heide« Namen und Adressen von Bahnpersonal zu, das bereits als GI verpflichtet war oder verpflichtet werden konnte.

Bald schickten die Amerikaner sie nach Bautzen, sie sollte Informationen über Charles Lucas und weitere Ausländer sammeln und nach einer neuen »Niederlassung oder Siedlung von desertierten Soldaten« suchen. So wurde Charlotte Hillie die Frau, die den Amerikanern Informationen über die Situation der Deserteure in Bautzen lieferte. Aber es waren gesiebte Informationen, Charlotte Hillie gab nur einen Teil ihrer Erkenntnisse weiter. Bevor sie nach West-Berlin fuhr, musste sie ihren Sachbearbeiter aus der Normannenstraße konsultieren. Und Charlotte hielt sich an dessen Vorgaben, sie hatte ohnehin keine andere Wahl. Noch einen Fehltritt würde die Stasi ihr nicht verzeihen, dann wäre es vorbei mit ihrem abenteuerlichen und einträglichen Leben. Denn das war das Glück einer Doppelagentin: Beide Seiten bezahlten ihre Dienste gut. Nicht nur die Stasi ließ sich Charlottes Dienste Hunderte von Mark kosten, viel mehr noch konnten die Amerikaner bieten: In den Aufzeichnungen ist die Rede von Tausenden von Westmark.

William O'Ryan will nicht zurück nach Bautzen

William O'Ryan hatten sie nach dem Scheitern der »spring operation« nicht in den neuen Filtrationspunkt in Dresden geschafft, sondern für ihn hatte Schenk – eine kleine Boshaftigkeit für den Aufsässigen – in dem Haus mit dem schlechten Essen ein Zimmer reserviert.

Nachdem er vier Monate im Untersuchungsgefängnis Bautzen II hatte verbringen müssen, kam es O'Ryan ein wenig freundlicher vor als bei seinem ersten Aufenthalt hier, als er sich mit Le Roy zu den Sowjets geflüchtet hatte.

O'Ryan hatte längst erkannt, dass er aus einem Gefängnis – der Army – geflohen war und sich freiwillig in die Hand wirklicher Kerkermeister begeben hatte. Wie froh war er damals im Winter gewesen, als die Sowjets ihn nicht wieder hierher, sondern gemeinsam mit Le Roy nach Bautzen geschafft hatten. Als er nach wenigen Tagen aus dem Klubhaus der »Internationalen Solidarität« zum Friseurmeister in der Karl-Marx-Straße 14 ziehen konnte, war er voller Hoffnung. Wenige Tage später jedoch wich der Optimismus schon, als er auf dem Volkspolizeikreisamt in der Taucherstraße seinen Ausweis in den Händen hielt, seine »Aufenthaltserlaubnis für Ausländer«. Neben seinen besonderen Kennzeichen – blaue Augen, Narbe am Kinn – fand er darin den Vermerk, wonach er den Landkreis nicht verlassen dürfe.

Wo sollte er sich amüsieren? Wie sollte er Land und Leute kennenlernen? O'Ryan fühlte sich eingeengt, gefangen in einer kleinen, miefigen Stadt mit einem schiefen Turm und ein paar schummrigen »German style bars«. Schon nach wenigen Tagen wusste er, dass dieses Land keine Lösung für seine Probleme bot, jedenfalls keine dauerhafte, und das lag nicht nur an dem nasskalten Wetter in Bautzen, bei dem seine Kriegsverletzung immerzu schmerzte.

Deshalb hatte er den Fluchtplan gefasst. Und nun, nachdem sie ihn mit den drei anderen auf dem Bautzener Bahnhof eingefangen und ins Gefängnis gesteckt hatten, saß er wieder in diesem Haus am See. »Dr. Huber« und der andere gaben sich mal streng, mal freundlich. Wieder und wieder fragten sie ihn nach seiner Vergangenheit, als wäre sein Leben in diesem Haus nicht schon bis in die hintersten Ecken ausgeleuchtet worden. Schließlich, als auch sie merkten, dass da nichts Neues mehr zu finden war, wollten sie wissen, wie und wo er seine Zukunft sehe.

O'Ryan dachte an Nigeria, das warme Land, von dem sein Fluchtkumpan Adelani so oft erzählt hatte. Afrika und die Fabriken von Adelanis Vater hatten eine gute Perspektive geboten, waren ein schöner Traum gewesen, aus dem er jäh erwacht war. O'Ryan fand es merkwürdig, dass sie Adelani und Le Roy so schnell wieder freigelas-

sen hatten. Sie hatten Glück gehabt, während dieser »Dr. Huber«
ihn offenbar ganz besonders gern vor sich sitzen hatte.

Den vierten im damaligen Fluchtquartett, Louwman, sah er eines
Tages im Garten, als er aus dem Treppenhaus nach unten blickte.
Auch einen Zettel des 22-Jährigen fand er im Badezimmer unter
der Seife im Waschbecken. »Lieber Pat!«, stand darauf. »Wie geht
es Dir? Ich sah Dich durch das Schlüsselloch. Was für eine Überraschung! Alles Gute, Bob.« Miteinander sprechen konnten die beiden
nicht, und irgendwann im August war Louwman verschwunden.

Was seine eigene Zukunft anbelangte, so wusste O'Ryan nicht,
was er sich überhaupt noch wünschen konnte. Ob er zurück wolle in
die USA, fragten sie ihn. Nein, ließ er sie wissen, das überhaupt
nicht. Sie hakten nach, weshalb er das nicht wünsche, und als er geantwortet hatte, wie sie es erwarteten, wiesen sie ihn an, das aufzu-
schreiben.

In akkuraten Buchstaben brachte er seine Überlegungen zu Papier: »Erstens würde ich mich bei einer Rückkehr selbst in körperliche Gefahr bringen. Unzweifelhaft würde ich für einige Jahre ins
Gefängnis gesteckt. Nicht so sehr für das ›Verbrechen‹, die amerikanische Armee verlassen zu haben, sondern weil ich es gewagt hatte,
den fanatischen Politikern zu widersprechen, die Amerika heute
regieren.« Amerika werde in einen Militärstaat umgewandelt, notierte er. »Eine Militärclique, unterstützt von der Wall-Street-
Gruppe, übernimmt (angeblich aus Gründen der Verteidigung) die
Kontrolle über Amerika.« Diese Clique zwinge Amerika eine sich
stetig vergrößernde Armee auf, was wiederum ihre eigene Macht
stärke. »Die Militaristen (und ihre kapitalistischen Herren) maßen
sich nicht nur die Kontrolle der Regierungsgeschäfte an (das kann
man ersehen aus den neuen Gesetzen, die der Kommunistischen Partei alle bürgerlichen Rechte wegnehmen, und es wird wahrscheinlich ausgedehnt, um alle die zu erfassen, die es wagen, nicht überein-
zustimmen), sondern dringen auch in die verschiedenen Zweige der
Wissenschaft ein. Sie unterjochen die Dinge, die für das Wohl des
Volkes gebraucht werden könnten, für ihren eigenen militaristischen
Nutzen. Das ist besonders bemerkbar auf dem atomaren und biolo-
gischen Gebiet. Sie haben fast vollständig die Kontrolle über diese
zwei Gebiete der Wissenschaft an sich gerissen, in ihrem wahnsin-
nigen Rennen, neue und wirksamere Wege zu entdecken, um das

Leben zu zerstören.« Außerdem ziele die Propaganda darauf, dem Volk Folgendes glaubhaft zu machen: »Erstens, der Kommunismus ist nicht nur ein ›unflätiges‹ Wort, sondern seine ganze Bedeutung ist ›unwahr‹ und ›unmoralisch‹. Zweitens, jede Maßnahme, einschließlich ein dritter Weltkrieg, ist ›gut‹, solange sie dazu dient, das ›Ungeheuer‹, bekannt als Kommunismus, zu zerstören.«

O'Ryan räumte ein, dass er politisch nicht geschult sei. Er habe jedoch »Verstand genug zu erkennen, dass der Kurs, den diese Clique verfolgt, nicht richtig ist. Er ist falsch, absolut falsch! Der Frieden kann nicht durch eine Politik, die auf Gewalt beruht, gewonnen werden. Er kann nicht gewonnen werden durch Unterjochung und Druck auf das Volk. Diese Taktik der Gewalt und Unterdrückung, vertreten durch die Kapitalisten und Militaristen, bringt nur das sinnlose und brutale Schlachten, welches gegenwärtig in Korea, Indochina und Südafrika durchgeführt wird. Ich möchte keinen Anteil haben an diesen törichten und verbrecherischen Handlungen der Zerstörung und Selbstvernichtung.«

Aber die Deutsche Demokratische Republik sei für einen wie ihn ein gefährliches Land, schrieb er einen Monat später. Deutschland sei ein politisches Pulverfass, hier drohe, wenn der Westen bewaffnet werde, ein Bürgerkrieg. Wo also wollte er Zuflucht suchen? Vielleicht sollte er in eine der Volksrepubliken, Ungarn oder Bulgarien, ziehen, räsonierte er, da sei auch das Klima besser. Aber wovon leben? Was arbeiten? Er habe ja nichts gelernt außer Soldat und Matrose auf Handelsschiffen. Er sei Seemann, nicht Farmer. Aber jede Arbeit wäre in Ordnung, räumte er ein.

Zuerst jedoch müsse er mehr über das Leben lernen, das er gewählt habe, das Leben in einem kommunistisch regierten Staat. Auf keinen Fall jedoch wolle er in Bautzen bleiben. »Die künstliche Atmosphäre, in der wir dort leben, entfremdet uns tendenziell von den Einheimischen. Der Ruf der ›Ausländer‹ ist eine sehr hohe Hürde zwischen uns und ihnen. Das zwingt uns fast, auf eine Weise zu leben, die sie missbilligen.«[89]

In diesen Spätsommer- und Herbstwochen am See verhielt sich O'Ryan kooperativ. Doch je länger sie ihn festhielten – ohne Haftbefehl, ohne Anklage, ohne Gerichtsverhandlung, ohne Urteil –, desto größer wurden seine Sorgen. Er fürchtete, sie könnten ihn ewig in diesem Haus einsperren, er würde vielleicht einen weiteren

Winter hier verbringen müssen, der Freiheit beraubt, mit schmerzendem Bein und miserablem Essen. Dann kam ihm der Gedanke, sie könnten ihn erneut nach Bautzen schicken – oder, noch schlimmer: Sie könnten ihn entgegen seinem ausdrücklichen Wunsch abschieben, wo er der Army nicht entkommen und einer weiteren Gefängnisstrafe sicher sein würde. Trotz der schlechten Erfahrungen, die er beim Versuch gesammelt hatte, die DDR in Richtung eines gänzlich neuen Horizonts zu verlassen, wagte William O'Ryan es angesichts dieser Alternativen erneut, sein Leben selbst in die Hand zu nehmen, auch wenn er über das Ziel noch nicht mit sich einig war.

Smallwood erfährt im »Gelben Elend« von einem Geheimnis

Sehr zu Schenks Überraschung hatte »Suliko« Ende Juni 1954 doch einmal interessante Informationen geliefert, nachdem ihr ein gutaussehender, großgewachsener, schlanker Neuankömmling mit großen Ohren und nach rechts gekämmtem, blondem Haar aufgefallen war, der sich bald zu ihnen setzte. »Ihr seid falsch informiert«, sagte der Amerikaner zu »Sulikos« Verlobtem und den anderen, »ihr könnt nach Westdeutschland zurück, ohne dass euch etwas geschieht.« Wenig später habe ein anderer Amerikaner ihren Zukünftigen zur Seite genommen und ihm gesagt, dass er den Neuen kenne: »Er wüsste auch ganz genau, dass dieser bei der Si ei di (sic!) gewesen ist, bevor er nach Btz. kam.«[90]

Aber nicht deshalb saß William Smallwood nun im Gefängnis. Er hatte ihnen nur einen Anlass geliefert, den sie dankbar annahmen. Ein Franzose, der erst kürzlich aus der Haft entlassen worden war, hatte Smallwood noch vor Männern gewarnt, mit denen er nicht sprechen solle, er müsse »vor diesen Leuten vorsichtig sein«.[91] Aber dann traf er doch auf einen dieser Kommunisten, es war am 10. Juli. Sie stritten, er wusste gar nicht mehr worüber, und dann flog seine Faust in das Gesicht des anderen, mehrmals. Smallwood kam nicht weit. Nach ein paar Kilometern nahmen ihn Polizisten fest. Am 16. August 1954 verurteilte ihn ein Gericht wegen Körperverletzung zu zwei Monaten Gefängnis. Seinen Gegner und einen anderen Beteiligten ließen sie laufen.

Nun saß er in seiner Zelle im Stasi-Gefängnis in Bautzen und dachte darüber nach, wie es dazu hatte kommen können. Es hatte nur wenige Tage gedauert, bis er diese sogenannte demokratische Republik gehasst hatte. Ein Staat, dessen Repräsentanten Menschen, die sich nichts hatten zuschulden kommen lassen, an unbekannte Orte verschleppten und sie dort festhielten, ohne Kontakt zu einem Anwalt oder gar der Familie, war ein Unrechtsstaat. Smallwood wusste natürlich, dass auch die Amerikaner Fahnenflüchtige der Gegenseite umfassend verhören und durchleuchten; aber was die Kommunisten mit ihm anstellten, überschritt das Maß des Üblichen. Er sah bestätigt, was er in der Armee gelernt hatte: Die Kommunisten waren hinterhältig, verschlagen und gewalttätig. Und doch vertraute er zu Beginn darauf, dass diese Nazis – das waren auch die Ostdeutschen noch immer für ihn – ihm nichts anhaben konnten. Mehr als ein paar Wochen wäre es ihnen nicht möglich, ihn festzuhalten, dachte er.

Keine zwanzig Tage hatte er sich frei bewegen können, seit er die Demarkationslinie von West nach Ost überschritten hatte. Wobei überschritten, um der Wahrheit die Ehre zu geben, nicht das richtige Wort war. Getaumelt war er, er hatte die Orientierung verloren, er erinnerte sich an nichts. Nur dass sie ihn geschnappt hatten. Und dass sie ihn, kaum dass er wieder in – relativer – Freiheit gewesen war, erneut einsperrten, wegen einer Nichtigkeit, wie Smallwood fand. Die Schlägerei, das war für ihn offensichtlich, war nur ein Vorwand. Und nun stand seine Zukunft in den Sternen.

Wieder war es der Alkohol gewesen. William Smallwood verdammte sich selbst dafür. Wie oft hatte er deswegen zu Hause mit seiner Frau gestritten! Er hatte nur noch einen Wunsch: Er wollte wieder nach Hause. Wo war das Problem? Er hatte einen Fehler begangen, ihn erkannt und wollte ihn korrigieren. Ihm war klar, dass er nach seiner Rückkehr für sein unerlaubtes Verschwinden bestraft werden würde. Diese Dummheit an der Demarkationslinie würde ihn ein paar Monate, wenn nicht Jahre kosten; sie würden es als Fahnenflucht – und dann auch noch zu den »Commies« – auslegen, das war keine lässliche Jugendsünde. Die Wahrheit würde ihm ohnehin niemand abnehmen, schon gar nicht nach so vielen Wochen, die er jetzt im Osten war. Aber eine Weile eingesperrt in einem amerikanischen Gefängnis zu sein erschien ihm inzwischen besser als lebenslänglich »in Freiheit« in dieser »demokratischen« Republik.

Er verstand nicht, weshalb sie ihn festhielten. Was hinderte sie daran, seinem Wunsch zu entsprechen und ihn abzuschieben? Er war schließlich immer noch Bürger eines freien Landes und Mitglied der stolzesten Armee der Welt, die auch die Deutschen von den Nazis befreit hatte. Gerade die Ostdeutschen sollten ihm dafür doch dankbar sein.

Smallwood hatte keine Ahnung, was ihm blühte und wofür. Er ahnte nicht, dass Schenk ihn nach Ablauf seiner Haftzeit nach Dresden verlegen wollte, wo die Stasi seit einigen Monaten endlich ein neues geheimes Domizil nutzen konnte, um Deserteure zu verhören, das »Sanatorium«,[92] für dessen Inventar und Wirtschaftsgegenstände Schenk allein mehr als 23 000 Mark ausgegeben hatte. Vor allem hatte Smallwood nicht den leisesten Schimmer davon, dass er geradewegs in eine Falle lief.

Am 31. August schafften sie ihn aus dem Untersuchungsgefängnis Bautzen II in die am Rande der Stadt gelegene Strafvollzugsanstalt Bautzen, in der er unter anderem einen rothaarigen Deutschen traf, der behauptete, als Fluchthelfer mehrere US-Soldaten zurückgebracht zu haben – Klokenstien. Außerdem bekam er bald Besuch von einem Englisch sprechenden Deutschen,[93] den das Schicksal viel härter getroffen hatte als ihn. Während sie eine Camel nach der anderen in Rauch auflösten, erzählte dieser Gefangene, dass er in Ostdeutschland im Auftrag der in Bad Hersfeld stationierten CIC-Stelle spioniert habe; er nannte auch den Namen seines Chefs, den Smallwood aber nicht kannte. Er sei aufgeflogen, und ein sowjetisches Militärtribunal habe ihn zu 25 Jahren Haft verurteilt.

Smallwood glaubte das alles, vielleicht suchte er, umgeben von Feinden, auch einfach die Gesellschaft eines Menschen, dem er vertrauen konnte und der ihm vertraute. Einen Freund. Vertrauen und Freundschaft wollte er damit gewinnen, dass er dem Deutschen weismachte, auch er selbst arbeite für das CIC. Als sie ihn schnappten, habe er einen Auftrag erfüllt, er sollte im Grenzgebiet etwas feststellen. Smallwood sagte, dass er das den sowjetischen Behörden an der Grenze, wie auch später in Berlin, verschwiegen habe. Aber nun erfuhren sie es, der Deutsche protokollierte Smallwoods Beichte und signierte mit »Lehmann«. Dass Smallwood die hinter einem

Kloster gelegene CIC-Dienststelle in Fulda genau beschreiben konnte, machte ihn in »Lehmanns« Augen noch glaubwürdiger. Dessen Chef in Dresden und Schenk in Berlin wollten es jedenfalls gern glauben.

Jeden Tag erzählte Smallwood seinem Zellenkumpan neue Details, neue Geschichten, nannte Namen von Leuten, die auf ihrer Seite kämpften, solche aus dem Westen und Männer, die in Ostdeutschland lebten, darunter auch Deserteure. Schließlich berichtete er von seinem Plan: Am 4. Oktober ende seine Haftzeit, dann werde er abhauen. Seine Flucht aus der DDR sei bereits vorbereitet. Gemeinsam mit einem weiteren Amerikaner sowie einem Schotten und eventuell einem weiteren Briten,[94] die er während seiner Untersuchungshaft kennengelernt hatte, wollte Smallwood am 22. Oktober mit der Bahn nach Dresden fahren, wo er und seine Kumpel »abgeholt und sicher nach West-Berlin geleitet« werden würden. Seine Rückkehr sei bereits vorbereitet, und weil er genügend Spionagematerial gesammelt habe, beispielsweise über die in Bautzen lebenden 41 Ausländer, darunter der »Neger Lucas, der Kommunist sei«, würde er straffrei bleiben.

»Dazu brauchst Du aber gute Ausweise«, wandte der Deutsche ein. »Der Amerikaner hat mich bereits fotografiert«, antwortete Smallwood. »Die Passbilder sind schon in West-Berlin, und die Ausweise werden nach Dresden mitgebracht.«

Zwei Tage später meldete »Lehmann« auch den Namen des CIC-Mannes, der Smallwood bei der Flucht helfen wollte: Philip Morand[95] aus New York. Der habe schon »dem Franzosen Renee«[96] zur Flucht nach West-Berlin verholfen und sei vertrauenswürdig. Smallwood sagte außerdem, dass er annehme, von einem Taxifahrer aus Bautzen – der Nachname war der des Pfandleihers – gefahren zu werden. Er gehe davon aus, dass dieser ihn in Dresden in Empfang nehmen und dann sicher nach West-Berlin geleiten werde. Die Fahrt koste 250 Mark. In dieser Nacht konnte »Lehmann« berichten: »Smallwood hat jetzt festes Vertrauen zu mir. Ich könnte von Smallwood alles, was er weiß, in Erfahrung bringen, insbesondere Codetexte (…) Da Sm. am 4. X. 1954 entlassen wird, ist Eile geboten.«

Eine weitere Woche später berichtete der Deutsche seinem Zellenkumpel, er habe in den vier Jahren seiner Zusammenarbeit mit dem CIC einen Verbindungskanal genutzt, der sogar noch während seiner Haft bestanden hätte. Seit einem Monat sei diese Verbindung abgebrochen, vermutlich »weil sein Vertrauensmann (…) von Bautzen nach West-Berlin (…) gefahren ist«. Ob er denn auch einen solchen Verbindungskanal nach West-Berlin und Westdeutschland hätte, über den sie dem amerikanischen Geheimdienst wichtige Materialien übermitteln könnten, fragte Lehmann. Es gehe um eine Liste von 3500 politischen Gefangenen in Bautzen sowie eine Todesliste mit den Namen von 2000 dort Gestorbenen oder Getöteten.

Smallwood war elektrisiert. Schon Klokenstien hatte ihm von den Listen erzählt. Zwar verfügte Smallwood nicht über einen Verbindungskanal in den Westen. Aber er war ja bald frei, weshalb sollte nicht er diese Unterlagen nach drüben mitnehmen?

Von diesem Zeitpunkt an hatte Smallwoods Leben wieder ein Ziel: Die Listen in den Westen zu schaffen, das war er der Gerechtigkeit schuldig, und es würde ihm helfen, vor dem Militärgericht zu bestehen; sein Wissen würde ihn vor Strafe schützen, zumindest vor einer langen, denn er würde dem CIC einen ganzen Sack voller Informationen mitbringen, nicht nur jene über die 41 derzeit in Bautzen lebenden Deserteure, sondern noch viel brisantere. Wenn er es sich genau überlegte, dann war er eigentlich Kriegsgefangener; und diese Prüfung hinter den feindlichen Linien konnte ihm noch eine Menge Ehre einbringen.

Der Fluchthelfer schnappt Schenks Köder

Auch Harry war nach mehr als acht Monaten Gefängnis froh, einen zu haben, mit dem er reden konnte. Dem er die ganze Wahrheit erzählen konnte. Einen, dem er vertrauen konnte. Der immer mit einer Schachtel Westzigaretten zu ihm in die Zelle kam und damit bewies, dass das CIC bis in den Bautzener Knast hinein bestens organisiert war. Das war einer, der nicht aufgab, nicht einmal im Gefängnis, einer, dem man helfen musste. Die Welt sollte erfahren, wie die Kommunisten ihre Gegner ausschalteten. »Lehmann« hatte ihm ebenso von den Listen erzählt. Auch Harry hatte keinen Verbindungskanal zum amerikanischen Geheimdienst, aber er wusste, an wen er sich wenden musste: an seinen Schwager.

Um André Labarthe zu informieren und die Namenslisten nach draußen zu schaffen, brauchte er einen zuverlässigen Kurier. In einem seiner Aufseher, der sich nach einigem Widerstreben erbot, ihm bei dieser Aufgabe zu helfen, glaubte Harry diesen gefunden zu haben. So schmuggelte der Vopo Kassiber um Kassiber aus dem Gefängnis. Harry forderte seinen Schwager in diesen Briefen auf, sich mit den Verbindungsleuten des CIC zu treffen, um sie zu veranlassen, die Listen in den Westen zu bringen.

Doch André war misstrauisch. Er sagte seinem Besucher, dass er nicht wisse, wen sein Schwager mit »Chef« meine, und er kenne auch die anderen Namen nicht, die angeblich Funkverbindung hielten oder anderweitig zum CIC-Team gehörten. André bestritt, auch nur einen dieser Menschen zu kennen. Nicht einmal die Westzigaretten, um die Harry bat, wollte er dem Boten mitgeben. André Labarthe, der im Gegensatz zu seinem Schwager offenbar einzuschätzen wusste, in wessen Auftrag der Vopo wirklich arbeitete, wandte sich zu dieser Zeit vollends von Harry ab, nannte die Familie seiner Frau eine »Agentenfamilie, mit der er nichts mehr zu tun haben will«, und zog vorübergehend ins Klubhaus. Er zeigte damit offen, auf wessen Seite er stand, und die Stasi, die ihn nach der nicht nachweisbaren Warnung seiner Schwägerin hatte fallen lassen, ließ ihn danach in Ruhe.

Der 27. September muss für Harry ein Alptraum gewesen sein. An diesem Tag führten sie ihn in einen Verhörraum im Gefängnis, in dem er seinen Zellengenossen und einen anderen Mann traf. Jetzt offenbarte der Knastkumpel seine Rolle als Kammeragent, der Mithäftlinge aushorcht, und er brüllte und drohte, wenn Harry ihm nicht folgte, und nötigte ihn so, das zu Protokoll zu geben, was er in der Zelle verraten hatte.

Als Schenk dazustieß, glaubte er, Augen und Ohren nicht trauen zu dürfen. Nicht sein hauptamtlicher Kollege verhörte den Delinquenten, sondern der Zelleninformator. Schenk brach die Vernehmung sofort ab und beschloss, Harry nach Dresden zu schaffen, um ihn dort mit einem »qualifizierten Vernehmer« zu konfrontieren. Doch drei Tage nach dem Verhör saß Harry noch immer in Bautzen und korrigierte sein Geständnis »nach Rücksprache mit dem Strafgefangenen Eckhardt«. Er habe 16 bis 18 Deserteure herausgebracht, meistens mit der Bahn, nur einmal per Taxi, und sie mit Ausweisen des CIC versorgt, gab Harry nun zu und behauptete, er habe jetzt »die volle Wahrheit« gesagt. Offenbar hatte er nach diesen Verhören Angst, und so erklärte er: »Ich bin jetzt gewillt, gegen den Feinden in DDR mit Eckardt zu kämpfen und sehe für meine feindlichen Tätigkeiten die gerechte Strafe entgegen. Das Ehrenwort habe ich zu schanden gemacht (…) Ich werde jetzt im Kampf mit Eckardt zusammen beweisen, dass ich jetzt einen anderen Weg einschreite und gegen jeden Feind der DDR im Sinne der Arbeiterregierung vorgehe. Ich werde nicht mehr vergessen, dass ich aus einer Arbeiterfamilie stamme.«

Die Doppelagentin: Charlotte Hillie in Bautzen

Ihre erste Reise nach Bautzen hatte Charlotte Hillie 1953 angetreten. Am dortigen Bahnhof fragte sie die Toilettenfrau, ob sie wisse, wo die Ausländer sich träfen, sie suche ihren Mann, einen dunkelhäutigen Amerikaner. Charlotte fand »Lebelt's Erben«, für sie eine »Kneipe übelster Art«, nach einem viertelstündigen Fußmarsch, am Rande der Altstadt, nicht weit vom Platz der Roten Armee entfernt. Dort traf sie einen »Neger« aus Nigeria: Adelani. Er kenne einige der Ausländer, sagte er, einer besuche ihn am Abend, Charles Lucas. Weil Lucas ihre Zielperson war, ging sie mit Adelani nach Hause, erfuhr dort von einer Reihe weiterer Deserteure, die in der Stadt seien, darunter zwei US-Amerikaner namens Grossman und Smith. Charles Lucas erschien jedoch nicht, und als sie lange genug gewartet, geschwatzt und getrunken hatte, suchte sie ihr Hotel auf. Ihr Protokoll für diesen Tag schloss sie mit den Worten: »Als ich gehen wollte, wurde er frech.«

Sie traf Charles Lucas am nächsten Morgen, er machte sie mit weiteren Männern und einigen von deren Frauen bekannt. Die bei diesen Gesprächen gewonnenen Informationen über den Klub in der Siegfried-Rädel-Straße und die Schule sowie Fotos der Villa lieferte sie bei ihren Auftraggebern, dem CIC, ab – nicht ohne sich zuvor auch Anweisungen von der Gegenseite, für die sie ebenfalls arbeitete, in Ost-Berlin geholt zu haben.

Immer wieder reiste sie in den folgenden Monaten nach Bautzen, und im September 1953 drängte ihr damaliger CIC-Führungsoffizier, der sich Diwano nennen ließ: »Wir möchten, dass Sie mit dem russischen Offizier sprechen und dabei fragen: Was er denkt, dass vier Amerikaner und zwei Engländer ausgerissen sind? Warum man nichts dagegen tut, die Flucht zu verhindern. Ob man Ausländer mit Absicht zurückschickt, damit sie Spionage oder Propaganda treiben? Welchen Zweck die Schule hat und was man mit den Ausländern weiterhin vorhat?«

Sie erwiderte: »Glauben Sie, dass dieser russische Offizier mir das alles während einer Unterhaltung erzählt?«

»Natürlich müssen Sie das geschickt machen«, antwortete Diwano. »Wir wollen nicht, dass Sie verhaftet werden.« Und dann gab er ihr einen Rat: »Versuchen Sie, mit ihm zu trinken oder etwas anderes zu tun.« Sie deutete an, dass sie verstanden hatte, was er meinte, und Diwano wollte sich mit einem Lob revanchieren: Sie hätte gut angefangen in Bautzen, sagte er. Ein inzwischen zurückgekehrter US-Soldat habe gesagt: »Als ich mit Charlotte sprach, hatte ich den Eindruck, dass sie für den Russen arbeitet.«

Charlotte explodierte. Sie hatte diesen Soldaten nicht gesprochen, und wenn er sie bei den Amerikanern ohne Ursache anschwärzte, dann sei das empörend. »Führen Sie diesen Mann vor«, verlangte sie. »Ich kenne ihn nicht und habe nie mit ihm gesprochen.«

Diwano entgegnete: »Aber es ist gut, wenn die Meinung besteht, dass Sie für die Russen arbeiten. Ich weiß, dass Sie das nicht tun. Und das genügt.«[97]

Wenig später, im November, trug Diwano ihr auf, die »sogenannte Frau« eines Amerikaners aufzusuchen, der auf dem Weg zur Haftanstalt geflohen sei und sich nun in einem Bautzener Hotel befinden solle. »Soviel ich weiß, möchte sie wieder zurückkommen«, ließ Diwano Charlotte wissen. Sie solle ihr sagen: »Wir werden sie nicht einsperren, ich möchte mich nur mit ihr unterhalten.«

Als Schenk die Berichte studierte, wusste er sofort, wer damals gemeint war: Norman Lowell und dessen westdeutsche Freundin. Rückblickend interpretierte Schenk Lowells Hinweise während der Filtration als Teil von dessen Legende. Damals hatte Lowell den Rothaarigen – Harry Klokenstien – als Fluchthelfer genannt. Aber diese Aussage hatte für den keine Konsequenzen, weil er zu dieser Zeit wieder in West-Berlin lebte und damit für die Staatssicherheit nicht greifbar war. Als sie ihn dann doch fassten, was Dummheit,

Leichtsinn oder Hybris geschuldet sein mochte, entzog sich Lowell mit seiner Freundin und deren kleiner Tochter dem Zugriff der zuständigen DDR-Behörden.

Ob seine Vorgänger sich hatten täuschen lassen? Schenk drängten sich mehrere Fragen auf. Die erste betraf Charlotte Hillie. Schenks professionelles Misstrauen – oder war es eine »déformation professionelle«? – regte sich, weil Lowells Freundin nach West-Berlin gefahren war. Konnte es sein, dass Charlotte ihr – gegen die Anweisung der Staatssicherheit – vom Wunsch des CIC-Mannes berichtet hatte, sie zu treffen? Die zweite Frage galt Lowell selbst: War auch er – wie Harry – Mitarbeiter des CIC?

Schenk hielt das inzwischen für erwiesen, gerade weil die Amerikaner sich so vehement um diesen vermeintlich Abtrünnigen bemüht hatten: »Sofort nach dem Übertritt des Lowell in das Gebiet der DDR«, hatte er in einem Bericht mit Datum vom 28. September 1953 gelesen, »richtete der Hohe Kommissar der USA, Conant, an den Hohen Kommissar der UdSSR, Semjonow, eine Note, worin die Auslieferung des Lowell gefordert wurde, da er sich eines kriminellen Vergehens schuldig gemacht habe.« Welcher Art dieses Vergehen gewesen sein sollte, hatte Lowell gleich nach Ankunft in Bautzen verbreitet, und »Sonja Beier« nahm es beflissen auf: Er habe »eine ›Tränengasgranate‹ zwischen seine Kameraden geworfen« und sei deshalb zu sechs Monaten Arrest verurteilt worden, meldete sie. »Auf dem Transport nach Frankfurt ist er aus dem Zug gesprungen und in die DDR geflüchtet.«[98]

Für Schenk war das Lowells Legende, welche die Amerikaner Charlotte gegenüber pflegten, indem sie sagten, das Paar könne straffrei zurückkehren. Das war ein kluger Schachzug, wie Schenk eingestehen musste, denn falls Charlotte unzuverlässig war und plauderte, diente das Lowells Sicherheit; falls sie zuverlässig war und schwieg, verhalf sie Lowell und seiner Freundin zur Rückkehr, die in den Tagen nach Harrys Festnahme Gefahr liefen, aufgedeckt zu werden. Das wäre gleichzeitig für die Amerikaner der Beweis gewesen, dass sie Charlotte vertrauen konnten. Tatsächlich gelang Lowell samt Braut ja bald die Rückkehr, und die Akten gaben keine Antwort auf die Frage, weshalb Schenks Vorgänger nicht rechtzeitig zugegriffen hatten. Die Lowells jedenfalls waren Ende 1953 auch weg, und das mit Charlottes Hilfe.

Diese Überlegungen führten in Ost-Berlin dazu, dass Schenk sich nicht im Klaren darüber war, was er von Charlotte halten sollte. Sie verwirrte ihn ebenso wie sie – unfreiwillig – die Amerikaner verwirrt hatte, die nicht verstanden, weshalb Charlotte zwei Deserteure nannte, die sie nicht vermissten: Grossman und Smith. Charlotte sagte ihnen, sie habe sich die Namen ganz sicher richtig eingeprägt: »Vielleicht sind es keine Amerikaner?«, wandte sie ein.

»Es sind Amerikaner«, beharrte Diwano. Lowell habe sich eingehend mit diesen Leuten beschäftigt. Sie solle herausfinden, ob die beiden unter falschem Namen in Bautzen lebten.

Je länger Schenk in Charlottes Akte las, desto weniger verstand er, welchen Plan seine Kollegen mit ihr bisher verfolgt hatten. »Heide« hatte viel an die Amerikaner geliefert, und weil sie kaum nützliche Informationen aus West-Berlin brachte, aber trotzdem »großen Wert auf die finanzielle Seite legt«, erschien Schenk die Bilanz reichlich verrutscht.

Als jedoch das CIC in West-Berlin im Sommer 1954 einen neuen Chef erhielt, entschloss sich Schenk, Charlotte selbst unter seine Fittiche zu nehmen, um seinen neuen Gegenspieler kennenzulernen. Dieser nannte sich Mr. Faust. Charlotte hatte ihn an verabredeter Stelle getroffen, er war in einem hellblauen Volkswagen mit dem Kennzeichen KB 004 141 vorgefahren. Noch immer war das Geheimnis um Grossman und Smith – sie trugen neue Namen – nicht gelüftet, und Mr. Faust wies Charlotte an, Fotos von den Männern in Bautzen zu beschaffen. Außerdem wollte er wissen, »ob ein Small Wood (sic!) in Bautzen ist und was er dort macht«.

Das Gästebuch des Klubhauses zu stehlen, lehnte Charlotte ab. Schenk ordnete an, dass »Heide« die anderen Aufträge ausführen solle. Sie sprach mit Charles Lucas, der demnächst FDJ-Sekretär im Ausländerlager werden sollte, und dessen Freundin, von denen sie erfuhr, dass Smallwood angeblich in den Westen gegangen sei, aber alle gingen davon aus, dass er wegen eines Diebstahls im Klubhaus im Gefängnis sitze. Charlotte nutzte den Besuch, um Lucas' Freundin ein Foto zu stehlen, auf dem eine Reihe von Ausländern zu sehen war, jedoch nicht Smith und Grossman. Aber sie erfuhr immerhin, dass Smith demnächst eine Parteischule in Zittau besuchen werde. Und ein Gerücht hatte sie auch noch aufgeschnappt: Adelani sei englischer Agent. Sie solle Mr. Faust alles erzählen, wies Schenk sie an, außer der Geschichte mit Adelani. Das Foto solle sie auch nicht weitergeben, sondern sagen, Lucas' Freundin habe Fotos erwähnt, die sie vielleicht beim nächsten Mal zeigen wolle.

Charlotte Hillie war eine sehr eigensinnige Person, auch eine auffällige. Ihre häufigen Aufenthalte in Bautzen erregten Aufsehen. Und obwohl sie gegenüber den Betreuern im Club und einigen Ausländern versuchte, ihre Besuche damit zu erklären, dass sie ihren Mann finden wolle, von dem sie sich gerade getrennt hatte, entstand Misstrauen. Schulleiter Fuchs bemerkte, dass »Charlotte Hillie, die Frau eines Negers, der in Berlin auf der Stalinallee arbeiten soll, des Öfteren hier in Bautzen mit viel Geld auftaucht, die Freunde aufsucht und versucht, im betrunkenen Zustand von ihnen alles mögliche zu erfahren. Sie ist im Besitz sämtlicher Adressen unserer Freunde und hat auch Fotografien angefertigt.« Kretschmer fasste die Berichte seiner GI zusammen und informierte Schenk, dass Charles Lucas die Hillie für eine Agentin des CIC halte.

Das schürte zwar erneut Schenks Zweifel an Charlottes Aufrichtigkeit. Aber Ende Oktober 1954 hatte er mit anderen Problemen zu kämpfen. Deshalb durfte Charlotte Hillie ihr großes Abenteuer fortsetzen, das geheimnisvolle Leben einer Doppelagentin. Es hatte den Anschein, als wüsste sie nicht, welchen Gefahren sie sich aussetzte – und andere.

Smallwood vertraut Jack Forster: »Wenn wir zurückkehren, werden wir behandelt wie Helden«

Zwei Tage vor dem Ende seiner Haftzeit, Anfang Oktober 1954, setzte ihm Kretschmer im Hof des Gefängnisses eine schwarze Brille auf, durch die Smallwood nichts sehen konnte, und schob ihn erneut in eines dieser stinkenden Autos, das ein zweiter Mann steuerte. Der Zweitakter hustete, der Wind wehte Abgasschwaden ins Innere, und Smallwood klammerte sich an die Hoffnung, endlich in den Westen abgeschoben zu werden. Er hätte viel dafür gegeben, wieder in seinen verdammten »platoon« aufgenommen zu werden. Er wäre jetzt sogar zufrieden gewesen, wenn sie ihn bei verschärfter Arbeit in den Knast steckten und nach Monaten unehrenhaft entließen. Dann würde er wenigstens zurückkehren können nach Beattyville, Kentucky, wo seine Mutter ihn vor 29 Jahren in diese verdammte Welt gesetzt hatte und wo seine Frau mit den drei Kindern wartete, die er vor Jahren letztmals gesehen hatte.[99]

Was hätte er auch tun können, damals. Sie hatten kaum Geld, und die einzige Firma, die bereit war, ihn aufzunehmen, war die Army. Es war seine zweite Dienstzeit, und er war froh, Teil dieser stets siegreichen Armee zu sein. Doch dann kam die Zeit, in der er lernte, sie zu hassen, und jedem, der es hören wollte, sagte er, weshalb: wegen solcher Typen wie General Douglas MacArthur, der die südkoreanische Armee ins Feuer schickte, wenn viele Menschen für einen kleinen Sieg zu opfern waren, etwa um einen Punkt einzunehmen; der, behauptete Smallwood, seine Leute, das 65. Infanterie-Regiment, mit Gas bewaffnete und damit gegen das Genfer Abkommen verstieß.

Am meisten aber beschäftigte ihn, wie Menschen sich veränderten in einem Krieg wie dem in Korea. Er kannte Männer wie jenen, der einer Panzerbesatzung befahl, einen Bauernwagen, gelenkt von einer alten Südkoreanerin, zu rammen. Er sah, wie die Gewalt des Tanks die Frau einhundert Yards in ein Reisfeld schleuderte. Er hörte die Frau schreien. Ihm wurde übel, wenn er daran dachte, denn dieser Soldat war er selbst gewesen, und stolz hatte er den »Silbernen Stern« entgegengenommen – aus den Händen von General Eisenhower persönlich.[100] Vielleicht verspürte er deshalb dieses andauernde Verlangen nach Alkohol.

Kretschmer, alias »Mr. Lippmann«, der ihn während der ganzen Fahrt weder hatte rauchen noch austreten lassen, weckte ihn aus seinen Gedanken. Smallwood, noch immer mit »Sichtschutz«, musste umsteigen in ein anderes Auto. Er wusste nicht, dass er in der Dresdner Bezirksverwaltung der Stasi war und sie nun zum Filtrationspunkt fuhren. Unterwegs informierte ihn einer der neuen Betreuer darüber, dass er hier eventuell einen Amerikaner treffen werde, einen Corporal. Mit dem dürfe er zwar reden, sagte der Mann, der sich »Harry Hansen« nannte, er solle sich aber bei Erzählungen über die Ausländer in Bautzen zurückhalten. Der Neue sei noch nicht lange da, und man wisse noch nicht, wer dieser Jack Forster sei. Dass noch weitere Deserteure im Haus waren, erfuhr Smallwood nicht. Es war nicht vorgesehen, dass er sie trifft.

Dass er Jack Forster kennenlernte, war dagegen kein Zufall. Am 1. Oktober, einen Tag bevor Smallwood im »Sanatorium« eintraf, hatte Oberstleutnant Nikitin dem Amerikaner mitgeteilt, dass sein Asylgesuch für die Sowjetunion genehmigt wäre und lediglich noch ein paar organisatorische Fragen zu klären seien. Das könne aber bis Ende Oktober dauern. Bis dahin, meinte auch Schenk, könne er ja noch etwas Nützliches leisten.

Schon am ersten Tag saß er gemeinsam mit Smallwood beim Mittagessen. Jack stellte sich als »ehemaliger amerikanischer Offizier« vor, und Smallwood bezweifelte das nicht, schon gar nicht mehr, als er am nächsten Tag auf der Treppe durch den Türspalt hindurch hörte und sah, wie »Harry Hansen« – es war der Leiter der Dresdner Dienststelle, Egon Grübel – seinen neuen »Freund«, Jack, scharf und laut maßregelte. Als »Hansen« ihn sah, brach er ab und bemühte sich, in normaler Lautstärke und freundlicher mit Jack zu reden. Als Smallwood später nach der Ursache der heftigen Diskussion fragte, sagte Jack, er habe gefragt, ob er mit den »wirklichen Herren« sprechen könne, mit den sowjetischen Freunden, er habe genug vom Leben in diesem Haus. Von diesem Tag an fühlte sich Smallwood seinem Schicksalsgenossen freundschaftlich verbunden. Und er redete nicht lange um den heißen Brei herum: »Es war ein Fehler, hierher zu kommen, Jack.«

»Wieso war es ein Fehler, in die DDR zu kommen?«, entgegnete Jack.

Smallwood sagte es ihm. In diesem Land konnte er nicht leben, nicht in einer Stadt wie Bautzen, in der an jeder Ecke ein Spitzel stand, nicht nur Deutsche, auch die Franzosen; er verabscheute die Verlogenheit einer Stadt, in der sie die Überläufer als »Freunde« bezeichneten, sie aber wie Kriegsgefangene kasernierten, indem sie die Grenzen des Landkreises am Ende der Welt nicht verlassen durften; er verabscheute die Stadt, in der die Männer alle Ausländer hassten, weil ihre »Krauthuren« es mit jedem trieben, am liebsten sogar mit jedem dahergelaufenen »Neger«, die samt und sonders Kommunisten geworden waren, allen voran Charles Lucas. In dieser Stadt gab es für einen wie Smallwood keine Zukunft. Er könnte sich hier niemals niederlassen, eine Frau heiraten und Kinder zeugen, weil er immer daran denken müsste, wer seine schmutzigen Hände vor ihm auf sie gelegt haben könnte.

Smallwood redete und redete. Schließlich vertraute er Jack auch das Geheimnis an: die Namenslisten. Er war offenbar besorgt, diese wichtigen Unterlagen eventuell nicht mehr beschaffen zu können, weil er nicht mehr nach Bautzen komme, sofern sie ihn in den kommenden Tagen auswiesen. Deshalb wollte er Forster sein Wissen vererben. Offenbar war Smallwood überzeugt davon, dass Jack zur U.S. Army zurückkehren werde. Doch der schrieb alles auf, mit blauer Tinte wie Schenk, akkurat wie jener auf Linie getrimmt. Und er übergab seine Notizen »Harry Hansen«, Blatt um Blatt, und nach diesem las Schenk sie in Ost-Berlin.

Nach einigen Tagen war Smallwood zuversichtlich, dass man sie beide bald entlassen werde, weil »Hansen« gesagt habe, die Fotos für die Pässe würden diese Woche gemacht. Auch dass ihnen die Haare geschoren werden sollten, sei ein gutes Zeichen. »Smallwood drängte mich hierzubleiben, bis ich nach Bautzen gehen könnte«, gab Jack Forster tags darauf zu Protokoll. Dort solle er den Tätowierten aufsuchen und warten, um Klokenstiens ominöse Liste und einen deutschen Pass zu erhalten und in einem Wagen nach Westdeutschland gebracht zu werden, »wo ich dann wegen der Desertion nicht bestraft werden würde«. Smallwood nannte den Namen Conners, »Chef aller Agenten in der DDR« (dass Conners inzwischen von einem Mr. Faust abgelöst worden war, hatte Smallwood während seiner Haft offenbar nicht erfahren), sowie dessen Telefonnummer. »Und wenn wir hier mit dem CIC zusammenarbeiten«, sagte er, »dann werden wir behandelt wie Helden, wenn wir zurückkehren.« Von diesem Tag an, sagte er zu Jack, »werden wir auf den Tag warten, an dem wir in die DDR zurückkehren können, um den Kommunismus zu zerstören und Hansen, diesen Hurensohn, hängen zu sehen«.

Irgendwann in dieser Zeit hatte Smallwood seine innere Alarmanlage vollständig ausgeschaltet, er fühlte sich wohl in Jacks Gegenwart, und es schien fast so, als ob er beichte. Und so erfuhr Jack, dass Smallwood sich zwei Jahre älter gemacht hatte, um sich schon mit 16 Jahren bei der US-Armee einschreiben zu können, dass er dort Marihuana geraucht habe, dass er Mitglied der katholischen Kirche sei und Hitlers »Mein Kampf« studiert habe. »Eine faschistische Regierung ist besser als eine kommunistische«, sagte er. »Ich glaube, die Deutschen brauchen einen Diktator, weil sie nicht intelligent genug sind, sich selbst zu regieren.«

Vor allem aber sei er in der Armee nicht »mail clerk«, also auf der Poststelle, gewesen, wie er den Russen bei den ersten Verhören gesagt habe, sondern Panzerkommandeur. Als solcher habe er in Korea seiner Panzerbesatzung befohlen, einen Bauernwagen, gelenkt von einer älteren Südkoreanerin, zu rammen. »Er lachte, als er mir erzählte, wie die Gewalt des Tanks die Frau einhundert Yards in ein Reisfeld warf«, notierte Forster. Er habe auch gesehen, dass »viele unbewaffnete Gefangene (…) geschlagen oder erschossen (wurden), die sich weigerten, Informationen über ihre Einheiten zu geben. Er erzählte mir, dass die südkoreanische Armee eingesetzt wurde, wenn es nötig war, viele Menschen zu opfern, um einen Punkt einzunehmen.«

Wie andere US-Soldaten habe er toten Chinesen und Koreanern die Goldzähne mit dem Gewehrkolben ausgeschlagen, manchmal habe er das Bajonett benutzen müssen, um die Zähne herauszubrechen. Häufig seien sie über tote Feindsoldaten gerollt, und statt Verletzte gefangen zu nehmen, habe er sie erschossen. »Ein verwundeter Gefangener macht zu viele Schwierigkeiten, um auf ihn aufzupassen«, habe Smallwood erklärt. »Es machte nichts, wie viele getötet würden, da alle orientalischen Menschen wie Tiere sind.«

In Deutschland habe er einmal einen leichten Panzer gefahren, Typ M 41. Als er an einem Bauernwagen vorbeifuhr, den eine Kuh zog, habe er absichtlich den Motor laut aufgedreht, so dass die Kuh erschrak, die Bäuerin auf den Boden warf und auf ihr herumtrampelte und auch das Kind vom Wagen fiel. Außerdem habe er absichtlich das Winterholz von Bauern in Brand gesteckt, sei gemeinsam mit seinen Kameraden bei Manövern über bestellte Felder gefahren und habe dabei Teile der Ernte zerstört. »Ich tat das«, sagte er, »um die Bauern daran zu erinnern, dass Deutschland den letzten Krieg verloren hat.«

Wenn Jack und Smallwood sich trafen, hörte die Stasi immer mit. Die »Abteilung S« hatte »Geräte« im Tagesraum montiert, in dem die beiden immer gemeinsam zu Mittag aßen, getreu Schenks (und Lenins) Motto: Vertrauen ist gut, Kontrolle ist besser. Jack war zwar »ihr« Amerikaner, aber Amerikaner blieb er trotzdem. Und so lasen Grübel und die anderen nicht nur in Forsters Berichten, was Smallwood von ihnen hielt, sondern konnten es auch mit eigenen Ohren hören, wenn sie mochten: Smallwood nannte die DDR-Funktionäre und die Volkspolizei »Schweine«, Hansen, der zunächst als der

»Smarteste« galt, eine »fette Ratte«, »Dr. Huber« einen »Hurensohn«, und »Lippmann« wollte er ermorden. Am 24. Oktober schließlich wussten alle mit Smallwood befassten Genossen der HA II, dass Smallwood der falsche Mann war, denn er sagte Forster, »dass er nichts über westliche Aktionen in Bautzen gewusst habe, bevor er ins Gefängnis kam«.[101]

Grübels Zusammenfassung des von Forster zutage geförderten Materials war ein ernüchterndes Dokument: Smallwood war kein Agent, er hatte von der gegnerischen Arbeit in Bautzen erst durch den rothaarigen Deutschen und durch den Kammeragenten erfahren. Er war nicht gezielt, sondern betrunken und versehentlich in die Deutsche Demokratische Republik gekommen. Vor Monaten wäre das noch unbedeutend gewesen, einem »guten« Deserteur konnte man manches verzeihen. Aber nun war es zu spät. Smallwood durfte nicht freikommen, denn: »Ein großer Teil dessen, was er über die Haftanstalt und über Bautzen erzählt, gehört zur Legende, mit der in Bautzen gegen Smallwood durch das SfS gearbeitet wurde.«

Tatsächlich waren die Listen der politischen Gefangenen und der Toten Erfindungen von Schenk und Goller. Mit diesem Köder hatte Schenk gehofft, die Kuriere der westlichen Dienste fangen zu können. Den als »streng geheim« klassifizierten Plan, Zelleninformator »Lehmann« auf Harry anzusetzen, hatten Kiefel und Mielke am 10. September 1954 genehmigt, fünf Tage später außerdem den Einbau von »Geräten« in Harrys Zelle. Mit seinem blauen Füllfederhalter schrieb Schenk wie üblich in akkuraten Buchstaben: »Nach Rücksprache (…) vom Gen. Generalleutnant mündlich bestätigt.«[102]

Damit konnte Smallwood nicht an die USA-Behörden ausgeliefert werden, das war Grübel klar, sein Pseudowissen war für die Propagandisten des Westens eine Einladung zu Angriffen gegen die DDR. Andererseits konnte Smallwood auch nicht bleiben, da er »gegen unsere Republik hetzen und aktiv arbeiten« und »jederzeit versuchen würde, die DDR in Richtung Westen zu verlassen«. Der einzige Ausweg war eine Gefängnisstrafe, eine möglichst lange.

Für eine erfolgreiche Anklage hielt Grübel zwei Vergehen für ausreichend. Smallwood hatte erstens Asyl und damit Leistungen der DDR erschlichen. Außerdem hielt er es für ein Leichtes, Smallwood »aufgrund von Kriegsverbrechen (begangen gegen die Bürger Koreas) und von Grausamkeiten und Willküracten (begangen als Besatzer in

Westdeutschland gegen deutsche Bürger) als Sadist zu überführen«. Neben anderen Straftatbeständen sollte das sicherstellen, Smallwood »als Feind der Deutschen Demokratischen Republik der einzig gerechten Bestrafung zuzuführen«.

Schenk stellt Smallwood eine Falle, und der begeht eine Dummheit

Das »Sanatorium« war ausgebucht an diesen Tagen im Oktober. In der oberen Etage, in Zimmer 8 und 9, wartete ein englisches Brüderpaar auf die Abschiebung. Die beiden abenteuerlustigen, etwas verrückten, jedenfalls faulen Londoner hatten geglaubt, dass die DDR verpflichtet sei, sie zeitlebens zu versorgen. Fuchs hatte ihnen aber bald klargemacht, »dass sie nun selbst ihren Lebensunterhalt verdienen müssen und sie so leben werden, wie sie arbeiten«.[103] In der Etage darunter lag Smallwoods Zimmer, Nummer 6, drei mal dreieinhalb Meter groß, ausgestattet mit einem Bett, einem Nachtschrank, einem Kleiderspind, Stuhl und Tisch. Im ersten Stock arbeitete in einem viel großzügigeren Zwei-Zimmer-Appartement mit der Nummer 4 Jack Forster. In Zimmer 3a war Richard Coffman untergebracht, daneben in 3b seine Kurzzeitbegleiterin aus Bremerhaven.

Die beiden redeten nicht mehr miteinander, sie bereitete ihm Schwierigkeiten. Er habe sie mitgenommen, sagte er seinen Vernehmern, weil sie behauptet hatte, schwanger zu sein, und er mangels Sprachkenntnissen eine Deutsch sprechende Begleiterin für nützlich hielt. Außerdem hatte er Mitleid; sie hatte es nicht leicht gehabt in ihrem Leben, war als Kind adoptiert worden und musste schon als junge Erwachsene »anschaffen« gehen, wie sie es gegenüber Grübel ausdrückte. Ein Kind hatte sie schon, der Vater war ein Engländer, der 1948 bei einem Schiffsunglück ertrunken war. Coffmans Herz war weich, er war selbst vaterlos aufgewachsen und hatte das Glück gehabt, dass sein Stiefvater, den die Mutter später heiratete, ihn immer gut behandelte. Er war Coffmans Vorbild; er hätte sein »business girl« sogar geheiratet, wenn das möglich gewesen wäre. Aber zu Hause in Aberdeen warteten eine Ehefrau und zwei Kinder auf ihn.

Doch kaum in der DDR, habe sie ihr zweites Gesicht gezeigt. Sie habe sich geweigert, »für die DDR« zu arbeiten, habe das Land beschimpft, das sie doch aufgenommen hatte, und von dessen Repräsentanten immer weitergehende Zuwendungen verlangt. Schließlich habe sich herausgestellt, dass sie gar nicht schwanger war. Er schrieb ihr – die nebenan saß –, es sei besser, wenn sie sich nicht mehr sähen. Sie antwortete, ebenfalls schriftlich, dass er »einen sehr schönen Traum zerstört« habe, sie hätte eine Fehlgeburt erlitten und versäumt, ihm zu sagen, dass sie wohl nie wieder Kinder bekommen könne. Coffman ließ sich nicht mehr erweichen und riet seinen Betreuern am 20. Oktober: »Ich glaube, dass es im Interesse der Partei und der DDR wäre, ihren Aufenthalt in der DDR zu beenden.«

Nachdem nun sie ihrerseits Coffman anschwärzte, er sei Anhänger Hitlers und habe sie auf den Strich geschickt, damit sie gemeinsam Freier bestehlen könnten, bereitete Schenk eine Lösung vor: Die Frau solle auf eigenen Wunsch wieder nach Westdeutschland gehen und als Kontaktperson verpflichtet werden.

Während Coffman seine ausführlichen Berichte über Navy-Standorte in Bremerhaven und die Organisation der Militärpolizei verfasste,[104] hörte er draußen immer wieder Stimmen von Männern, die er nie traf. Zwei Tage nach dem Besuch von »Dr. Huber« – es war gegen acht Uhr am Abend – schreckte ihn ein lautes Krachen von der Lektüre auf. Es klang wie zersplitterndes Holz. Gleich danach hörte er laute Schreie, ein Getümmel, dann war Ruhe.

Das war das Resultat des letzten Besuchs von »Dr. Huber«. Natürlich war Schenk am Fortgang von Coffmans Filtration interessiert, aber dieses Mal kümmerte er sich um Smallwood. Er stimmte der Analyse des Genossen Grübel vorbehaltlos zu, dass Smallwood möglichst lange im Gefängnis verschwinden müsse. Aber er war nicht davon überzeugt, dass ein ordentliches Gericht Smallwoods Taten so bewerten würde, dass es für eine lange Strafe reichte. Also fuhr Schenk am 29. Oktober 1954 nach Dresden, um den Amerikaner ein bisschen unter Druck zu setzen, den er inzwischen seit vier Wochen illegal – ohne Anklage, ohne Urteil – festhielt.

Smallwood kam nach dem Gespräch sehr erregt zum Mittagessen. »Alle Pläne sind jetzt hinfällig«, ließ er Forster wissen. »Wir müssen weg von hier.« Nach dem Gespräch mit »Dr. Huber« hatte Smallwood den Eindruck, als wollten sie ihn nicht gehen lassen, sondern noch lange Zeit festhalten. Also entschloss er sich, die Sache selbst in die Hand zu nehmen. Einen Plan hatte er auch schon ausgeheckt: Einer von ihnen würde den Wächter rufen und niederschlagen und den anderen befreien, dann müssten sie »Hansen« fesseln, ihre Zivilkleidung aus dem Nebenraum holen und den Safe knacken. Anschließend wolle er die anderen Insassen freilassen, damit die Polizei beschäftigt sei, und das deutsche Mädchen fragen, ob sie als Dolmetscherin mitkommen wolle. Auch wenn er es nicht genau wusste, so vermutete Smallwood, dass sie sich in Dresden befanden: Alle Möbel in seiner Zelle waren in Dresden hergestellt, die Zigaretten und das Bier stammten von dort, und auf der Toilette hatte er eine örtliche Zeitung gefunden. Von hier, glaubte Smallwood, sich nicht nur nach Berlin durchschlagen, sondern vorher noch per Bahn nach Bautzen fahren zu können, wo Morand und der Tätowierte sie verstecken würden, bis sie Kontakt zum Westen sowie die Listen hätten. Danach erwartete er eine glorreiche Heimkehr: »Soldat, Du bist dabei, zu einer wichtigen Mission aufzubrechen«, sagte er zu Forster. »Die Augen der ganzen freien Welt sind auf Dich gerichtet.« Forster erkannte sofort, dass Smallwood Eisenhowers Worte vor der Invasion in Europa fast wörtlich zitierte.[105]

Es schien so einfach zu sein, das Haus war nachts nur von einem Posten bewacht. Wenn sie es bis Berlin schafften, sagte er zu Jack, dann müssten sie zu einem Haus in der Müllerstraße gehen. Dort wohne der Vater des festgenommenen Fluchthelfers Klokenstien. »Von diesem Haus aus, welches oft durch den CIC benutzt wird, werden wir den Kontakt mit Oberst Conners aufnehmen.«

Jack erklärte sich bereit, mit ihm abzuhauen. Alles war genau abgesprochen. Am 31. Oktober meldete Jack seinen Auftraggebern: »Smallwood sagte, er wolle heute Nacht flüchten.«

Wie vereinbart klingelte Smallwood an jenem Sonntagabend um 20 Uhr drei Mal nach dem Posten. Eine der Hauswachen stieg hinauf in die zweite Etage, schloss die Tür zu Smallwoods Zimmer auf und fragte, was los sei. Smallwood deutete mit einer Kopfbewegung zum Fenster und murmelte etwas wie: »Es zieht.« Als der junge Gefreite sich am Fenster zu schaffen machte, schlug Jack eine Treppe tiefer mit der Faust gegen seine Tür. Als der Posten sich umdrehte, sprang Smallwood ihn an. Er wollte ihm die Waffe abnehmen und ihn einsperren. Unten trat Jack seine Tür mit Gewalt auf, dass das

Holz splitterte. Davor wartete Grübel, um ihn »niederzuringen«. Oben eilte dem Bedrängten die zweite Hauswache zu Hilfe, die draußen gewartet hatte. Smallwood leistete erheblichen, jedoch nicht hinreichenden Widerstand.[106]

Am 1. November 1954 meldeten die Dresdner Genossen Vollzug: »Die Aktion am gestrigen Abend wurde genau nach Plan durchgeführt.« Der Ausbruch war vereitelt, und Smallwood fand sich gemeinsam mit Jack in der Arrestzelle des Filtrationspunkts wieder. »Als ich Dich da unten liegen sah«, sagte Smallwood noch immer voller Vertrauen zu Jack, »da dachte ich, Du wärst tot.«

Zehn Tage ließen sie die beiden noch beieinander, um Smallwood Gelegenheit zu geben, Jack auch die letzten seiner Geheimnisse zu vererben. Während der Verhöre war Smallwood erneut der Einzige, der nicht rauchen durfte, und offenbar setzten sie ihn gehörig unter Druck. Am fünften Tag meldete Jack Forster: »Jetzt hat Smallwood definitiv Angst.« Weitere fünf Tage später brachten sie Jack weg. Smallwood sah ihn nie wieder.

Jack Forster erhielt am 21. November – zusätzlich zu seinem monatlichen »Gehalt« von 500 Mark – eine Prämie von 1000 Mark, »für meine Zusammenarbeit mit dem Staatssicherheits-Department der Deutschen Demokratischen Republik«, wie er quittierte. »Durch meine Hilfe war es möglich, einen Feind der DDR unter Arrest zu nehmen. In Zukunft werde ich mit dem Staatssekretariat für Staatssicherheit kooperieren, wann immer Hilfe nötig ist. William D. Adkins ›Jack Forster‹«. Offenbar hatte er sich inzwischen damit abgefunden, in der DDR bleiben zu müssen. Und langsam schien er auch Gefallen zu finden an seinem Leben dort und seiner Arbeit.

Smallwood dagegen hatten sie nun in der Hand. Der am 3. November in Berlin ausgestellte und von Schenk unterschriebene Haftbeschluss enthielt folgende Vorwürfe: »S. steht im Verdacht, mit dem CIC zusammenzuarbeiten. Er trieb Rassen- und Kriegshetze. Eigenen Angaben nach beging er Greueltaten als Soldat in Korea.« Im Einzelnen nannte Schenk die »Erschießung chinesischer Kriegsgefangener, Tötung von Zivilisten und Unmenschlichkeiten gegen koreanische Frauen.« Er habe »sich durch falsche Angaben politisches Asyl in der DDR« erschlichen, nachdem er »durch einen Auftrag des MID (CIC) auf das Gebiet der DDR beordert worden« war, lautete wider besseres Wissen ein weiterer Vorwurf, und sei dort infolge Trunkenheit von der Deutschen Grenzpolizei festgenommen worden. Dass er Funkverbindungen, die Dienststelle Fulda sowie den Leiter dieser Dienststelle des CIC zu kennen vorgab, stand ebenso im Haftbeschluss wie sein »Geständnis«, in Westdeutschland »bei Manövern willkürlich das Eigentum deutscher Bürger beschädigt bzw. vernichtet« zu haben. Im Klub der Ausländer in Bautzen habe er »offene Kriegs- und Rassenhetze« betrieben und gegen die DDR und die Sowjetunion agitiert. Schließlich habe er während seines Aufenthalts im F-Punkt Dresden seine Flucht vorbereitet, »wobei er festlegte, sich in den Besitz von Schusswaffen zu setzen und die übrigen Insassen dieses Hauses aus unserem Gewahrsam zu nehmen. Er schlug auch tatsächlich einen Posten hinterrücks nieder und leistete aktiven Widerstand gegen die dem Niedergeschlagenen zu Hilfe eilenden Mitarbeiter des SfS. Die vorbereitete Flucht konnte vereitelt werden.« Schließlich schlug Schenk vor, »den Smallwood in Haft zu nehmen, ihn zu vernehmen, ihn durch die Gerichte der DDR verurteilen zu lassen und seine Aussagen propagandistisch in der Presse auszuwerten.«

Zwar konnten weder die weiteren Verhöre noch die Hauptverhandlung vor dem Strafsenat des Bezirksgerichts Dresden eine Verbindung zum CIC beweisen. Doch Staatsanwalt Lauterbach klagte Smallwood trotzdem an, »Spionage zum Nachteil der DDR und ein Vergehen nach § 223 des StGB begangen zu haben«, indem er »die Gesundheit eines Menschen angegriffen« habe.

Die Öffentlichkeit war »wegen Gefährdung der Staatssicherheit ausgeschlossen«. Korrekter wäre gewesen: wegen Gefährdung von Mitarbeitern des Staatssekretariats für Staatssicherheit; denn deren Identität durfte ebenso wenig bekannt werden wie der Tatort. Im Sitzungsbericht über die Hauptverhandlung stand deshalb, frei erfunden: »Am 31. 10. 54 lockte der Angeklagte unter einem nichtigen Vorwand den Angestellten des Gästehauses der Internationalen Solidarität, in welchem er untergebracht war, in sein Zimmer und überfiel diesen auf hinterlistige Art und Weise.« Lauterbach beantragte drei Jahre Gefängnis. Oberrichter Haußner sowie die Schöffen, Elektromeister Fritz Pilz und der Angestellte Kurt Dittrich, stimmten dem im Namen des Volkes zu.

Dieses Problem hatte Schenk gelöst, Smallwood war festgesetzt und konnte das Stasi-Märchen von den politischen Gefangenen und den Ermordeten nicht in den Westen exportieren. Außerdem kam Schenk auf die Idee, Smallwoods Beispiel als Vorlage für einen anderen Problemfall zu betrachten. Weshalb sollte man nicht, was einmal gelungen war, ein zweites Mal erfolgreich inszenieren können?

William O'Ryan: Ein Amerikaner
verzweifelt an der Welt

William Patrick O'Ryan hatte schwere Monate hinter sich und noch schwerere vor sich. Frierend saß er in diesem feuchtkalten, dunstigen und verwanzten Keller und gab sich düsteren Gedanken hin. Vor wenigen Stunden hatte er versucht, sein Leben wieder in die eigenen Hände zu bekommen, und dabei alles noch viel schlimmer gemacht. Der 24-Jährige aus Buffalo war es gewohnt, dass das Leben ihn benachteiligte, und wann immer er versuchte, seine Lage zu verbessern, hatte es ihn wieder zu Boden geworfen. Bisher hatte O'Ryan diese Zumutungen tapfer ertragen, bisher hatte er zu jenen Amerikanern gehört, die nach jedem Niederschlag wieder aufstanden. Aber irgendwann droht bei jedem Menschen die Kraft zu erlahmen, sich gegen das Schicksal aufzulehnen, irgendwann verliert der zuversichtlichste Mann den Glauben an die Gerechtigkeit, und O'Ryan war an dieser Wegmarke angelangt. In diesem Loch und angesichts des erbärmlichen Zustands seiner selbst drohte O'Ryan zu resignieren.

Wenn er zurückdachte, dann war sein Leben eine Serie von Fluchten gewesen. Immer wieder hatte er die Umstände fliehen, immer wieder neu beginnen müssen. Es war nicht auszuhalten gewesen, nicht mit der trinkenden, nichtsnutzigen Mutter, nicht mit den sadistischen Vorgesetzten bei der Army und auch nicht in diesem Land, dessen Bewohner sich moralisch besser wähnten als alle anderen. Jetzt saß er eingesperrt im Keller des Hauses am See, sein ganzer Körper schmerzte von den Schlägen, die sie ihm verpasst hatten, und O'Ryan fragte sich, ob es auf dieser Erde überhaupt einen Platz für ihn gab.

Noch einmal hatte O'Ryan sich vor wenigen Stunden auf den Weg gemacht, diesen Platz zu finden, dieses Mal gemeinsam mit einem französischen Deserteur, den er bereits vor Monaten im Untersuchungsgefängnis Bautzen II kennengelernt hatte, in dem er nach der gescheiterten Flucht mit Le Roy, Louwman und Adelani einsaß. Damals hatte er durch die Gitter seiner Zelle hinaus auf den Hof geblickt, auf dem der Franzose und zwei weitere Ausländer Gummireste zusammenfegten. Als der Aufseher weg war, sprach er die Männer durch das Fenstergitter hindurch an. Er erfuhr, dass der Franzose im September 1953 in die DDR gekommen war und schon nach wenigen Wochen wegen mehrerer Diebstähle acht Monate abzusitzen hatte. Der Franzose sprach Englisch mit schottischem Akzent und war nach seiner Entlassung verschwunden, alle wähnten ihn im Westen.

Diese ungewöhnliche Aussprache hatte O'Ryan vor wenigen Tagen erneut gehört, und als er den dazugehörigen Menschen sah, erkannte er den Franzosen sofort wieder, obwohl der sich die Haare schwarz gefärbt hatte. Unglücklicherweise hatte das auch ein anderer Franzose bemerkt,[107] der Anfang November als Dolmetscher des Arztes ins Quarantänelager gekommen war. Irgendwie erfuhr Schenk davon, der sofort einen Überprüfungsvorgang, Nr. 597/54, anlegte und O'Ryan fragte, weshalb der Neue seine Haare gefärbt habe. Er wisse es nicht, antwortete O'Ryan, und der Franzose antwortete nicht, als er ihn mittels eines Kassibers danach fragte. Stattdessen fragte er O'Ryan, ob er mit ihm türmen wolle, alles andere erkläre er später.[108]

Eigentlich hätte nichts schiefgehen können. In den vergangenen Wochen hatten die Wächter das Haus recht nachlässig beaufsichtigt, meist war nur noch einer von ihnen zu sehen. An diesem Morgen – es war der 18. November 1954 – war O'Ryan schon sehr früh wach; es war noch dunkel, als er in Zimmer 38 in der ersten Etage begann, die Stunden, die Minuten, die Sekunden zu zählen. Dann, wie vereinbart, Punkt 9.30 Uhr hörte er im Zimmer unter dem seinen das Klopfzeichen des Franzosen: zweimal, zweimal, fünfmal. Er rief nach dem Aufseher. Als dieser endlich aufgeschlossen hatte und im Türrahmen stand, murmelte O'Ryan, scheinbar verschlafen: »Bitte Toilette.« Der Mann mit dem Schlüssel[109] bedeutete ihm, dass er auf den Flur heraustreten und zum Bad gehen solle, wohin der Wächter ihm folgte. Dort wartete bereits der Franzose, der mittels eines einfachen Dietrichs aus Zimmer 35 entkommen und nach oben geschlichen war. Der Aufseher wehrte sich entschieden und rief um Hilfe, aber schließlich gelang es ihnen, den Mann zu überwältigen, mit einer Gardinenschnur aus O'Ryans Zimmer zu fesseln und den stark aus der Nase blutenden Mann dort einzuschließen.

Hastig liefen sie die Treppen hinunter. Als sie die Haustür öffneten, um ins Freie zu treten, erstarrten sie. Draußen stand ein zweiter Wachmann, mit dem sie ebenso wenig gerechnet hatten wie mit den beiden Hunden, die er mit sich führte, und der Pistole, die er auf sie richtete. Hinauszugehen wagten die beiden nun nicht mehr, und von oben hörten sie ein Krachen und Splittern und Rufen, und schon stürmte der Wächter, den sie oben niedergeschlagen und gefesselt hatten, die Treppe hinunter. Es blieb ihnen nichts anderes übrig, als sich zu ergeben.[110]

Sie schlossen die beiden Gefangenen ein, jeden allein in einen der Kerker im Keller, und O'Ryan konnte den Franzosen nicht mehr fragen, weshalb er sich die Haare gefärbt hatte. Vor allem aber war O'Ryans dritter Versuch recht kläglich gescheitert, sich der Gewalt der Behörden zu entziehen, um endlich so leben zu können, wie es für einen Bürger des »land of the free« und des »home of the brave«, des Landes der Freien und der Heimat der Tapferen, eigentlich selbstverständlich war: selbstbestimmt und ohne Bevormundung durch trunksüchtige Mütter, sadistische Vorgesetzte oder einen kontrollwütigen Staat. O'Ryan musste erkennen, dass in der DDR Tapferkeit und Mut offenbar nicht in die Freiheit führten. Statt sie erzwungen zu haben, saß er nun eingesperrt im Keller, haderte mit seinem Schicksal und flüchtete sich schließlich in trotzige Pläne. Er schrieb sich seinen Frust von der Seele: Er habe sich in diesem Loch im Boden eine Reihe von Wegen ausgedacht, um das Leben für alle Beteiligten zusätzlich zu erschweren. Natürlich werde das auch seine Situation nicht verbessern, schrieb er, aber das würde sicher diejenigen verdrießen, die hier arbeiten mussten. Und je mehr es jene belästige, umso besser werde er sich fühlen.

»Es gibt nur zwei Wege wie Sie mich hier in der DDR halten können«, fuhr er fort. »Dies sind:

1. Im Gefängnis, in dem ich die vielen Monate lebte und in dem ich wahrscheinlich auch einige weitere verbringen werde.
2. Tod, welcher, wie ich schätze, von Ihnen herbeigeführt werden kann, wenn es Ihnen gefällt.«

Ansonsten werde er immer wieder zu flüchten versuchen. Er hätte noch einiges mehr zu schreiben, »aber manchmal ist Schweigen in einem derartigen Bericht ein besserer Teil der Tapferkeit«. Unterschrift: »So unkooperativ wie möglich Wm Patrick O'Ryan.«[111]

In der Normannenstraße sprangen ein paar Stunden später Karl Schenk und Harry Goller in den Wagen und fuhren ins »Krankenhaus«. Den vom Genossen Mielke unterzeichneten Haftbeschluss für William O'Ryan und seinen Begleiter, auf dem der – nicht ganz korrekt geschriebene – Name »Roger Lefebre« stand, hatten sie in der Tasche. Nachdem Schenk die beiden Wachmänner angehört hatte, stellte er eine Verfügung aus, nach der die beiden Ausländer »einen Mitarbeiter des Staatssekretariats für Staatssicherheit brutal niedergeschlagen und ihm schwere Körperverletzungen zugefügt« hätten, »in der Absicht, illegal aus der DDR fliehen zu können«. Der Vorwurf lautete: »Verbrechen nach § 223 und 223 a des Strafgesetzbuches.«

Tatsächlich hatten sie den Wachmann übel zugerichtet. Das ärztliche Gutachten eines Assistenzarztes der Chirurgischen Poliklinik im Krankenhaus Friedrichshain stellte ein »ausgedehntes livide verfärbtes Würgemal an der rechten Halsseite mit oberflächlichen Kratzwunden« fest, außerdem »Druckschmerz des gesamten Nasenbeins, das linke Nasenloch ist durch borkige Blutkrusten verstopft. Kleinere Platzwunden an der Innenseite der Unterlippe, 2 vordere Schneidezähne sind gelockert und klopfempfindlich. Der Patient gibt beim Durchatmen starke Beschwerden an, der rechte Thorax ist im Bereich der Mamille äußerst druckschmerzhaft und blaurot verfärbt. Der Patient gibt erhebliche Kopfschmerzen an, ihm ist übel, und vor einigen Stunden trat ein Schwindelanfall auf. Es liegt also neben dem oben beschriebenen Befund eine Commotio cerebri vor.«

Schenk hatte mit dem Fluchtversuch der beiden Ausländer gerechnet. Die Kassiber, welche die Wachleute vor Tagen im Bad gefunden hatten, waren deutliche Zeichen gewesen: »Ehe Du beginnst, musst Du das Signal geben ··, ··, ·····«, stand auf einem kleinen Zettel. Und weiter: »Wenn Du einen Fluchtversuch unternehmen willst, musst Du so schnell wie Du kannst der Mauer entlang rennen.« So hatte Goller die kurzen Mitteilungen übersetzt. Einer der Wächter hatte schon Ende Oktober gemeldet, dass sich nachts die Bewohner der Zimmer durch Klopfzeichen oder durch direkte Gespräche verständigten. Sie hätten das Licht ausgeschaltet, um vorzutäuschen, dass sie schliefen. »Habe aber die Feststellung machen müssen, dass sich Zimmer 35 und 36 sehr gut unterhalten haben, durch die Tür. Leider verstehe ich keine Fremdsprache, vom Zimmer 35 konnte ich des Öfteren das Wort Doktore verstehen, und mir kommt es vor, ein höhnisches Lachen zu vernehmen.«[112]

Das zielte auf Schenk alias »Dr. Huber«. Derselbe Wachmann hatte außerdem festgestellt, dass Zimmer 35 und 38 sich durch die Zimmerdecke unterhielten. Sie wussten, dass die Wächter sie nicht zu kontrollieren vermochten. Und so konnte O'Ryan in einem der Kassiber spotten: »Ich weiß nicht, diese Deutschen sind doch das langsamste Volk, das ich jemals gesehen habe. Bande! Sie scheinen keinen Geist zu haben. Sie erinnern mich an Kühe. Oh ja! Kartoffeln hinten und vorn.«

Schenk wusste, dass er zuletzt lachen würde. Sie ahnten nicht, dass er ihren Fluchtversuch erhoffte. Fast könnte man sagen, er hatte die Flucht geplant, nachdem vor knapp drei Wochen Smallwood in Dresden dabei gescheitert war. Endlich konnte er auch O'Ryan, den er bisher wie Smallwood ohne Haftbefehl oder gar Anklage festhielt, offiziell verurteilen und einsperren lassen.

Im Februar 1955 entschied ein Gericht auf zwei Jahre und neun Monate Haft, die O'Ryan in Luckau in der Niederlausitz absaß. Was danach geschehen würde, stand bereits fest: O'Ryan sollte abgeschoben werden. Dass ihn bei der Rückkehr im Westen eine weitere Gefängnisstrafe erwarten würde, war unvermeidbar. »Nach zweistündiger Verhandlung vor dem US-Gericht in West-Berlin erhielt gestern der 27-jährige William P. O'Ryan zehn Jahre Zuchthaus«, sollte der *Telegraf* drei Jahre später melden.[113] Sein Fluchtkumpel musste drei Jahre einsitzen, und erst gegen Ende seiner Haftzeit sollte sich herausstellen, wieso er sich die Haare hatte färben lassen. Er war zweimal jeweils unter fremden Namen im Auftrag des französischen Geheimdienstes in die DDR gereist.[114]

Schenk war zufrieden. Er konnte sich nun wieder der Frage widmen, wie die Ausländer in den Westen gelangten und wer sie fuhr. Auskunft darüber versprach er sich von dem rothaarigen deutschen Fluchthelfer, der dem Zelleninformator in Bautzen eine Reihe seiner Geheimnisse gebeichtet hatte.

Der Fluchthelfer sagt »die volle Wahrheit«

In einem zweitägigen Verhör am 23. und 24. November 1954 gab Harry »Klokenstien« Schenks Dresdner Kollegen ausführlich Auskunft »über Feindtätigkeit, welche ich den Staatsorganen der DDR bisher verschwiegen habe«.[115] Er räumte ein, in der Untersuchungshaft und vor Gericht nur einen Teil der Wahrheit offenbart zu haben in der Hoffnung, mit einer geringen oder ganz ohne Strafe davonzukommen. In der Strafvollzugsanstalt Bautzen habe er nach einer Weile bemerkt, dass ein anderer Strafgefangener ihn aushorchte, behauptete er nun. Dem habe er »ganz absichtlich mehr erzählt, als was es in Wirklichkeit war. Das habe ich deshalb getan, damit diejenigen Personen, welche meine Äußerung zur Kenntnis bekommen, irregeführt werden und nicht herausfinden, was wahr ist und nicht wahr ist.« Nun aber habe er eingesehen, soll er laut Protokoll gesagt haben, »dass es keinen Zweck hat, meine wirkliche verbrecherische Tätigkeit und alle Zusammenhänge über andere Personen zu verschweigen«. Und deshalb habe er an den beiden vergangenen Tagen »die volle Wahrheit gesagt«.

Harry berichtete jetzt, wie er im März 1951 in einer Kneipe in der Schönwalder Straße in Berlin-Wedding einen gewissen Werner Winkler kennengelernt hatte, der aus Bautzen stammte und nun in West-Berlin lebte. Und dass der ihm ein paar Wochen später beim Bier erzählte, dass er für das CIC arbeite, Dienststelle Karolingerplatz. »Das wäre doch auch was für Dich«, habe Werner gesagt. »Du hast doch ohnehin gerade keine Arbeit.«

Bald traf Harry einen Amerikaner, der ihn über seine privaten Verhältnisse ausfragte und ein Papier unterschreiben ließ, in dem er sich verpflichtete, »dass ich alle Aufgaben, die mir vonseiten des Geheimdienstes gestellt werden, ohne Rücksicht auf meine Person durchführen werde«. Schon war Harry Mitarbeiter des US-amerikanischen Militärgeheimdienstes. Das brachte 420 Westmark, monatlich. Dafür musste er nur tun, was er ohnehin am liebsten machte: mit Leuten reden und Bier trinken. Er sollte in den Aufnahmelagern DDR-Flüchtlinge aushorchen und dabei feststellen, ob sie von der Stasi geschickt worden waren. Der Amerikaner gab ihm dafür einen Flüchtlingsausweis, und fortan konnte Harry jedes Lager in West-Berlin betreten.

Eines Tages stand in der Dienststelle am Karolingerplatz ein anderer CIC-Mitarbeiter vor Harry, ein Major; er nannte sich Tom Conners und war eigens seinetwegen aus Dahlem gekommen. Er drückte ihm die Hand und sagte, er wolle ihn nach Bautzen schicken, damit er auskundschafte, welche Überläufer dort leben, und sie zur Rückkehr bewegen könne. Von diesem Tag an war Harry Mitarbeiter der CIC-Zentrale in der Clayallee 170 im Südwesten Berlins.

Das alles erzählte er nun ausführlich, und eine Rechnung mit seinem Schwager war auch noch zu begleichen, deshalb gab er Folgendes preis: André hatte ungefähr zu jener Zeit, im Mai 1951, wieder vor der Tür gestanden, dieses Mal als Besatzungssoldat. Vor 1945, als er erstmals mit seiner Schwester liiert war, sei er zunächst Zivilarbeiter und später Angehöriger der Waffen-SS gewesen. Nachdem er zwischenzeitlich in Frankreich eine Ehe in den Sand gesetzt hatte, wollte er seine Schwester heiraten, aber die Franzosen hatten vor, ihn nach Indochina zu schicken. Dahin wollte André auf keinen Fall; er beschloss, in die Schweiz zu flüchten.

Das war Harrys Chance. Er erläuterte Conners seinen Plan, der wiederum mit den Franzosen vereinbarte, dass André niemals wegen der Fahnenflucht zur Rechenschaft gezogen werden solle. Als das geklärt war, überredete Harry seinen Schwager, nicht die Schweiz, sondern die DDR als Exil zu wählen. Harry konnte somit gegenüber den DDR-Behörden behaupten, dass er seinem Schwager bei der Flucht geholfen habe und schließlich mit diesem mitgegangen sei, weil die Franzosen ihn wegen Fluchthilfe einsperren wollten.

Harry sollte in der »sowjetischen Zone« amerikanische, englische und französische Deserteure finden, recherchieren, wo sie leben und welche von ihnen »für sowjetische Dienststellen und für das Staatssekretariat für Staatssicherheit arbeiten«. Außerdem hatte er die Aufgabe, »eine ganze Reihe von desertierten Personen entweder auf eigene Veranlassung oder durch bestimmte Bearbeitung nach West-Berlin zum amerikanischen Geheimdienst zu bringen«.

Noch wenige Wochen zuvor hätte Harry sich nicht träumen lassen, einmal bei den Kommunisten zu leben, aber mit inzwischen 720, später 780 Westmark und einem eigenen Geheimkonto ließe es sich auch dort bestens aushalten. Und wenn es ihm drüben zu eng werden sollte, dann konnte er jederzeit für ein paar vergnügliche Tage West-Berlin besuchen.

Nachdem es 1952 nicht gelungen war, in Bautzen angesiedelt zu werden, sorgte sein Schwager André beim zweiten Anlauf persönlich dafür, dass Harry und dessen Frau in seiner Nähe bleiben durften. Harry war gerade in Andrés Wohnung, als dieser eine Nummer wählte, sich mit dem Namen »Robert« meldete und ihm danach offenbarte, dass er mit dem Staatssekretariat für Staatssicherheit zusammenarbeite. Am 12. Juni 1952 hatte er seine »Déclaration«, seine Verpflichtungserklärung, ge- und unterschrieben und seinen Decknamen gewählt.[116] Diese Verbindung erwies sich als nützlich. Mithilfe seines Schwagers erhielt Harry dieses Mal ohne weiteres eine Wohnung in Bautzen, Muskauer Straße 4.

In den folgenden Monaten fuhr Harry mehrfach zu Major Conners, um sich instruieren zu lassen, gewöhnlich trafen sie sich bei amerikanischen Einrichtungen in der Clayallee oder in Friedenau, manchmal auch in der Wohnung seines Vaters in der Müllerstraße 1a in Berlin-Wedding. Meist brachte er übergelaufene Soldaten aus Bautzen mit, insgesamt zehn, wie er nun seinen Vernehmern gegenüber zuzugeben bereit war.[117] Sein Schwager habe von seiner Arbeit für das CIC gewusst, behauptete er, allerdings keine Einzelheiten gekannt. Auch der Franzose Roger Rodriguez habe Bescheid gewusst, außerdem der tätowierte Amerikaner.

Zu den in Bautzen verkehrenden oder lebenden Personen, die Harry zu Beginn des Verhörs am 24. November als Mitarbeiter des CIC bezeichnete, gehörte auch sein Schwager. Sie fragten ihn, wie er zu der Annahme komme, dass André Labarthe für einen westlichen Geheimdienst arbeite?

Er antwortete, er gehe davon aus, dass die Franzosen, von Conners über die Fluchtpläne informiert, mit ihm Verbindung aufgenommen hätten, »denn so ohne weiteres lässt man niemanden desertieren«. Dass Labarthe für den Westen gearbeitet habe, hatte die Stasi zu dieser Zeit längst ausgeschlossen. Dass er sich »freiwillig zur frz. SS-Division unter Marschall Pétain« gemeldet habe und dafür nach dem Krieg zu sechs Monaten Gefängnis verurteilt worden sei, konnten die Ermittler bis Jahresende verifizieren.

Und der tätowierte Amerikaner? Conners habe Harry gesagt, dass er vor diesem keine Angst zu haben brauche. Er solle ihm bei Gelegenheit erklären, »dass ich für den Westen arbeite«. Das habe er getan; sein Gegenüber erstattete keine Anzeige, das »ließ mich zu der Meinung kommen, dass er selbst im Auftrag des Westens arbeitet«.

Und Roger Rodriguez? Nachdem er mit ihm und einem weiteren Franzosen wegen deren Rückkehr gesprochen hatte, habe er Conners aufgesucht. »Als ich den Namen Roger[118] nannte, bemerkte ich, dass der Offizier mir gegenüber sehr zurückhaltend wurde. Als ich ihm sagte, dass Roger zurückkommen will, erklärte er mir, dass ich mich darum nicht zu kümmern brauche, denn Roger käme öfter von Bautzen nach Berlin, und den Weg würde er schon selbst finden.« Das habe Roger dann auch bestätigt. Er habe »einen Taxichauffeur an der Hand, welcher in der Nähe des Kreisratsamtes wohne, dieser würde ihn nach West-Berlin bringen (…) Diese Tatsachen ließen mich zu der Schlussfolgerung kommen, dass Roger für französische Dienststellen in West-Berlin arbeitet und er seine Fahrten nach Berlin mit dem Taxichauffeur ausführt.«

Schenk war zufrieden. Die 33,73 DM, die er anlässlich der operativen Bearbeitung von Harry und Smallwood zum Kauf von Westzigaretten, Marke Camel, genehmigt hatte, waren gut angelegt.[119] Smallwood wartete auf seinen Prozess, und dank Harrys Geständnis glaubte Schenk, endlich etwas in der Hand zu haben, die Enden eines Knäuels, das er nun zu entwirren gedachte.

Am folgenden Tag vernahmen sie Roger Rodriguez. Er bestritt, jemals seit seiner Desertion in West-Berlin gewesen zu sein. Harry habe ihm irgendwann 1953 angeboten, ihn nach West-Berlin zu bringen. Auch Labarthe bestritt, was Harry im Gefängnis behauptet hatte: seine angebliche Agententätigkeit für den CIC ebenso wie die Zugehörigkeit zur Waffen-SS. Und der Tätowierte und dessen Freundin stritten gleichfalls alles ab, womit die Vernehmer sich scheinbar zufriedengaben. Jedoch fertigten sie kein Protokoll an, »da beide unter dem dringenden Verdacht der Agententätigkeit stehen und operativ bearbeitet werden. Dass der Verdacht berechtigt ist, bestätigt ein von unserer Dienststelle abgefangener Brief, welcher den Akten beigelegt wird. Beide Personen wurden in dem Glauben gelassen, dass wir sie nur über einige belanglose Dinge befragt haben.«

Aus William und Jack werden
James und John: Die fantastische DDR-Karriere
des Lieutenant Adkins

Als Schenk das erste vollständige Jahr in seinem neuen Beruf als Chefaufseher der »Freunde« hinter sich gebracht hatte, war er zufrieden. Er hatte den Eindruck, große Fortschritte zu machen. Am meisten erfreute ihn, dass William Adkins alias »Jack Forster« in jenen Wochen seinen Frieden mit der DDR gemacht zu haben schien. Als dieser eines Tages am Bahnhof in Dresden eine Ausgabe des *Democratic German Report* fand, wusste er, wozu er bestimmt war: Er bat Schenk, an den Herausgeber schreiben zu dürfen, um seine Mitarbeit anzubieten. Das war der Hebel gewesen, mit dem es Schenk gelang, Forster die Angst vor einem Leben in Ostdeutschland zu nehmen und ihm eine Perspektive zu geben, auch wenn Chefredakteur Peet ablehnte.

Schenk eröffnete Forster folgenden Plan: Er solle ein Jahr als Hilfsarbeiter in einer Fabrik arbeiten und abends Deutsch lernen, um später in Leipzig Journalismus studieren zu können. Bis dahin könne er seine Behörde weiter über das Leben in der amerikanischen Armee unterrichten und so »wesentlich dazu beitragen, die für uns notwendigen Kenntnisse zur Filtration zu erweitern«.

Daraufhin bat Jack Forster die Regierung der UdSSR, ihm zu erlauben, für immer in der DDR zu bleiben. Er habe in den vergangenen sechs Monaten bemerkt, dass Menschen, Sprache und Kultur in der DDR denen in seinem Heimatland ähnelten, und er wolle endlich ein normales Leben beginnen und arbeiten. Am 9. November 1954 schrieb er seinen Asylantrag.

Wenig später sprachen Grübel und Jack Forster im »Sanatorium« über die politische Lage. Bald lenkte Grübel das Gespräch auf die Methoden der feindlichen Geheimdienste. »Anhand des Prozesses gegen die Gehlen-Agenten Bandelow und seine Bande wurden diese Ziele und diese Arbeitsweisen erläutert«, protokollierte er. »Adkins brachte zum Ausdruck, dass es nur gut und richtig wäre, diese Verbrecher zu liquidieren und den Staat, der ihm ja auch eine neue Heimat geben wird, zu schützen.«[120]

Nach dem erfolgreichen Einsatz gegen Smallwood sollte und wollte Forster auch künftig als Kammeragent im »Sanatorium« helfen. Schenk hielt seinen neben »Taylor« besten GI außerdem für geeignet, Spezialaufträge in West-Berliner Gaststätten zu übernehmen, beispielsweise »Offiziere mit Spezialkenntnissen« anzuwerben oder gar abzuziehen. Forster war bereit, weiter als Stasi-GI zu arbeiten, weil er die »politische Notwendigkeit« einsah. »Ich weiß, dass die Agenten der feindlichen Geheimdienste liquidiert werden müssen, weil sie Kriminelle sind, eingesetzt von den Feinden der Völker mit dem Ziel, einen neuen Weltkrieg vorzubereiten. Ich werde helfen, die DDR, die mir eine neue Heimat gegeben hat, gegen diese Volksfeinde zu schützen.« Am 22. Dezember 1954 ließ er sich auch formal verpflichten und wählte den Decknamen »James Duke«.

Während des Werbegesprächs wünschte Forster zu wissen, ob er diese Verpflichtung auch einmal rückgängig machen könne. Grübel fragte zurück, ob er denn auch seine politische Einstellung einmal rückgängig machen wolle. Das verneinte Forster. Aber es könne doch sein, dass er einmal Aufträge erhalte, die er für zu schwer erachte oder die »in sein persönliches Leben und auch in sein persönliches Verhältnis mit einer Dresdner Prostituierten eingreifen könnten«. Das, so hatte Forster bereits zu Schenk gesagt, werde er niemals zulassen. Schon einmal habe ihn ein Staat um ein Mädchen betrogen, damals in den USA, als sie ihn zur Armee einzogen und er Pat, die größte Liebe seines Lebens, zurücklassen musste und schließlich für immer verlor. Dass dies nicht geschehen werde, versprach Grübel, auch einen neuen zivilen Namen solle er erhalten und weiterhin monatlich 500 Mark, mehr als jeder andere Deserteur, ob Stipendiat oder Arbeiter.

In den ersten Monaten 1955 vervollständigte »James Duke« unter Grübels Anleitung die umfangreichen Handakten über das Leben in den USA (»Die Vereinigten Staaten von Amerika und deren Menschen«) und über die US-Armee, nahm – von der Stasi bezahlt – privaten Sprachunterricht (der 48 Mark monatlich kostete) und horchte mindestens zwei Männer aus,[121] die wie er aus dem Westen gekommen waren.

Seinen Handakten über die Geschichte der Vereinigten Staaten von Amerika und die Geografie des Landes, danach über Aufbau und Struktur der Armee der USA maß Schenk einen »hohen operativen Wert« zu. »James Duke« habe »die in ihn gesetzten Erwartungen vollständig erfüllt«, der bereits vorliegende Teil sei »ausgezeichnet geschrieben«. Er ergänzte die Kenntnisse der Stasi über die CIA, »die subversive Aktionen von Militärmissionen, diplomatischen Gesandtschaften, Agenten, Terrorgruppen, Untergrundgruppen und allen anderen Spionagegruppen der USA trainiert und lenkt«, und das CIC, das Teil der Army sei und »verantwortlich für die Abwehr von Spionage oder subversiven Aktionen in der Armee der USA«. Eine ähnliche Funktion für Navy und Air Force hätten der Naval Intelligence Service und das Air Force Office of Special Investigation.[122]

Schließlich beantragte Forster, als Bergmann im Steinkohlerevier in Freital nahe Dresden arbeiten zu dürfen. Er versprach sich davon ein gutes Einkommen und einen hohen Lebensstandard. Nach einigen Monaten als Untertagearbeiter schrieb er sich im September an der Universität in Leipzig als »John Reed« ein, geboren am 11. Juni 1930 in Rock City, Georgia. Der Name seiner neuen Identität war der jenes amerikanischen Journalisten, der 1919 die Kommunistische Partei der USA gegründet hatte und nach seinem frühen Tod als einer der wenigen Amerikaner an der Kremlmauer in Moskau ein Ehrengrab erhielt. Als John Reed sollte Adkins' Geschichte, seine Karriere in der DDR jetzt erst richtig beginnen.

Philip Morands vierter Fehler: »Man muss ihn unter Kontrolle halten«

Geduldig saß Lucie E. am Tag nach ihrer Rückkehr aus West-Berlin stundenlang im Wartezimmer des Beratungsarztes der Sozialversicherungskasse Bautzen, bis sie endlich an die Reihe kam. Sie war völlig arglos, während die Genossen von der Stasi ihre Wohnung durchsuchten, denn es war ihr nicht bewusst, dass sie sich eines Verbrechens schuldig gemacht haben könnte. Sie hatte doch nur einem guten Freund, Philip Morand, einen Gefallen getan.

Als sie die Praxis verließ, sprach ein Polizist sie an und sagte, sie müsse mit aufs Revier. Sie sträubte sich, und als sie sie schließlich in den Wagen schoben, beschwerte sie sich hilflos: »Ich habe doch nichts verbrochen.« Sie sagten, dass es sich nur um eine Zeugenaussage handle.

Die Vernehmung dauerte von 17 bis 9 Uhr früh, dann war ihre »Zusammenarbeit« mit Mr. Faust aktenkundig. Im November 1954, so das Protokoll, hatte sie Morand gesagt, dass sie nach West-Berlin fahren wolle, »um etwas zu erleben«. Morand bat sie daraufhin, einem Freund in der amerikanischen Kommandantur in West-Berlin einen Zettel zu übergeben. Des Namens konnte oder wollte sie sich später nicht erinnern, wusste aber über das Papier noch, dass »auf der Rückseite etwas über Hilfe für die Ausländer in Bautzen« stand. In der Kommandantur lernte sie Mr. Faust kennen, der sie über Morands Lebensumstände in Bautzen sowie anderer Deserteure dort – darunter den Engländer Douglas Sharp, »Übersetzer im Millionen-Schlösschen« in Bautzen, sowie Charles Lucas – ausfragte und ihr Fotografien der Männer vorlegte. Faust gab ihr »für diese Spionageaufträge« – so stand später im Protokoll – 20 Westmark. Dann schickte Faust sie mit dem Auftrag weg, herauszufinden, weshalb Morand von ihm Hilfe wünschte. Morand gegenüber solle sie sagen, dass sie keine Verbindung mit amerikanischen Dienststellen aufgenommen und deshalb seine Mitteilung vernichtet habe.

Im Februar 1955 sei sie erneut nach West-Berlin gefahren. »Sie wählte Fausts Telefonnummer, der sie in ein Hotel brachte, sie dort gegen 24 Uhr aufsuchte und bis zum anderen Tag bei ihr blieb.« Sie erzählte Faust alles, was sie über die Ausländer in Bautzen wusste, aber Mr. Faust war mit ihrem Ermittlungsergebnis über Morand nicht zufrieden; er vermutete offenbar, dass sie mit Morand zusammenarbeitete und ihn deckte, während Faust (wie auch die Stasi) annahm, dass er für die Sowjets arbeitete. Am vierten Tag ihres Aufenthalts in West-Berlin schickte Faust sie mit den Worten fort, »dass er sie nicht wiedersehen will, da er von Kerr erfahren habe, dass sie mit Morand unter einer Decke steckt«.

Weder ihre Einfalt noch ihre Ehrlichkeit nutzten ihr. Der Haftbeschluss vom 16. April 1955 warf ihr vor, »von einem desertierten Amerikaner in Bautzen angesprochen und beauftragt (worden zu sein), nach Westberlin zum amerik. Geheimdienst zu fahren. Dort wurde sie angeworben, erhielt einen Decknamen und Geldbeträge für Spionagetätigkeit.«[123]

Endlich hatte Schenk etwas gegen Morand, dem er misstraute, in der Hand. Dessen hartnäckiges Andienen, dessen Bestreben, Aufnahme in seiner Organisation zu finden, waren Schenk und den Bautzenern verdächtig. Seit Weihnachten 1954 beobachteten sie ihn deshalb sehr genau. In Bautzen galt Morand als Schläger, Trinker und Provokateur, er sei gegen die DDR eingestellt und höre täglich AFN, außerdem verherrliche er die USA, kurz: Er sei »unzuverlässig«. Das Urteil über Morands Frau lautete: »streitsüchtig, moralisch schlecht und politisch unzuverlässig«. Wann immer die Ausländer über Fluchtwege und Fluchthelfer räsoniert hatten, war auch der Name Morand gefallen. Er hatte Adelani nach der gescheiterten »spring operation« von einem Taxifahrer berichtet, der gegen 200 Mark Honorar und 70 Mark für Benzin nach Berlin fahre, und er hatte Adelani versprochen, ihm den Fahrer zu vermitteln, sobald er genügend Geld für den nächsten Fluchtversuch gespart habe. Dass seine Aussage dazu beigetragen hatte, den Pfandleiher in das Fadenkreuz der Stasi geraten zu lassen, weil er »von ausländischen Freunden der Internationalen Solidarität Dollars und andere Devisen aufgekauft« hatte und mit Morands Schwägerin häufig nach Berlin fuhr, entlastete ihn keinesfalls, schließlich redeten darüber damals alle. Je häufiger Morand als mutmaßlicher CIC-Agent in den Berichten »Taylors« und anderer GI genannt worden war, je öfter Harry und Smallwood den Kammeragenten gegenüber Morand erwähnten, desto mehr war das Misstrauen gewachsen.

Der Verdacht gegen Morand musste sich bei den Bautzener Genossen noch verfestigen, als sie erfuhren, dass der Amerikaner Kontakt zu Mr. Faust beim CIC in West-Berlin suchte oder bereits hatte. Er nutzte dazu die Freundin der Familie, die mit seiner Frau in der Lungenheilstätte Rattnitz im Landkreis Sebnitz zur Kur gewesen war, Lucie. Sie sollte bald vor Gericht stehen, angeklagt, weil sie »die Grundlagen der Deutschen Demokratischen Republik angegriffen und den Frieden des deutschen Volkes gefährdet« habe. Das war – nach den Frauengeschichten, dem Eintritt in die Armee und dem Gang über die Brücke in Linz – Morands vierter Fehler: Er hatte eine unschuldige Frau für seine Zwecke benutzt, die nun 42 Monate im Gefängnis absitzen musste. Sie sollten sich nie wiedersehen. Als nämlich Lucies Strafe am 16. Oktober 1958 abgelaufen war, hatten die Morands Bautzen verlassen.[124]

Coffmans letzte Reise

Als sie Coffman endlich aus dem »Sanatorium« entlassen hatten und er nach Bautzen ziehen durfte, hatte er nur noch 47 Tage zu leben. Die Weihnachtsfeiertage 1954 waren gerade vorüber, aber Coffman verteilte noch einmal Geschenke an seine Betreuer: »Sie haben mich in vielerlei Hinsicht besser behandelt, als ich erwartet hatte«, schrieb er an »diejenigen, die es betrifft«. Es falle ihm leicht zu sagen, »dass die Leute aus dem Westen, die gewöhnlich mehr Lügen als Wahrheiten über das Leben in dieser großen Republik verbreiten, einmal hier leben sollten, dann würden viele von ihnen ihre Meinung ändern«.

Erstmals konfrontiert mit dem tatsächlichen Leben in der DDR, änderte sich auch Coffmans Stimmung recht bald. Zwar hatte die Stasi seine Begleiterin aus Bremerhaven tatsächlich verpflichtet und mit Auftrag in eine süddeutsche Garnisonstadt ihrer Wahl geschickt (sie kehrte nie mehr in die DDR zurück), zwar fand Coffman bald eine neue Freundin, aber langsam beschlich ihn eine leise Depression. Am 9. Februar 1955 berichtete »Taylor«, Coffman sei »enttäuscht«. Er wohnte seit dem ersten Tag im Klubhaus und ging jeden Abend aus, um sich zu betrinken. Zwei Tage später kam es zu einer Auseinandersetzung, die Schenk und seine Bautzener Statthalter gleichermaßen beunruhigen sollte.

Lange bevor Coffman an jenem Abend das nur einen Steinwurf vom Platz der Roten Armee entfernt gelegene, sehr anrüchige Lokal »Lebelt's Erben« betrat, hatte es dort mehrfach Streit gegeben. »Die Schweine«, rief ein Einheimischer und meinte damit eine Gruppe von Ausländern am Nachbartisch, erhielten einen Haufen Geld vom Kreisrat, während die Deutschen arbeiten müssten. Mehrfach konnten andere Gäste eine Schlägerei gerade noch abwenden. Gegen 22 Uhr betraten auch Coffman und zwei weitere Amerikaner, vom Klubhaus kommend, das Lokal. Offenbar war es eine gedankenlose Bemerkung Coffmans, welche die anderen reizte: Als ihn jemand fragte, weshalb seine Hand verbunden sei, antwortete er im Scherz, er sei Boxer. Das verstanden sie offenbar als Herausforderung.

Fast mag es scheinen, als habe Coffman die Auseinandersetzung gesucht. Vielleicht war er aber auch nur zur falschen Zeit am falschen Ort. Als Coffman – er war schon stark betrunken, und die meisten

Ausländer längst zu Hause – nach draußen wankte, folgten die Provokateure ihm. Einer schlug unvermittelt zu. Coffman fiel zu Boden und musste weitere Tritte an Hals und Kopf hinnehmen. Als er flüchten wollte, rannte ein zweiter Einheimischer ihm nach und versetzte ihm einen Schlag ins Genick. Coffman stürzte gegen eine Steinsäule und blieb regungslos liegen.[125]

Am Freitag, zehn Uhr früh, schleppte er sich in die Wohnung seiner neuen Freundin, das Gesicht blutig und um das rechte Auge herum blau und dick angeschwollen, der Pullover blutbespritzt, und legte sich aufs Bett. Abends plagten ihn heftige Kopfschmerzen. Der zu Hilfe gerufene Arzt verschrieb Tabletten (Gelonida antineuralgia). Seine Freundin gab ihm mehrfach Schmerzmittel, auch in der Nacht, und nach einem weiteren fürchterlichen Tag ebenso in der Nacht auf Sonntag. Er aß nichts und erbrach sogar Tee. »Sonntag früh gegen 8:00 Uhr wurde er munter«, gab sie später zu Protokoll, »er lehnte Tee ab. Gegen 9:00 Uhr verlangte er nach seinem Ausweis (Aufenthaltserlaubnis für Ausländer), blätterte darin herum und schüttelte den Kopf und gab mir den Ausweis wieder, den ich wieder in das Jackett steckte. Gegen 10:15 Uhr ging ich wieder an das Bett, er schüttelte nur den Kopf, er drückte mich noch einmal und sagte auf Deutsch Auf Wiedersehen, dann stöhnte er auf und verstarb.« Die Obduktion ergab: Schädelbasisbruch.[126]

»Ein Sammelbecken verkrachter Existenzen«
Schenks Bilanz des Scheiterns

Richard Coffmans Tod und die Übergabe seiner Leiche an die Amerikaner markierten für Schenk den Beginn eines furchtbaren Jahres. Im August 1956 verlangte Erich Mielke als Grundlage für eine Besprechung zwischen MfS, SED und Innenministerium von den Genossen der BV Dresden einen Bericht über die Situation der Überläufer. Drei Wochen später schickten die Sachsen ein achtseitiges, recht schonungsloses Dokument mit einem niederschmetternden zentralen Befund: »Die Überläufer kommen (…) aus besseren materiellen Verhältnissen, als sie sie hier vorfinden.« Mit anderen Worten: Die Nato-Armeen konnten ihre – häufig ungebildeten – Soldaten besser bezahlen als die DDR ihre Zivilisten. Dabei hatten viele der Deserteure erwartet, dass sie in der DDR »wenig zu arbeiten brauchen, aber trotzdem gut leben können«. Sie waren der Überzeugung, »dass ihr Übertritt in die DDR eine große Friedenstat bedeutet und dass sie dementsprechend materiell unterstützt werden müssten«.

Was sie jedoch vorfanden, war ziemlich genau das Gegenteil: Einige der Überläufer lebten »in asozialen und schlechten sozialen Verhältnissen«, und die Analyse kam zum Ergebnis, dass die »grassierende Trunksucht« dafür Ursache, nicht die Folge sei. Den Männern und ihren Familien, die nach dieser Einschätzung »in mittelmäßigen sozialen Verhältnissen« lebten, »fehlt meist das Geld für notwendige Anschaffungen«. Weil einige der VEB »schlechte Erfahrungen bezüglich der Arbeitsdisziplin« gesammelt hätten und die »Freunde« insgesamt schlecht ausgebildet und anspruchsvoll seien, weigerten sich manche Betriebe sogar, sie zu beschäftigen oder zu fördern. Mehr als 350 Mark netto verdienten nur acht der 27 zu diesem Zeitpunkt in Bautzen lebenden Überläufer. Die meisten der »Freunde« verhielten sich der DDR gegenüber analog dazu, wie sie materiell durch die IS unterstützt werden, durfte Mielke lesen.[127]

Nach fast drei Jahren an verantwortlicher Stelle und zweijähriger »Lehrzeit« stellte auch Schenk dem ganzen Unternehmen ein schlechtes Zeugnis aus. Er musste einräumen, dass die meisten der Männer, auf die er so große Hoffnungen gesetzt hatte, schwer zu politischen Menschen zu erziehen waren, geschweige denn zu nützlichen Mitgliedern der sozialistischen Gesellschaft. Mehr als ein Dutzend Überläufer hatten die Gefängnisse der DDR kennengelernt; da war alles dabei: Diebstahl und Unterschlagung von Volkseigentum, Einbruch in einen Zigarettenkiosk, Widerstand gegen die Staatsgewalt, versuchte Notzucht und Körperverletzung, vorsätzliche Körperverletzung und schließlich die Gewalttaten bei diversen Ausbruchsversuchen wie jenen von O'Ryan und Smallwood.

Natürlich war das auch damit zu erklären, dass vor allem Männer in die Armee eintraten, die schon im Zivilleben gescheitert waren. Schenk beurteilte die US-Armee deshalb als »ein Sammelbecken verkrachter Existenzen, moralisch haltloser, abenteuerlicher und krimineller Elemente«. Dennoch »glauben vor allem die US-Amerikaner, den Deutschen überlegen zu sein und erwarten, dass sie in gehobene Positionen eingesetzt und entsprechend bezahlt werden«. Das gelte in geringerem Maß auch für die britische Armee. Die meisten der Ausländer verfügten über keinerlei politische Vorstellungen, und von höherer Bildung könne nicht gesprochen werden. Häufig fehle es an Kenntnissen in Mathematik sowie der eigenen Muttersprache; sogar Analphabeten seien in Bautzen eingetroffen. Deshalb sei klar, dass die Wenigsten tatsächlich aus politischen Gründen desertiert seien. Aber trotz aller Erklärungen und Deutungen war es bestürzend zu sehen, dass auch so viele der Willigeren scheiterten, dass inzwischen nicht nur Coffman tot war, sondern zwei Amerikaner ihrem Leben selbst ein Ende gesetzt hatten, offenbar aus Schwermut und Heimweh, und mehrere »Freunde« in psychiatrische Einrichtungen eingewiesen werden mussten.

Für den desolaten Zustand der Ausländergemeinde in Bautzen machte Schenk die ungenügende Bearbeitung der »Freunde« verantwortlich. Zu Zeiten, als fast ausschließlich sowjetische Behörden die IS betreut hatten, »war die wirtschaftliche Betreuung der Überläufer wesentlich besser als heute«, monierte er und erinnerte sich möglicherweise an den obszönen Brief der Freundin des tätowierten Amerikaners an ihren Stiefbruder, die geschwärmt hatte, was sie alles bekämen: Butter, Schmalz, Fisch, Dorschleber, Dosenfleisch. Das war längst vorbei, und Schenk rügte die »mangelhafte Unterstützung«, die nicht gelungene Integration, die »schlechte soziale Lage« vieler Überläufer und eine misslungene politisch-kulturelle Erziehung. Die daraus resultierende Unzufriedenheit verhindere, sie »für eine spätere politische Tätigkeit in ihren Heimatländern zu gewinnen«, tippte er Anfang September 1956 in seine Schreibmaschine, und immunisiere sie nicht gegen Versuche westlicher Geheimdienste, sie »zu Propagandazwecken zurückzuholen«.

Schenk scheute sich nicht, die Verantwortlichen beim Namen zu nennen: die Leitung der IS, der es nicht gelinge, die Männer durch Erziehung an Arbeitsdisziplin zu gewöhnen, die VEB, die sich nicht ausreichend für die Ausbildung der Überläufer einsetzten, SED und FDJ in Bautzen, die sich um die IS nicht kümmerten und sie lediglich als »eine Angelegenheit lokaler Bedeutung« betrachteten, weshalb kaum ein Ausländer deren Kreissekretäre kenne. Der Rat des Bezirkes schließlich zeige Ignoranz der IS gegenüber, was sich darin dokumentiert habe, dass die Klubleitung ein Jahr lang provisorisch in der Hand des Kulturleiters lag und der Rat nun einen Mitarbeiter des MfS einsetzen wolle, der weder Englisch noch Französisch spreche.

Und trotz alledem hatte das Innenministerium die Schul- und Lernzeit in der IS jüngst auf drei Monate verkürzt und die Stipendien reduziert. Ende 1955 hatte die Schulleitung persönlich in Ost-Berlin Anweisungen entgegenzunehmen, die sie ohne Diskussion anerkennen musste: Die Schulzeit wurde auf zwölf Wochen verkürzt, die Berufsausbildung gestrichen, und Praktikanten in den Betrieben wie auch Studenten erhielten kein Zusatzstipendium mehr. Ihre Kenntnisse in Deutsch und den Gesellschaftswissenschaften sollten die »Freunde« in einer freiwilligen Abendschule im Klubhaus ausbauen.

Dass die Schüler folglich »nach kriminellen Auswegen suchen bzw. offen erklären, dass sie unter diesen Umständen nicht mehr in der DDR verbleiben wollen«, war das eine. Aber wie, fragte Schenk, sollten Überläufer, die auch geistig nicht sehr beweglich waren, in so kurzer Zeit die deutsche Sprache lernen? Und wie sollten sie am Arbeitsplatz Gutes leisten, wenn sie sich nicht verständigen konnten? Wie sollten die wenigen Ausgebildeten ohne Sprachkenntnisse in ihrem erlernten Beruf eingesetzt werden? Ohne Förderung waren sie dauerhaft zu einem Hilfsarbeiterdasein verdammt. Das Ergebnis war Schenk klar: schlechte Stimmung, Demoralisierung, Disziplinlosigkeit, Opposition.

Die Betreuung der Überläufer erschien ihm in allen Bereichen »in keiner Weise genügend«, der schleppende Übergang aus der Schule in die Betriebe wirke sich »demoralisierend« aus. Als Folge all dieser Mängel diagnostizierte er »eine regelrechte Fluchtstimmung«.[128]

»Gute Auftragserfüllung«: Die Stasi und die leichten Mädchen

Eberhard Hübners Kampfplan – wenige Tage nach Coffmans Tod erstellt – hatte immerhin Entschlossenheit signalisiert: »Es gilt, in den kommenden Monaten durch eine verstärkte operative Arbeit die Pläne der feindlichen Spionage- und Sabotagezentralen zunichte zu machen«, notierte der junge Mann, der inzwischen auf Schenks Betreiben anstelle Kretschmers die KD Bautzen leitete. »Der amerikanische Geheimdienst versucht mit den Mitteln des kalten Krieges schon jetzt, eine verschärfte Situation in der DDR und vor allem im internationalen Maßstab zu schaffen, um seine Kriegspläne zu verwirklichen. Seiner Politik der ›Stärke‹, die in Wirklichkeit seine schwache Basis aufzeigt, müssen wir als SfS besonders entgegentreten.« Gerade unter den Deserteuren in Bautzen gebe es »Elemente, die vom Gegner angeworben sind, Panikmacherei unter den Ausländern und Bautzener Bürgern treiben, die mehr oder weniger versteckt gegen die DDR treten, die Ausländer zu Taten verleiten, die die Stimmung der Bevölkerung des Kreises Bautzen erheblich beeinträchtigen«. Deshalb erstellte Hübner einen Plan mit dem Titel »Bereinigung und Aufbau der Agentur«: GI sollten überprüft werden auf ihre Einsatzperspektiven, jene mit größerem Potenzial geschult werden, damit Fehler der Vergangenheit sich nicht wiederholten. In Zukunft seien alle Ausländer ständig durch GI zu bearbeiten. Bezüglich der Kontakte der Ausländer miteinander wollte er »Verbindungsspinnen« erstellen.

Doch schon bald musste Schenk feststellen, dass in der Kreisdienststelle noch immer die Schlamperei wohnte. Am 7. Juni 1955 um 23 Uhr ging ein sehr unerfreuliches Telegramm ein: Gegen 15 Uhr sei bekannt geworden, stand darin, »dass der d10 seit dem 5.6.55 nicht mehr gesehen wurde«. D10 war Simon Le Roy, den die KD Bautzen nach dem gescheiterten Fluchtversuch mit Louwman, O'Ryan und Adelani im Vorjahr angeworben hatte. »Erich Wollmann«, so sein Alias, war deshalb schnell wieder in Freiheit gewesen. Als GI war Le Roy kein Verlust, er lieferte in seinen »rapports« kaum Brauchbares. Aber die Umstände der Flucht offenbarten Schenk erneut die Schlafmützigkeit der Bautzener.

Simon Le Roy war in den Augen seiner Betreuer ein Bourgeois, der seinen Teil der Arbeit fürs Ganze nicht zu übernehmen bereit war und doch besser lebte als die anderen, weil er verkaufte, was seine reichen Eltern ihm schickten. Als Schulleiter Fuchs ihn im Februar 1955 darauf hinwies, dass sein häufiges Fehlen am Arbeitsplatz Folgen haben werde, antwortete Le Roy lakonisch, er sei bürgerlicher Herkunft und habe sich das Leben in der DDR besser vorgestellt.

Fuchs appellierte an Le Roys Verstand und fragte ihn, weshalb er denn in die DDR gekommen sei.

Er habe nicht nach Indochina gewollt, antwortete Le Roy kurz.

Fuchs entgegnete, Le Roy stehe nun vor der Entscheidung, ob er Verräter oder Patriot sein wolle.

Le Roy parierte mit den Worten, er verstehe nichts von Politik. Er habe nur die Literatur der Bourgeoisie gelesen und könne »für unsere Einstellungen kein Verständnis aufbringen«.

Fuchs versuchte es noch einmal, indem er bemerkte, Le Roy sei doch intelligent genug, um aus der ihm zur Verfügung stehenden Literatur in der DDR, durch Presse und Funk die politischen Kriegsursachen zu begreifen, und legte ihm seine Perspektiven in der DDR dar: entweder mit »uns« für den Frieden zu kämpfen und damit dem französischen Volk zu helfen oder zum Verräter am Frieden und am französischen Volk zu werden.

Angesichts dieses Bürokratengeschwätzes platzte Le Roy heraus, ihn interessiere der Frieden nicht, er habe in Frankreich ein gutes Auskommen gehabt. Nur der Streit mit seinem Vater habe ihm eine angenehme Zukunft verbaut.

Doch inzwischen sorgte sich der Vater um seinen verlorenen Sohn. Die Poststelle hatte seinen Brief herausgefischt, in dem er versprach,

Simon könne zurückkommen, ohne die gegen ihn verhängte fünfjährige Haftstrafe verbüßen zu müssen; sein Vater glaubte, »dass seine Beziehungen so weit reichen würden, dass er auch das Militärgericht in Konstanz beeinflussen könnte«.

Am 1. Juni bat Le Roy beim Rat des Bezirks um die Erlaubnis zur Ausreise – für sich, seine Frau und deren Tochter. Nach langen Gesprächen glaubten die Beamten, ihn zum Bleiben überredet zu haben, indem sie ihm einen neuen, besseren Arbeitsplatz im Gummiwerk Riesa oder Heidenau versprachen. Am 4. Juni täuschte er gegenüber »Weinhold« und einem anderen GI vor, er habe seine Ausreiseabsicht vorläufig aufgegeben. Am 6. Juni aber erschien Le Roy nicht am Arbeitsplatz. Das meldete der Betriebsleiter erst am kommenden Tag gegen 15 Uhr.

Sofort gingen Mitarbeiter der KD zu Le Roys Wohnung. Dort fanden sie ein ungeöffnetes Schreiben der Schwiegermutter, aus dem hervorging, dass Le Roy flüchten wollte: »Ich bin ganz erstaunt, was Ihr Euch vorgenommen habt. Ich mache mir die größten Sorgen. Geht es nicht auf legalem Wege?« Die Geburtsurkunden habe sie bereits, die der Enkelin habe sie auf dem Standesamt in Berlin-Mitte besorgen müssen. Hübner fuhr daraufhin sofort zur Schwiegermutter nach Köpenick, wo er gegen 21 Uhr eintraf, allerdings nur einen Brief der Flüchtigen fand, abgestempelt im West-Berliner Stadtteil Waidmannslust: In dem Schreiben stand, sie seien per Taxi nach Königs Wusterhausen gefahren und von dort mit der S-Bahn nach West-Berlin. Da sei Le Roy »wahrscheinlich von französischen Behörden« von seiner Familie getrennt worden, berichtete Hübner. Und dann folgte der Satz, der Schenk wütend machte und ihn dazu veranlasste, Goller nach Bautzen zu schicken: »Zu beachten ist hierbei, dass in der Kreisdienststelle Bautzen seit ca. einem Jahr ein Vorgang – Volkswagen – läuft, der sich mit einem Taxichauffeur beschäftigt, der bereits mehrere Male Überläufer westlicher Armeen nach Berlin transportiert haben soll. Dieser Vorgang wird von der Kreisdienststelle sehr nachlässig bearbeitet (…)«[129]

In Bautzen angekommen, musste Goller feststellen, dass der Gruppenvorgang 4/54 »Volkswagen« nicht nur nachlässig bearbeitet wurde, sondern gänzlich ruhte; seit Sommer 1954 hatte sich niemand mehr darum gekümmert. Und Hübner – von seinem Vorgänger offensichtlich schlecht eingewiesen – wusste noch immer nicht, wen die KD warum bearbeitete. Ursache dafür war offenbar Schlamperei: Weder Personal- noch Arbeitsakten existierten. Nur acht der GI-Akten enthielten alle die Person betreffenden Dokumente vollständig, aber selbst diese waren inhaltlich nicht in Ordnung. Goller schrieb: »Inhaltsverzeichnisse und Indexbogen sind unausgefüllt, die Blätter liegen lose herum.« Umfangreiche GI-Berichte, etwa die von »Weinhold«, waren seit März 1953 nicht mehr ordentlich geführt. Zu vielen GI bestand seit Sommer 1954 keine Verbindung mehr. »Diese Unordnung«, resümierte Goller, »ist auch dazu angetan, dem Genossen Ob.-Feldw. Hübner schwerlich einen Überblick über seine neue Arbeit zu geben.«

Der 22-Jährige war offensichtlich überlastet. Um die KD in den Griff zu bekommen, ordnete Goller an, die Berichte künftig »wie in der Anweisung des Genossen Mielke verankert anzufertigen«. Und in Berlin fühlte sich einer von Gollers und Schenks Vorgesetzten, Oberstleutnant Böhm, zum Einschreiten bemüßigt. Die BV Dresden solle die Bautzener anleiten, den Vorgang »Volkswagen« intensiv zu bearbeiten. Le Roys Flucht habe schließlich die Verdachtsmomente im Vorgang bestätigt. Das führte dazu, dass einige der »Freunde« in Bautzen fortan unter verschärfter Beobachtung standen und der Pfandleiher unangenehmen Besuch erhielt.

Hübner hielt sich an dem fest, was er hatte: In der Taxigenossenschaft wollte er die Fahrer überprüfen lassen »mit dem Ziel, daraus eine KP (Kontaktperson) zu werben, die den Freundeskreis des Beschuldigten ermittelt«.[130] Und für den Pfandleiher heckte er im Juli einen besonders perfiden Plan aus: Er wollte die Abteilung Finanzen beim Rat des Kreises zu einer »sofortigen Steuerüberprüfung« veranlassen, »mit dem Ziel, den Nachweis für eine strafbare Handlung zu erbringen«. Eine dann fällige Hausdurchsuchung solle genutzt werden, »um Hinweise über Verbindungen zu Ausländern und anderen operativ zu beachtenden Punkten zu erhalten«. Das Volkspolizei-Kreisamt (VPKA) versprach, sofort Amtshilfe zu leisten, wenn die Steuerprüfer darum ersuchten, und »den Kreisstaatsanwalt (…) zur Ausstellung des Haftbefehls« zu veranlassen.

Der Pfandleiher zeigte bald »Anzeichen einer Republikflucht«. »Suliko« bemerkte, dass der Geschäftsmann dabei war, seine Pfandleihstücke zu verkaufen. Auf Nachfrage antwortete er, er wolle die alten Sachen loshaben. »Wenn die Einheit Deutschlands käme, hätte er so viel liegen, was ihm niemand abnehmen würde.« Er erwies sich als recht abgebrüht. Hübners großer Aufwand verlief deshalb ergebnislos. Am 26. Juli musste er ihn aus der Untersuchungshaft entlassen, »da sich auch von der Unterabteilung Abgaben kein Verfahren einleiten ließ«. Bei der Vernehmung hatte der Pfandleiher zwar zugegeben, dass ihm Geld ausländischer Währung angeboten worden sei, er habe jedoch nichts angenommen. Auch dass er im Juni in Berlin gewesen war, gab er zu, »natürlich auch in Westberlin«. Er habe sich »beide Teile angesehen, den Wiederaufbau, die Geschäfte, war am Potsdamer Platz, im Zoo und an anderen Orten«. Er habe aber nichts eingekauft. Hübner hatte an dieser Stelle also nichts erreicht.

Aber er konnte noch auf zwei weitere Spuren hoffen: Hübner hatte den Hinweis auf den Wagen mit den grünen Polstern wieder ausgegraben, in dem möglicherweise nicht nur der Mexikaner und der Spanier weggebracht worden waren. Nicht der Pfandleiher besaß solch einen Wagen, sondern einer seiner Bekannten, der einen selbständigen Betrieb in Kleinwelka im Kreis Bautzen führte, laut Stasi-Recherchen von Schiebergeschäften lebte und immer wieder nach West-Berlin und Westdeutschland fahre. Der Wagen war ein Geschenk des Sohnes, der sich 1951 illegal abgesetzt hatte, in Stuttgart-Feuerbach lebte und häufig zu Besuch kam. Er war »Suliko« im Juni 1955 im Geschäft des Pfandleihers aufgefallen. Er gefiel ihr, und er machte ihr Avancen, so dass sie schließlich die Anweisung erhielt, sich dem Junior weiter anzunähern. In den folgenden Wochen ließ sie sich immer wieder einladen, mit dem Sohn des Schiebers in dessen Volkswagen übers Land zu fahren; sogar nach Süddeutschland wollte er sie mitnehmen, wenn er das nächste Mal nach Stuttgart fahre.

»Suliko« ließ sich ihre Dienstleistungen üppig honorieren. Nachdem sie erstmals vom Feldweg berichtet hatte, in den einzubiegen er sie immer wieder bitten sollte, gab »Sulikos« Führungsoffizier ihr 100 Mark, danach erhielt sie mehrfach für »gute Auftragserfüllung« großzügige Honorare, und zu Weihnachten und zur Hochzeit mit ihrem amerikanischen Überläufer nahm sie ebenfalls Stasi-Geld entgegen. Sie durfte auch die Flasche »Toska« behalten, die sie sich vom Pfandleiher aus West-Berlin hatte mitbringen lassen, und sie ließen durchgehen, dass »Suliko« dort 60 Dollar von ihrer Schwiegermutter umgetauscht hatte, was beim damaligen Schwarzmarktkurs mehrere Monatsgehälter in Mark bedeutete, ein warmer Regen, den sie jetzt, da ihr Mann sein Studium in Zittau beginnen wollte, gut gebrauchen konnten. Großzügigerweise glaubten sie ihr, dass sie sich damit dem Pfandleiher habe nähern und dessen Vertrauen erwerben wollen und ihr nicht bewusst gewesen sei, dass sie sich damit strafbar mache. Der Pfandleiher habe die Scheine ohne Bedenken gewechselt. Leider war die Zeugin vor Gericht nicht zu gebrauchen, ohne die Konspiration zu gefährden.

»Suliko« spielte mit den Männern von der Stasi, so wie sie mit allen Männern spielte. Sie wusste: Sie brauchten sie. Sie war ihre Hoffnung, doch noch die Wahrheit ans Licht bringen zu können. Also ließ »Suliko« die dreiköpfige Abordnung der Stasi, die sie am 23. September im »Objekt Z.-W.« empfing, wissen, dass sie kein Interesse mehr habe, sich mit dem Sohn des Schiebers zu treffen, da er intime Beziehungen wünschte, die zu erwidern sie, da sie jetzt zu ihrem Mann zöge, nicht bereit sei. »Ihr sei dieser Mann widerlich, und sie könne ihn nicht ausstehen.«

Sie habe, sagte sie den drei Männern, in den vergangenen Monaten genug geleistet. Sie hatte ihren Nachbarn beobachtet, den Pfandleiher, hatte die Autonummern notiert, die seine Besucher vor dem Haus Mättigstraße 21 abstellten, hatte die Stasi informiert, dass nach Le Roy im Juni und dem anderen Franzosen im August auch Roger Rodriguez seine Flucht vorzubereiten schien. Und sie war immer wieder mit dem Sohn des Schiebers in einen Feldweg eingebogen. Nun hatte sie genug von diesem »primitiven Menschen«.

Sie fielen auf sie herein, redeten mit Engelszungen und umschmeichelten sie, um am Ende des Gesprächs notieren zu dürfen, dass sie es sich noch einmal überlegen werde; am Ende waren sie froh, dass sie sich bereiterklärte, »auch weiterhin mit ihm zu verkehren, da eine weitere Verbindung einer guten Sache dienen würde«. Immer wieder sträubte sie sich. Und immer wieder »gelang« es den Genossen, sie »durch längere Überzeugungsarbeit« dazu zu bringen, den nächsten Auftrag zu erfüllen. Und es schien sich zu lohnen. Bei einem der Treffen, es war schon Ende September, ließ eine Bemerkung Hübner aufhorchen: Im Laufe ihrer letzten Spritztour hätten sie in Dresden den Taxifahrer Mirtschink getroffen, mit dem der Sohn des Schiebers offenbar Geschäfte machte.

Streit unter Taxifahrern: »Du hast ihn nach Berlin gebracht«

Mit Beginn des Herbstregens tröpfelte das Gift des Misstrauens in die Taxigenossenschaft. Offensichtlich wussten oder ahnten die Fahrer, dass sie unter Beobachtung standen. Irgendwer musste ja die Ausländer westwärts gebracht haben; da lag es nahe, bei ihnen zu suchen. Nun verdächtigten sich die Fahrer untereinander, und möglicherweise verbreitete der eine dieses, der andere jenes Gerücht, um sich selbst zu schützen. Misstrauen und Missgunst grassierten in der Vereinigung, und am 28. September entlud sich das Gemisch in einem heftigen Streit. Einer der Fahrer, Gerhard Mirtschink, fragte: »Wo ist eigentlich Frank? Den habe ich schon ewig nicht mehr gesehen.«[131]

»Frag nicht so scheinheilig«, entgegnete Gerhard Wentscher. »Du selbst hast ihn doch nach Berlin gebracht.« Wentscher schien noch mehr zu wissen, und er behielt es nicht mehr für sich: »Und dafür hast Du eine goldene Armbanduhr und 300 Mark bekommen.« Sein Bruder Arno habe ihn im »Lindenkeller« gesehen – mit Frank Lavarde. Mirtschink lief rot an – vor Wut oder weil er sich ertappt fühlte, oder beides? Er habe von dem Franzosen kein Geld bekommen, sondern ihm welches geliehen, beteuerte er, und es bis heute nicht zurückbekommen. Aber der Kollege stichelte weiter, und als er davon sprach, dass der »Staatssicherheitsdienst« schon verständigt sei, ging Mirtschink zur Polizei.

Im VPKA gab er zu, Frank Lavarde mehrfach gefahren und ihn auch besucht zu haben, weil er Französisch spreche. Einmal seien sie gemeinsam zum »Lindenkeller« gegangen, weil kein Bier zu Hause war. Auf der Toilette habe Frank ihn gefragt, ob er ihn nach Berlin fahren könne, seine Schwester treffe am nächsten Morgen dort ein, und er müsse mit ihr reden. Er habe das abgelehnt, versicherte Mirtschink. Ohnehin sei sein Wagen zu dieser Zeit in Reparatur gewesen. Und nun, trumpfte er auf, wolle er wissen, ob etwas gegen ihn vorliege und verlangte Maßnahmen gegen den Mann, der ihm übel nachrede. Er bekam keine Zusage.

Dafür erhielt der Taxifahrer Wentscher eine Vorladung ins VPKA. Er solle sich in Zimmer 62 melden. Er wusste nicht, dass der Raum direkt neben der Abteilung K (Kriminalpolizei) lag und mit ihr durch eine Tür verbunden war, so dass sein Besuch bei der Polizei nicht als das bemerkt werden konnte, was er war: ein Treffen mit der Stasi. Durch eine Seitentür stieß Hübner zu ihm. Als zweiter Vorsitzender der Genossenschaft, so dessen Kalkül, sollte Wentscher doch wissen, was dort vor sich ging, und vielleicht kooperierte er. Immerhin war es eine Chance für ihn, glaubte Hübner, denn Wentscher, der bereits 1926 dem Kommunistischen Jugendverband beigetreten war, hatte etwas gutzumachen. 1947 war er nach einem Schmuggelgeschäft inhaftiert und 1948 aus der Partei ausgeschlossen worden. Jetzt konnte er sich bewähren.

Doch das Gespräch verlief unbefriedigend: Er fahre niemanden nach außerhalb des Landkreises, beteuerte Wentscher. Eine Verordnung des Kreisrats untersage es, Ausländer über die Kreisgrenzen hinaus zu fahren. Und doch versorgte er Hübner mit Neuigkeiten: Im Juni habe Roger Rodriguez damit geprahlt, Le Roy weggebracht zu haben. Danach habe er ihn gebeten, seinen Wagen Frank Lavarde zur Verfügung zu stellen. Er sei jedoch standhaft geblieben, selbst als der Franzose ihm eine goldene Uhr anbot. Und er habe auch seinem Angestellten, dem Rodriguez später sogar 400 Mark angetragen habe, jegliche Berlinfahrt verboten. Als Lavarde verschwunden war, habe er Rodriguez nach dessen Verbleib gefragt. Der habe geantwortet: »Den hat Mirtschink nach Berlin gefahren, ich habe den Wagen vermittelt, Mirtschink hat für diese Fahrt DM 300 erhalten.« Eine blonde Frau sei mitgefahren, die die »Braut eines Negers« sein soll.[132] Das Ansinnen, künftig bei den Ermittlungen zu helfen, lehnte Wentscher ab; er werde seine Arbeitskollegen nicht »bespitzeln«. Er hoffte, dass auch andere sich so verhielten.

Am 28. Oktober musste auch Erich Hamann, müde von der Nachtschicht, sich schon um halb neun im Stasi-Zimmer beim VPKA vorstellen. Hamann vermutete, dass es um einen Unfall ginge, an dem er kürzlich beteiligt gewesen war. Zu Beginn fragten sie ihn nach seiner Arbeit und seinen Fahrgästen, worauf er knapp und etwas schläfrig antwortete. Dann wollten sie wissen, ob er in der Vergangenheit von Ausländern andere Zahlungsmittel als Geld angenommen habe, die als Volkseigentum gekennzeichnet waren. Da wachte Hamann auf, bestritt vehement ein solches Geschäft, woraufhin sie ihm seine frühere NSDAP-Mitgliedschaft vorhielten (das SED-Parteibuch hatte er 1952 anstandslos erhalten) und schließlich

damit drohten, einen der Ausländer zu einer Gegenüberstellung her-
beizuholen. Sie zeigten ihm das Foto eines Amerikaners,[133] der ihn
zweifellos erkennen würde, weil er ihn im August kurz vor Mitter-
nacht auf dem Bahnhofsgelände um eine Fahrt nach Doberschau
gebeten und dafür Bettzeug und Wolldecken in Zahlung gegeben
hatte, die er später auslösen wollte. Sie nannten es Hehlerei, und
schließlich gab Hamann unter Tränen alles zu. Nun hatten sie ihn
so weit, nun musste er sich in ihren Dienst stellen: Er besitze »im
Gegensatz zu anderen Taxifahrern eine fortschrittliche Einstellung«,
stand im Vorschlag zur Anwerbung, er verhalte sich »moralisch einwandfrei«, führe eine »harmonische Ehe« und sei »über die Vorkommnisse innerhalb der Taxigenossenschaft stets orientiert«. Er
wisse, glaubten sie, »welche Ausländer Taxifahrten durchführen lassen«, oder sei in der Lage, das zu erfahren. Hamann war die ideale
Besetzung für den Posten des Spitzels in der Taxigenossenschaft. Er
wählte den Decknamen »Heber«. Zuerst sollte er herausfinden, was
Mirtschink kürzlich in Westdeutschland gemacht habe.[134]

Charles Lucas macht sich die Hände schmutzig

Eine Woche später, am 5. November, besuchte Kim Donnell, Deserteur aus der britischen Armee, wieder einmal Charles Lucas. Der Ire
war unzufrieden. Es gefiel ihm nicht mehr in der DDR, er fühlte
sich beobachtet. Er wolle das Land möglichst bald verlassen, vertraute er seinem Gastgeber an, er verdiene zu wenig, er habe keine
Perspektive, und er wolle nicht, dass das Baby, mit dem seine Frau
schwanger war, in Deutschland geboren werde. Kim Donnell wollte
noch in diesem Jahr nach Hause, nach Londonderry.

Donnell stand bei der Stasi schon lange auf der Liste der verdächtigen Ausländer, seine Frau auf jener der GI der Kreisdienststelle. Sie
könne »nicht verstehen, warum einige von diesen Deserteuren wieder zurückgehen«, soll sie beim Anwerbegespräch gesagt haben, »sie
werden ja in Westdeutschland alle verurteilt«.

Zwei Erkenntnisse ihrer Spitzeltätigkeit sollten für ihren weite-
ren Lebensweg und den ihres Mannes entscheidend werden: Ein
Brite aus Manchester, selbst GI, hatte ihr verraten, wie er nach West-
Berlin gelangen würde, »nämlich an der Warschauer Brücke«. Den

Weg bis Berlin hatte ihr Charles Lucas beschrieben, der ihr schon im Mai 1955 von einem Taxifahrer erzählt hatte. Vermutlich behielt sie das nicht für sich, weshalb Kim Donnell Charles Lucas in Bautzen besuchte und ihn um Hilfe bat.

Unglücklicherweise war sein Gegenüber mittlerweile damit beschäftigt, »den Frieden in der DDR und in der Welt zu wahren« und zu verhindern, »dass imperialistische Kräfte die friedliche Entwicklung der DDR zerstören«. Nach Donnells Besuch schrieb er als »Joe Baker« in seinen Bericht: »Kim und seine Frau möchten dringend in den Westsektor.« Sie wollten nach Hamburg, »dort eine Weile leben, und dann will er sich den britischen Behörden übergeben«. Donnell habe ihn um Hilfe bei der Suche nach einem Auto gebeten, er selbst könne das nicht organisieren, »man würde auf ihn stark aufpassen«. 200 oder 300 Mark könne er aufbringen, wenn er sein Schwein verkaufe.

Da Lucas ohnehin den GI »Heber« überprüfen sollte, erhielt er den Auftrag, Donnell östlich von Bautzen im Weiler Canitz-Christina zu besuchen, um ihm zu sagen, dass er einen Chauffeur gefunden habe. Donnell schlug den 17. Dezember als Fluchtdatum vor, den Tag der Weihnachtsfeier im Klubhaus, am besten abends, wenn es dunkel sei. Lucas versprach zu klären, ob der Fahrer an diesem Tag Zeit habe. Doch am 24. November musste er einen Misserfolg verkraften. Wie vereinbart war er zum Taxistand gegangen und hatte – vorsichtig – Hamann angesprochen: »Kannst Du einen Ausländer nach Potsdam oder Berlin oder irgendwohin an die S-Bahn bringen?«

»Wieso kommst Du zu mir?« fragte Hamann.

»Ein Ausländer hat mir von Dir erzählt.«

»Das ist aber teuer«, entgegnete Hamann. Als Lucas wissen wollte, was die Fahrt koste, nannte Hamann den Preis von 200 Mark. Allerdings könne er diese Reise nicht machen, schränkte Hamann ein und verwies ihn an einen Freund, dessen Namen Lucas offenbar nicht genau verstand. Und weil er verwirrt war, fragte er nicht nach. Er konnte nicht ahnen, dass die Bautzener Kreisdienststelle wieder einmal versagt und »Heber« nicht rechtzeitig instruiert hatte.

Anfang Dezember trafen sich Donnell und Charles Lucas häufiger, so dass »Joe Baker« alle zwei Tage Hübner berichtete. Irritierenderweise hatte Donnell bald eine Alternative gefunden: Der Wirt des »Café Lehmann« könne ihm einen Wagen besorgen. Der würde allerdings 400 Mark kosten.

Hübner erarbeitete nun einen detaillierten Maßnahmenplan: Falls der Wirt den Wagen bereitstelle, solle »Baker« den Tag der Abreise und den Namen des Fahrers ermitteln. Er solle jedoch mit allen Mitteln versuchen, Donnell davon zu überzeugen, auf den anderen, den preiswerteren Wagen zurückzugreifen. Falls nötig, solle er sagen, »dass sich noch andere für den Wagen finden würden«, er also für mehr Passagiere und damit niedrigere Kosten sorgen könne. Stimme Donnell zu, solle er »Heber« treffen, der den Auftrag dieses Mal annehmen werde.

Am 7. Dezember ging Charles Lucas ins »Café Lehmann« in der Wendischen Straße, in dem sich Donnell, der Wirt und der unbekannte Fahrer treffen wollten, der nach Stasi-Einschätzung entweder der mit dem Wirt befreundete Sohn des Pfandleihers sein konnte oder der Sohn des Schiebers, »Sulikos« Galan. Für den Fall, dass Donnell sich für diese Variante entschied, sollte der Wirt vernommen werden, um den Fahrzeughalter zu ermitteln. Handschriftlich steht dahinter: »u. verpflichtet«.

Für welches Fahrzeug Donnell sich auch entscheide, der Plan sah vor: »Sollte eins der genannten Fahrzeuge am 17.12.1955 die Flucht mit Donnell unternehmen, wird das Fahrzeug kurz vor Berlin, in Zeuthen, von uns gestoppt, Frau Donnell mit Kind wird nach Bautzen zurückgeschickt, Donnell selbst wird nach dem F-Punkt [Filtrationspunkt, P. K.] der Hauptabteilung überführt. Diese Maßnahme wurde mit der Hauptabteilung II/5/1 abgesprochen (Gen. Schenk).«

Doch Donnell änderte kurzfristig seinen Plan und unterrichtete Charles Lucas, dass er die Jahresabrechnung der LPG am 10. Januar 1956 abwarten wolle, es sah so aus, als rechnete er noch mit Geld. Am 3. Januar erschien Donnell nicht am Arbeitsplatz. An den beiden folgenden Tagen zeigte er sich im »Café Lehmann« und im Klubhaus, wo er sagte, er sei krank und müsse bald zu einer längeren Beobachtung in die Klinik. Am 6. Januar verschwand Donnells Frau samt Sohn, worüber ein GI die Zentrale tags darauf unterrichtete. »Die Durchsuchung der Räume durch die Abteilung K am 7.1.1956 gegen 17.00 Uhr ergab, dass Licht im Schlafzimmer brannte und auch sämtliche Kleidungstücke und sonstige Gegenstände vorhanden waren. Die Frau des Donnell sowie deren Sohn wurden bei den anschließenden Fahndungsmaßnahmen (...) nicht aufgefunden.«

Am selben Tag erfuhr die Stasi von einem Fahrzeugdiebstahl: In der Nacht war in Bautzen ein LKW der LPG Brodau, Kreis Delitzsch, verschwunden, polizeiliches Kennzeichen SD 42-21, ein Horch H 3 a. Der Fahrer hatte den fast neuen Pritschenwagen vor dem Haus An den Fleischbänken 7 abgestellt. Nachbarn erinnerten sich daran, dass das Fahrzeug nachts um ein Uhr die abschüssige Straße hinabgerollt und weiter unten angesprungen sei. Am 8. Januar fanden Grenzpolizisten den LKW in der Nähe von Königs Wusterhausen. Um 19 Uhr meldete AFN, dass der englische Soldat Donnell sich bei seiner früheren Diensteinheit gemeldet habe, »da er es in dem Lande ›hinter dem eisernen Vorhange‹ nicht mehr ausgehalten habe«.

Trotz intensiver Beobachtung war wieder einer der »Freunde« entwischt. Lucas schloss definitiv aus, dass er einen Fehler gemacht und Donnells Misstrauen provoziert habe. Er sei immer wachsam und verschwiegen gewesen. Die KD Bautzen, für deren Mitarbeiter die Donnells damit »zu Agenten westlicher Geheimdienste geworden« waren, hatte eine weitere Niederlage hinnehmen müssen.[135] Es sollte nicht die letzte sein.

Schenk greift durch: »Es ist niemals zu spät, Gutes zu tun«

Ende Januar 1956 fing die Stasi einen Eilbrief aus West-Berlin ab, den die Empfänger nie zu Gesicht bekommen sollten. »Alles gut gegangen«, schrieben André Labarthe und seine Frau Erika, die wenige Tage nach den Donnells getürmt waren, an zurückgebliebene französische Freunde in Bautzen. »Wir haben Glück gehabt und Mut auch, und drüben konnten wir nicht bleiben, weil es war nur Lüge. Gefangen wollten wir nicht bleiben.«

Wie ein Gefangener hatte André Labarthe sich vor allem wegen der Widersprüche gefühlt, mit denen er in der DDR hatte leben müssen. Er habe alles verloren, schrieb er der Schwiegermutter in West-Berlin, die Heimat Frankreich, den inzwischen gestorbenen Onkel, der ihn und seine drei Geschwister großgezogen hatte, nachdem die Mutter gestorben war und der Vater zu beschäftigt. »Ich will Deutschland als neue Heimat nehmen, aber es ist schwer, weil man hat mich sehr viel belogen, und ich bin ein Franzmann, und man spricht in der DDR von Freundschaft mit allen Völkern. Freundschaft mit dem französischen Volk? Wo denn? Habe ich davon nicht viel bemerkt, nur Falschheit und Lüge ist alles.«[136]

Für André Labarthe ging ein fünf Jahre während Alptraum zu Ende. Er wunderte sich, dass der französische Geheimdienst ihn nicht festnahm, nicht einmal befragte. Er wusste nicht, dass er das Harry und dessen Deal mit der Sécurité zu verdanken hatte, und er war seinem Schwager deshalb auch nicht dankbar, der noch immer als verurteilter Fluchthelfer im Gefängnis in Bautzen saß, wohin ein paar Westzigaretten zu schicken André sich geweigert hatte.[137]

Dass André so billig davongekommen war, sprach sich in Bautzen herum, und bald diskutierten die Ausländer im Klub darüber, welche Strafe sie nach einer Rückkehr zu erwarten hätten. Männer, die sich des Vergehens AWOL nicht aus politischen Gründen schuldig gemacht hatten und über geringe Bildung verfügten, würden von den Militärgerichten meist mit sechs Monaten bestraft, während der sie hart arbeiten müssten, meinte einer der Afroamerikaner. Ein anderer wandte ein, dass es auch weniger sein könnte, wenn man genügend Informationen mitbringe. Ein Schotte glaubte zu wissen, seine Landsleute kämen gänzlich ohne Haftstrafe davon, sie würden lediglich unehrenhaft aus der Armee entlassen. Ein anderer Amerikaner dagegen hatte gehört, dass die US-Armee Rückkehrer zu möglichst schwerer Strafe verurteilte, zu mindestens 25 Jahren schwerer körperlicher Arbeit.

Offenbar trugen sich trotz dieser beängstigenden Aussichten immer neue »Freunde« mit Rückkehrgedanken. Damals, zu Beginn des Jahres 1956, bemerkte Schenk erstmals die im Bericht diagnostizierte »regelrechte Fluchtstimmung«. Acht der 45 im Landkreis lebenden Ausländer standen zu jener Zeit unter Verdacht, »für einen Geheimdienst zu arbeiten«. Nach den Fehlschlägen beim Pfandleiher und in der Taxizentrale konzentrierten sich Hübner und Schenk nun auf den Franzosen Roger Rodriguez, der schon nach der Flucht des Mexikaners und des Spaniers im Februar 1954 als »Hauptperson des organisierten Abzuges von Überläufern« gegolten hatte. Rodriguez sollte nun verschärft beobachtet werden.

Im März war von »Schwarzdorn« und aus der Taxizentrale zu hören, dass Rodriguez sich auf die Flucht vorbereite. Er biete seine neue Lederjacke für 200 Mark zum Kauf an, womit er die Fahrt bezahlen wolle. Der Fahrer sei derjenige, der auch Lavarde mitgenommen habe, nach den bisherigen Ermittlungen also der noch immer hochverdächtige Mirtschink. Auch Rodriguez' ehemalige Freundin informierte den Kulturleiter der IS, dass er flüchten wolle. Er habe ihr angeboten, sie mitzunehmen, für sie sei noch ein Platz im Auto frei. Sie habe jedoch abgelehnt.

Am Abend des 14. März nahm die Stasi Rodriguez fest. Er leistete Widerstand, »der nur durch härteren Einsatz der Genossen gebrochen wurde«. In der Vernehmung bestritt Rodriguez zunächst, jemals etwas von einer geplanten Flucht von Ausländern gewusst zu haben. Schließlich musste er doch einräumen, sich um Fahrtmöglichkeiten gekümmert zu haben, beispielsweise für Lavarde. Als Fahrer nannte er zunächst Mirtschink, später Wentscher und einen weiteren Fahrer, der einen grünen BMW besaß. Mit den Ermittlungsergebnissen des Jahres 1954 konfrontiert, musste er außerdem einräumen, an der Flucht des Spaniers und des Mexikaners beteiligt gewesen zu sein. Er gab zu, »diese Flucht mit organisiert zu haben und gestohlene DPA (deutsche Personalausweise) vermittelt zu haben«. Rodriguez gestand außerdem, das Land verlassen zu wollen, weil er wenig verdiene, schlechte Arbeit habe und seine Mutter wiedersehen wolle.

Am 16. März, gegen 9.30 Uhr, nahm die Stasi (Bautzen) auch den selbständigen Taxifahrer Gerhard Mirtschink fest, »wegen aktiver Beihilfe bei der Abwerbung von Überläufern kapitalistischer Armeen«. Doch trotz Einzelhaft blieb er dabei: Nicht er, sondern Wentscher habe einen Überläufer nach Berlin gefahren. Mirtschink wurde zur Mitarbeit verpflichtet und entlassen. Doch die Frage, ob ein Taxifahrer sich als Fluchthelfer betätigt hatte, blieb trotz aller Mühen unbeantwortet.

Roger Rodriguez dagegen kam nicht frei. Die Stasi transportierte ihn »zur Nachfiltration« ins »Sanatorium«. Dort musste er zwei Briefe schreiben, um seine Loyalität unter Beweis zu stellen. Am 30. April 1956 wandte er sich »an alle Soldaten des 46. Infanteriebataillons in Berlin«. Er nannte seine Dienstnummer, SP. 53057 BPM. 600, und erklärte dann: »Ich bin aus der französischen Armee desertiert, weil ich mich geweigert habe, Blut der Kameraden Indochinas, d. h. der Werktätigen wie wir und unserer Brüder fließen zu lassen. Deshalb bin ich in das Lager der Demokratie gegangen, wo ich durch die Bevölkerung der Deutschen Demokratischen Republik mit offenen Armen empfangen wurde. Kameraden des 46. Infanteriebataillons in Berlin: Gegenwärtig lassen die faschistischen Imperialisten Frankreichs das Blut unserer Brüder, des algerischen Volkes, fließen, das für seine Freiheit und seine Unabhängigkeit kämpft. Dieses Volk ist jahrelang durch die Gewalt unserer Imperialisten in Elend gehalten worden (…) Kämpft nicht gegen Eure algerischen Brüder, die um ihre Unabhängigkeit und ihre Freiheit ringen. Verstärkt die Reihen der Länder der Demokratie, denn diese Länder kämpfen für die Zukunft des Proletariats aller Länder der Welt, gegen die Imperialisten in der Welt, gegen die Faschisten, die schon millionenfaches Blutvergießen verursacht haben. Soldaten, die Ihr in Deutschland kaserniert seid: Weigert Euch, die Waffen gegen das algerische Volk zu erheben. Hört nicht auf die Propaganda der Imperialisten, die vom Eisernen Vorhang sprechen. Das ist die größte Lüge in Radio und Presse der Imperialisten. Die Deutsche Demokratische Republik ist wahrhaft ein Land, wo freie Rechte bestehen und wo für die Zukunft des Volkes gearbeitet wird, den Sozialismus, die Demokratie und den Weltfrieden (…) Es lebe die Freiheit! Es lebe der Sozialismus!«

Am 1. Mai 1956 musste Roger Rodriguez auch den »Genossen der Staatssicherheit« Tribut zollen: »Genossen, Sie haben mir die Chance gegeben, in einer anderen Stadt der Deutschen Demokratischen Republik mit meiner Braut (…) ein neues Leben zu beginnen. Ich möchte Ihnen deshalb meinen ganzen Dank für das Vertrauen übermitteln, das Sie mir gewähren, denn es ist wirklich eine sehr große Chance. Daher werde ich mich als richtiger Bürger Ihrer Republik betragen, das heißt, ich werde an der Entwicklung der Republik, also für den Frieden und den Sozialismus arbeiten, denn ich habe jetzt erkannt, dass ich das schon früher hätte tun müssen, aber, wie man sagt, es ist niemals zu spät, Gutes zu tun. Nochmals meinen Dank an alle, Genossen und Kameraden der Staatssicherheit.« Der Spott in diesen Zeilen war kaum zu übersehen. Rodriguez musste noch mehr als ein halbes Jahr aushalten, erst im Dezember 1956 schoben sie ihn ab.

Philip Morands fünfter Fehler: Endlich im Spiel

Inzwischen wähnte sich Philip Morand am Ziel. Am 20. Januar 1956 unterschrieb er zwar nur eine Schweigeverpflichtung, versprach jedoch in dieser »Obligation to be fulfilled«, niemandem von dem Gespräch »mit meinen Freunden vom Ministerium für Staatssicherheit« zu erzählen. Das war sein fünfter Fehler. Der Stasi-Mann, der mit ihm in Zimmer 62 des VPKA gesprochen hatte, war misstrauisch: »Die von ihm verfertigte Schweigeverpflichtung ist im amerikanischen Stil verfasst. Dieselbe schrieb er ohne irgendwelche Hinweise, woraus zu ersehen war, dass er völlig vertraut mit diesen Dingen ist.« Er nahm an, dass Morand ein »abgeschalteter« Mitarbeiter des CIC sei.

Im Mai fand Morand es merkwürdig, dass Douglas Sharp, mit dem er sich im August 1953 zur Mittagszeit einmal in der Konsumprobierstube geprügelt hatte, ihn besuchte und ihm gleich sein Herz ausschüttete: Er sei sehr unzufrieden mit seiner Frau; er wolle sich scheiden lassen und danach versuchen, wieder nach England zu kommen. Während der vier Jahre, die Morand in der DDR lebte, hatte Sharp ihn nie besucht, ja eigentlich hatte er niemals viel mit Morand zu reden gehabt und ihn noch nie ins Vertrauen gezogen. Morand war deshalb auf der Hut, als Sharp ihn fragte, ob er nach England mitkäme. Und als sie beim dritten Treffen in einer Gaststätte tranken – Sharp hatte früher nie getrunken –, da fragte Morand direkt, ob Sharp für die Geheimpolizei arbeite. Er stritt das empört ab. Im Mai und Juni häuften sich die Treffen, und Sharp drängte Morand, nachdem er geschieden war und wegen einer Schlägerei seinen Arbeitsplatz verloren hatte, über Fluchtwege nachzudenken. Sharp schlug eine Taxifahrt nach Königs Wusterhausen vor. All das schrieb Morand auf und übergab diesen Bericht am 6. Juni Hübner.

»Ich habe gegen Sharp einen bestimmten Verdacht«, ergänzte Morand, »mir ist aber noch nicht klar, ob Sharp für einen westlichen Geheimdienst arbeitet oder für uns.« Morand war »auf alle Argumente des S. eingegangen und wollte von uns in dieser Hinsicht Aufträge erhalten. Diese Aufträge wurden ihm nicht gegeben, er solle lediglich feststellen, wann und wie S. seine Flucht ergreifen will.«[138]

Zu dieser Zeit begann Sharp alias »Thomas Münzer«, von der Stasi so instruiert, sich zurückzuziehen. Er vertraue den Fluchthelfern nicht, sagte er zu Morand, da er sie gar nicht kenne; außerdem habe sich das Verhältnis zu seiner Frau gebessert. Morand antwortete, das sei in Ordnung, dann würden sie die Sache eben vertagen. »Aber eines Tages muss es so weit kommen«, habe Morand geantwortet, »besonders wenn man den dritten Todesfall betrachtet, ist es klar, dass es nicht so weitergeht. Er will wenigstens in seiner Heimat sterben und nicht in einem fremden Land.«

Offenbar hatte Morand zu diesem Zeitpunkt doch das Gefühl, den Boden unter seinen Füßen zu verlieren. Am 13. Juni fuhr er per Taxi vom Ratskeller zum Klubhaus. Er erkundigte sich bei einem der Fahrer – es war ausgerechnet »Heber« –, was eine Fahrt nach Berlin koste. Auf die Frage, wann die Fahrt sein solle, sagte Morand, er werde sich melden. Einen Monat später sagte er einer GI, dass er nach seiner Rückkehr »nicht viel zu befürchten« habe.

Mitte August war Morand tatsächlich verschwunden, gemeinsam mit seiner Frau und deren Kind. »Heber« hatte er nie mehr aufgesucht, und wieder tappten Schenks Ermittler im Dunkeln. Morand hinterließ seine Mitgliedsbücher des FDGB, der DSF und der FDJ, in die er seit August 1954 keine Beitragsmarken mehr geklebt hatte, stattdessen war eine Seite mit dem Spruch »Ihr Hunde bekommt gar nichts« verziert sowie mit einer Karikatur auf Josef Stalin.

Charles Lucas will nicht mehr

Der dritte Todesfall, den Morand erwähnte, betraf Charles Lucas. Auch er verfiel im Winter 1955/56 ins Grübeln. Solange er bei der BSG Post geboxt hatte, waren Alkohol und Zigaretten tabu gewesen. Aber der Sport ging, und der Alkohol kam, und seine Freunde erzählten, dass er unzufrieden war. Sein Leben in der DDR bestand aus Arbeit, FDJ und dieser oder jener Liaison mit Frauen. Obwohl er seinen Willen mehrfach bekundet hatte, konnte er aber keine vor den Altar führen. Er war unzufrieden mit seinen Freundinnen, von denen die eine ihn betrog, die andere ihn ausnutzte und die Studentin ihn nicht mehr sehen durfte, weil angeblich die Partei ihr das verboten habe; unzufrieden, weil er sich noch immer nicht außerhalb der Kreise Bautzen und Dresden frei bewegen durfte; unzufrieden, weil er weitgehend unter seinesgleichen blieb, wenn man von den »Frolleins« absah, weil die Einheimischen engeren Kontakt mit den Ausländern mieden.

Was er außerdem vermisste, war die Möglichkeit zu reisen, wie eine Freundin zu Protokoll gab. Aber Lucas hatte Angst davor, einen offiziellen Ausreiseantrag zu stellen, »weil er dann drüben fünf Jahre oder mehr ins Gefängnis müsste«, wie er glaubte. In der DDR zu leben und zu bleiben fiel ihm offenbar ebenfalls schwer. Er saß fest. Sackgasse Bautzen.

An dieser Sehnsucht nach Heimat, nach den Angehörigen, von denen nichts mehr zu hören war, litten alle. Charles Lucas ging daran zugrunde. Dabei hatte er in diesem Winter doch noch die Frau getroffen, die ihn Ende März 1956 heiratete. Aber sie fand ihn oft still, in sich gekehrt, schwermütig. Ihr Mann habe Heimweh gehabt, sagte sie später der Volkspolizei.

Der Bericht der Spurensicherung vermerkte die »Straftat: Selbstmord durch Leuchtgas«. Lucas selbst hatte am 12. Juni 1956 in der Küche den Gashahn aufgedreht, nicht zum ersten Mal. Auf den Fotos vom Tatort ist das Sofa zu sehen, auf das er sich gelegt hatte, daneben ein Beistelltisch, darauf das Neue Testament, wie immer geöffnet. Auf dem evangelischen Friedhof fand er seine letzte Ruhe. Die Witwe verbat sich die Teilnahme anderer weiblicher Bekannter ihres gestorbenen Mannes.

Schenk befürchtete, dass dieser Selbstmord in Bautzen die Unruhe weiter schüren würde. Was, wenn unter den Überläufern die Diskussion erneut entbrannte, ob der Selbstmord wirklich ein Selbstmord war, wie damals bei Peterson, der sich am 30. August 1955, schwermütig geworden, ebenfalls mit Gas vergiftet hatte? Was, wenn die subversiven Elemente unter den Ausländern wie damals und auch nach dem Tod von Coffman das Gerücht verbreiteten, Charles habe in seine Heimat zurückkehren wollen, und die Stasi habe das verhindert?[139]

Dieses Mal traten die Befürchtungen nicht ein. Hübner war froh, in seinen Bericht schreiben zu können: »Irgendwelche besonderen Ereignisse oder Auseinandersetzungen aufgrund des Todes des L. sind nicht eingetreten. Es wurde auch in keiner Weise bekannt, dass L. inoffizieller Mitarbeiter der Dienststelle Bautzen gewesen ist.«

All dies war bis August 1956 geschehen. Wenn Schenk in diesem Herbst nach fast drei Jahren bei der HA II/5 Bilanz zog, dann kam er auf mehr als 120 Soldaten aus Nato-Armeen, denen die DDR Asyl gegeben hatte.[140] Für mehr als einhundert von ihnen war Bautzen die erste Station ihres neuen, zivilen Lebens gewesen. Knapp die Hälfte von ihnen hatte sich mehr oder weniger erfolgreich eingegliedert, sie arbeiteten oder studierten wie Grossman und Smith, hatten eine eigene Wohnung bezogen und – auch mithilfe von Krediten – sich eingerichtet, manche eine Familie gegründet. Die schwarzen Amerikaner[141] lebten alle mehr oder weniger zufrieden in Bautzen und Umgebung, Jack Hillie – inzwischen weit genug von der Grenze entfernt und damit sicherer – in Leipzig; von ihnen war keiner in den Westen zurückgekehrt, weder legal noch illegal.

Eine erneute Besprechung mit Mielke würde nichts ergeben als Streit darüber, wer für die illegalen Ausreisen verantwortlich sei und wie man die »regelrechte Fluchtstimmung« der letzten Monate brechen könnte, ahnte Schenk. Das Ergebnis würde sein, dass die Absicherung offensichtlich fehlgeschlagen war und härtere Maßnahmen zu ergreifen seien. Doch das hielt er für den falschen Weg. Seiner Meinung nach war der überforderte junge Kollege in Bautzen nicht zu weich, sondern »zu wenig entgegenkommend«; er fühlte sich nicht genügend in die nationalen Mentalitäten ein. »Die Überläufer sehen in ihm nur die ›Polizei‹, aber kaum den Vertreter eines Staatsorgans, das auch für die Sicherheit der Überläufer arbeitet.«

Nicht bloß diese Passage von Schenks Entwurf für die Sitzung mit Mielke verriet, dass Schenk in den letzten knapp drei Jahren eine Menge gelernt hatte. Das Papier zeigte, dass Schenk das bei den Deserteuren Erreichbare realistisch einschätzte, was in diesem Staat durchsetzbar war dagegen gänzlich falsch. Schenks schonungslose Bilanz des Scheiterns enthielt einen Lösungsansatz, und deshalb war es auch ein im besten Sinne des Sozialismus optimistisches Dokument des Glaubens an das Gute im Menschen.

Schenk erkannte das Dilemma der Deserteure: Sie waren in ein fremdes Land mit fremder Kultur gekommen und oft nicht in der Lage, damit fertig zu werden. Aus dieser Problemlage zog er ganz eigene Schlüsse: An die Überläufer dürfe nicht derselbe Maßstab angelegt werden wie an die einheimische Bevölkerung, schrieb er. Man müsse berücksichtigen, dass die Soldaten trotz ihrer schlechten

Ausbildung in der Armee materiell besser gelebt hatten als heute mit ihrem Stipendium in der DDR. Aus einem verwöhnten, gar verdorbenen Menschen jedoch konnte niemand einen Musterkommunisten machen. Es gehe darum, das Beste aus ihnen herauszuholen. Und das wäre nur möglich, wenn die DDR diese Menschen stütze und ihnen helfe – sie vielleicht sogar gegenüber den Einheimischen bevorzugte. Schenk plädierte für ein Facharbeitergehalt, für mehr und längere Ausbildung, für mehr Sprachunterricht und weniger Vermittlung gesellschaftspolitischer Grundkenntnisse. Sein Motto: jeden nach seinen Fähigkeiten zu fördern und seine Bedürfnisse, soweit möglich, zu befriedigen.

Schenks Vorstellungen umzusetzen hätte bedeutet, seine Organisation grundlegend zu erneuern – oder abzuschaffen. Schenks Entwurf blieb, was er war. Ob er ihn vortragen durfte, ist aus den Akten nicht zu erschließen. In Bautzen jedoch ging alles weiter wie gehabt. Die Genossen versuchten, die Symptome zu beseitigen – Flucht und Fluchthelfer –; die Ursachen blieben.

Zeit der Abrechnung
Wie Heimkehrer ihre Flucht erklärten

Wenigstens ein Beschluss erfolgte in Schenks Sinne. Wie er hatten auch andere Verantwortliche die Konzentration der Deserteure in Bautzen als Fehler erkannt. Die wenigen bisher nicht in der Lausitz angesiedelten Ausländer hatten eine engere Bindung an die einheimische Bevölkerung gefunden, führten ein geordnetes Leben und neigten weniger zur Flucht. Sie unterlagen auch weniger den Verführungen der Feinddienststellen und den anderen »negativen Elementen«, nämlich ihren Verdienst in Alkohol umzusetzen und mit HWG-Personen Verkehr zu pflegen.

Mit diesem Herbst 1956 änderte sich das Leben einiger Überläufer grundlegend. Wer sich »bewährt« hatte, konnte sich aus Bautzen fortbewerben. Auch diejenigen, die »negativen Einfluss auf die neuankommenden Ausländer ausüben«, sollten in andere Kreise vermittelt werden. Doch Bautzen blieb das Zentrum, in dem einige überforderte Genossen versuchten, den Asylberechtigten zu helfen, »die zwangsläufigen Schwierigkeiten, die sich durch das Einleben in die neuen Verhältnisse ergeben (Sprachschwierigkeiten, Heimweh, verringertes Einkommen, insbesondere bei den chargierten [ranghöheren, P. K.] Engländern und Amerikanern, und organisierte Abwerbung auch durch Asylberechtigte, die zu diesem Zweck von den Abwehrstellen der kapitalistischen Armeen in die DDR eingeschleust wurden)«, zu überwinden.[142]

Das Misstrauen gegen die Deserteure hielt sich hartnäckig. Die HA VII/3 warnte ein Vierteljahr nach dem Mauerbau, am 9. November 1961, in einer Analyse, dass die imperialistischen Geheimdienste Deserteure einschleusten, um »den geplanten Überfall vorzubereiten« oder auf diesen zu warten, um »die verbrecherische Tätigkeit dann zu beginnen«, oder Spionageagenturen aufzubauen. Auch die schon länger in der DDR lebenden Deserteure seien eine Gefahr, sofern sie an Rückkehr dachten. Indem sie gegen die DDR arbeiteten, könnten sie sich rehabilitieren und einer Bestrafung entgehen. 62 dieser potenziellen Verräter lebten derzeit in der DDR.

Am 20. Juni 1962 sollte – auch wegen dieses Szenarios – das Kapitel der »Internationalen Solidarität« in Bautzen enden. An diesem Tag entschied das Zentralkomitee der SED, die Einrichtung »im Interesse der Sicherheit« (so Innenminister Karl Maron) aufzulösen und bis Januar 1963 auf dem von Äckern umgebenen Angelenhof in der Nähe von Briesen – rund zwanzig Kilometer westlich von Frankfurt (Oder) – ein neues IS-Haus einzurichten. Bautzen, so das Ergebnis vorheriger Beratungen, sei »infolge des langjährigen Bestehens und der ungünstigen Lage weitgehendst (sic!) durch die imperialistische Militärverwaltungsmission (MVM) aufgeklärt«. Politisch-kulturelle Arbeit finde ohnehin kaum mehr statt und »beschränkt sich hauptsächlich auf Fernsehsendungen, zu denen aber nur wenige Ausländer kommen«. Außerdem sei das Objekt »bei der Bevölkerung in Misskredit gekommen«.[143]

Schenk war an dieser Entwicklung nicht mehr beteiligt. Immerhin hatte ihm seine Arbeit bei der HA 5 Beförderungen zum Oberleutnant (1956) und zum Hauptmann (1959) sowie 1961 die Erlaubnis eingebracht, an der Juristischen Hochschule des MfS in Potsdam zu studieren. Die Ernennungen zum Kaderinstrukteur (1971) und schließlich zum Major (1972) folgten, aber im selben Jahr diagnostizierten Ärzte eine schwere Krankheit. Immer häufiger musste Schenk nun »wegen seines übermäßigen Alkoholgenusses während der Dienstzeit durch den Leiter der Hauptabteilung Kader und Schulung (KuSch) disziplinarisch zur Verantwortung gezogen« werden. Er kritisierte, dass Schenk »äußerst sensibel« sei und seine Personalvorschläge besser ausfallen könnten, wenn er »mehr rational, sachlich herangehen würde und nicht sein stark gefühlsbetontes und damit ausgeprägt subjektives Verhalten freien Raum« einnehmen ließe. In Gesprächen zeige er »einen gewissen Zynismus«, und er verhalte sich »sehr stark gefühlsmäßig« bei »schwach entwickelten Willenseigenschaften«. Am 1. Januar 1980 war Schenks Karriere erkennbar beendet, mit 52 Jahren übernahm er, der Literaturfreund, die Leitung der Betriebsbuchhandlung des MfS. Acht Jahre später, bevor er sein 60. Lebensjahr vollendet hatte, war Schenk Invalide und schied aus dem Dienst aus.[144]

Philip Morand: Ein Deal mit dem Ankläger

Während Schenk in Lichtenberg sein Scheitern bilanzierte und seine unrealistischen Empfehlungen formulierte, meldeten Westzeitungen wieder einmal die Rückkehr eines Überläufers. Unter der Überschrift »US-Soldat aus der Sowjetzone zurückgekehrt« druckte *Der Tagesspiegel* am 23. August 1956 folgende Meldung der Deutschen Presseagentur (dpa): »Der 42-jährige amerikanische Soldat Philip E. Morand ist nach mehrjährigem Aufenthalt in der Sowjetzone zu den amerikanischen Behörden in Berlin zurückgekehrt (…) Morand erklärte, er sei im November 1948 in Österreich von sowjetischen Soldaten festgenommen worden. Bis zum Januar 1952 habe man ihn in Gefängnissen in Baden festgehalten und später nach Bautzen gebracht.«[145]

Den Atem der Stasi in seinem Nacken spürend, hatte Morand am 16. August 1956 seinen Urlaub genutzt, um unbemerkt mit Frau und Stieftochter das Weite zu suchen. Zwei lange Monate musste er danach im »Guard House« der Andrew Barracks, dem Hauptquartier der U.S. Army Security Forces in Berlin, warten, dort, wo zuvor die »Leibstandarte Adolf Hitler« residiert hatte, dann verhandelte ein Militärgericht seinen Fall. Nach vier Tagen verurteilte es Morand am 19. Oktober zu fünf Jahren harter Arbeit und unehrenhafter Entlassung. Die Begründung für das hohe Strafmaß neben der Desertion: Er habe sich »unrechtmäßig, rechtswidrig und wissentlich« einer Gruppe angeschlossen, die den gewaltsamen Sturz der US-Regierung förderte, nämlich der »Internationalen Solidarität«.

Morand und sein Anwalt hatten mit einer geringeren Strafe gerechnet, weil sie einen Deal ausgehandelt hatten: Morand sollte auf schuldig plädieren, dafür die Anklagevertretung drei von fünf aus ihrer Sicht bewiesenen Straftatbeständen fallenlassen und er so mit einer moderaten Strafe davonkommen: maximal unehrenhafte Entlassung und vier Jahre »hard labor«, Kasernenhaft bei harter Arbeit. Im Gegenzug hatte Morand sich bereit erklärt, »später mündlich und unter Eid über andere amerikanische Soldaten aus(zu)sagen, die noch in Ostdeutschland sind und möglicherweise später zurückkehren«. Auch werde er »künftig dem Staat bei Klagen gegen andere zur Verfügung stehen, die noch in sowjetischem Gewahrsam sind«.

Also gab Morand zu: Ja, er sei freiwillig in den Osten gegangen. Ja, das habe er auch den beiden amerikanischen Militärpolizisten ausrichten lassen, die ihm auf der Brücke in Linz gefolgt waren und die Sowjetsoldaten angesprochen hatten. Und ja, er hatte diese Schule in Bautzen besucht, in der die Lehrer sechs Stunden wöchentlich die kommunistische Philosophie der Diktatur des Proletariats unterrichteten, die angebliche Dekadenz des Westens problematisierten und gegen die USA und Gott agitierten. All das traf zu. Aber er war freiwillig zurückgekehrt und hatte sich gestellt. Dem Deal vertrauend, bekannte er sich bei Beginn der Verhandlung als schuldig. Selbst den Richter schien das offenbar zu verwirren, er unterbrach die Sitzung und wies darauf hin, dass ihm die Maximalstrafe drohe, falls er sich nicht zu den Vorwürfen äußere.

Nachdem der Richter die Sitzung wiederaufgenommen hatte, informierte Morands Anwalt das Gericht zunächst mit ausführlichen – zusätzlichen und möglicherweise entlastenden – Einzelheiten zum Vorleben seines Mandanten. Morand habe vor seinem Einsatz in Österreich bereits zweimal in der Army gedient, erst während seiner dritten Dienstzeit sei er desertiert: Er habe sich 1944 freiwillig gemeldet, war zuvor in den dreißiger Jahren in den Südpazifik verlegt und schließlich ehrenvoll verabschiedet worden. Dass es dieses Mal anders gekommen sei, habe mit besonderen Umständen zu tun.

Danach beschrieb der Anwalt den langen Leidensweg Morands: Die Russen nahmen ihn fest, hielten ihn 17 Monate in Baden bei Wien in Einzelhaft gefangen; die ganze Zeit musste er dieselbe Kleidung tragen und eine »typisch russische Blinddarmoperation« ohne Betäubung über sich ergehen lassen, die einen Spalt hinterlassen habe, in dem er seine Hand bis zum zweiten Fingergelenk verschwinden lassen könne. Nach diesem Martyrium verlegten die Sowjets Morand in die sowjetische Kommandantur nach Budapest, wo er weitere 18 Monate blieb. Als er endlich ohne Eskorte nach draußen durfte, wandte er sich telefonisch an die US-Botschaft. Weil er annahm, dass die Leitungen der Botschaft abgehört werden würden, meldete er sich mit dem Namen seiner amerikanischen Ex-Frau und sagte, dass er Deserteur sei und Hilfe brauche.

Da müsse er schon persönlich vorbeikommen, forderte ihn sein Gesprächspartner auf. Trotz des offenkundigen Risikos ging Morand zur Botschaft, in der ein Bediensteter zwar bereit war, ihm einen Reisepass auszustellen; diesen wollte er aber erst aushändigen, wenn Morands Identität bestätigt sei. Morands Wunsch, in der Botschaft zu bleiben, lehnte er jedoch ab. Er gab ihm lediglich ein Papier in englischer und ungarischer Sprache mit, das Morands amerikanische Staatsbürgerschaft bestätigte, und erklärte, dass sein Ausweis in der Botschaft liege.

Auch einen Militärattaché, einen Colonel (Oberst), an dessen Namen er sich nicht mehr erinnerte, sprach er an. Dieser lehnte Hilfe ab, weil Morand illegal im Land sei. Sein wenig hilfreicher Rat: »Versuchen Sie, auf einen der russischen Lastwagen aufzuspringen, die Ungarn verlassen.« Die Botschaft brachte ihn in einem Hotel unter, in dessen Restaurant ungarische Polizisten ihn nach wenigen Tagen verhafteten und den Russen auslieferten.

Schließlich schafften sie Morand nach Potsdam. Das war im Frühjahr 1952, und er sah ein: Wenn er jemals wieder dieses Gefängnis verlassen wollte, musste er politisches Asyl beantragen. Und wenn er leben wollte, musste er diese Schule besuchen, um später eine Arbeit finden zu können. Aber Morand sei intelligent genug, sagte sein Anwalt, um der kommunistischen Indoktrination nicht unterlegen zu sein. Ganz im Gegenteil, er habe eine Menge über den Kommunismus gelernt: »Die Army vergibt eine große Chance«, lockte er, »wenn sie ihn nicht auf eine Vortragsreise schickt.«

Doch das Urteil lautete zunächst auf fünf Jahre. Allerdings reduzierte ein Prüfungsausschuss das Strafmaß schon wenige Tage später auf dreieinhalb, einige Wochen später auf drei Jahre. Schließlich habe der Beschuldigte »uneingeschränkt mit Geheimdiensten kooperiert und der Armee bedeutende Informationen geliefert, die bei künftigen Anklagen gegen heimgekehrte Deserteure von hohem Wert sein könnten«. Hätte das Gericht von Morands Kooperationsversuchen mit der Stasi gewusst, wäre das Urteil sicher strenger ausgefallen. Er musste die Strafe in den »U.S. Disciplinary Barracks« in New Cumberland, Pennsylvania, und in Fort Leavenworth, Kansas, absitzen, zwei Militärgefängnissen. Gnadengesuche blieben erfolglos.[146]

William Smallwood: »Ich bin glücklich, wieder zurück zu sein«

Obwohl sie wussten, dass William Smallwoods Übertritt in die DDR ein Missverständnis gewesen war, obwohl sie wussten, dass er kein Agent war, konnten sie ihn nicht laufen lassen. Dabei scheint seine »Kenntnis« von den Listen der Stasi-Opfer in Bautzen nur einer der Gründe dafür gewesen zu sein, dass sie ihn so hart anfassten. Ihm schlug vonseiten der Stasi Verachtung entgegen, offenbar auch weil er sich ihnen nicht beugte. In Grübels Zwischenbericht ist Ende Dezember 1954 zu lesen, »dass wir in Smallwood einen Menschen zu sehen haben, der zwar brutal und verbrecherisch und aus diesem Grunde zu vernichten ist, jedoch für eine Arbeit in irgendeiner Geheimdienstorganisation zu dumm, geistig zu beschränkt ist«.

Sie piesackten ihn noch im Gefängnis, wo sie konnten. Sie wussten, wie sehr ihm seine Familie fehlte und dass er dieser Sehnsucht wegen bei seiner Rückkehr eine möglicherweise lange Haftstrafe in Kauf genommen hätte. Und trotzdem – oder gerade deswegen – hielt die Stasi einen im Januar 1955 von Smallwoods Frau in die Siegfried-Rädel-Str. 1 A adressierten Brief zurück, den »Weinhold« an die KD Bautzen weitergab. Über Dresden gelangte er nach Berlin, wo er in den Akten steckenblieb. Beim Empfänger, William Smallwood, kam er nie an.

»How are you, baby?«, erkundigte sie sich nach seinem Befinden. »Fine I hope. Ich war so besorgt um Dich. Uns allen geht es gut. Jackie ist schon so groß, und er gleicht Dir sehr. Donna ist auch in Ordnung, und der kleine William Jr. versucht zu gehen und ruft nach ›Daddy‹. Bill, ich vermisse Dich so. Baby, wir lieben Dich so sehr. Wenn Du diesen Brief bekommst, schreibe bitte (…) Ich werde Dir auch einige Fotos schicken, falls sie Dir erlauben, sie zu haben. Darling, ich bete, dass Du wohlauf bist und wir bald wieder zusammen sein können (…) Kann ich Dir irgendetwas schicken, was Du brauchst? Dann lass es mich wissen. Ich liebe Dich. Deine Frau und drei Babys, Peggy, Jackie, Donna und William – ganz allein (…)« Am 18. Januar 1955 schrieb sie erneut, am 3. Februar setzte sie einen Lippenstiftkuss aufs Papier. Alles vergebens. Er bekam die Briefe nicht zu Gesicht, und sie sollte lange Zeit nichts von ihrem Ehemann hören, die Kinder nichts von ihrem Vater.[147]

Auch er schrieb seiner Familie, versicherte er später, als er wieder zu Hause war, jeden Monat einen. Und er wunderte sich und fragte schließlich den Mann an der Poststelle, weshalb er keine Antwort erhalte.

»In anderen Worten«, erwiderte der, »Sie beschuldigen uns oder die Sowjets, die Briefe zurückzuhalten und nicht zu versenden.«

»Nein«, entgegnete Smallwood, »das nicht. Aber wenn meine Frau meine Briefe bekommen hätte, dann hätte sie geantwortet. Weshalb sollte sie das nicht tun?«

Das Gefängnis in Waldheim war so etwas wie die Hölle, nicht nur für ihn. Es war überbelegt, eine erhebliche Zahl der Männer litt an Tuberkulose, nach Smallwoods Schätzung 70 Prozent. Er nahm bei erster Gelegenheit Arbeit in der Schneiderei an, weil dort die Luft frisch war und er zwei Zigaretten am Tag bekam. Aber ihren Angeboten widerstand er, ihm einen Teil der Strafe zu erlassen und in Freiheit leben zu können, wenn er kooperierte. »Wir vertrauen Dir noch immer«, lockten sie, »wir vertrauen allen Menschen, wir glauben, dass alle Menschen sich ändern können.«[148]

Smallwood verließ seine Zelle erst am 7. Februar 1957, wenige Wochen vor Ablauf der Strafe, nachdem der Gefängnisdirektor ihm mehrfach gute Führung attestiert hatte. Ein freier Mann war er deshalb noch lange nicht. Stasi-Mitarbeiter fuhren ihn in die Villa am See, die er nach seiner Ankunft kennengelernt hatte, die »Splitterburg«. Der Kreis schien sich zu schließen. Sie wollten ihn abschieben. Am 9. Februar schrieb er brav den geforderten Brief: »Die Regierung gab mir die Möglichkeit, ein neues Leben zu beginnen, aber ich brach das Gesetz der DDR und konnte mich nicht auf das neue Leben einstellen.« Dann bat er darum, zu seiner Frau und den drei Kindern zurückkehren zu dürfen.

Es dauerte eine Woche, bis ein Genosse von der Stasi ihn gegen elf Uhr in Köpenick in einen EMW lud, mit dem sie aus dem Tor hinaus und über den rumpeligen Feldweg zur Straße in Richtung Treptow fuhren. Dort stieg Smallwood um 12.15 Uhr in die S-Bahn ein, später in Tempelhof wieder aus und meldete sich bei der amerikanischen Dienststelle. Die *New York Herald Tribune* meldete tags darauf: »G. I. Back From E. Zone« (G. I. kehrt aus der Ostzone zurück). Die Army habe den Soldaten als »Sgt. William J. Smallwood, 31,« identifiziert. Er habe erklärt, seit 1954 in einem ostdeutschen

Gefängnis eingesperrt gewesen zu sein. Der Berliner *Telegraf* formulierte griffiger: »Ein US-Soldat kehrte gestern nach über zweijähriger Haft im Sowjetzonenzuchthaus Waldheim nach West-Berlin zurück.«

Ein amerikanisches Militärgericht warf Smallwood im Juli das »Verbrechen der Desertion« vor, weil er, unzufrieden mit seiner Einheit, getan, was er mehrfach angekündigt hatte: dahin zu gehen, wo die Dinge besser seien. Smallwood sei nach zweitägiger Zecherei und mehrfachem Streit mit einem Vorgesetzten zwar stark betrunken, aber doch klaren Verstandes und gezielt zur Grenze gefahren und dort unter dem Stacheldrahtzaun hindurchgekrochen, um sich drei DDR-Grenzsoldaten zu übergeben.

Er habe, so der Anklagevertreter, politisches Asyl bei einer »nicht anerkannten ausländischen Regierung« beantragt und am Unterricht einer »kommunistischen Indoktrinationsschule« teilgenommen. Willentlicher Alkoholgenuss, auch exzessiver, entschuldige das Verbrechen nicht. Auch Auffälligkeiten in der Persönlichkeitsstruktur, die laut psychiatrischem Gutachten zu einer Amnesie geführt haben könnten, ließ der Anklagevertreter nicht gelten. Es sei »unbestritten, dass der Beschuldigte verstand, dass seine Aktionen falsch waren, und er war nicht völlig der Fähigkeit beraubt, das Recht einzuhalten«. Der Angeklagte »wusste, wo er war, was er tat und welche Konsequenzen das möglicherweise haben würde«. Dass er mehrfach wegen unerlaubter Entfernung von der Truppe verurteilt worden war, machte die Sache auch nicht besser (und widerlegte seine frühere Behauptung, von einem einzigen sadistischen Sergeant Master schikaniert worden zu sein). Welche Ursache Smallwoods Alkoholexzesse möglicherweise hatten – die Erlebnisse in Korea –, war nicht Gegenstand der Beweisführung.

Was die Anklage offenbar streng missbilligte, war Smallwoods Antrag auf politisches Asyl. Das habe er getan, verteidigte er sich, weil in der »Splitterburg« der Holländer in der Nebenzelle ihm dazu geraten habe, der Kommunist »Bob Lauman« (gemeint war Robert Louwman), den er nie sah und mit dem er durch die Wand redete: »Unterschreibe das Papier, und sie lassen Dich raus. Dann kannst Du machen, was Du willst.« Ob er es nicht befremdlich finde, dass ein Kommunist ihm sagte, wie er entkommen könne, fragten sie. Es gebe solche und solche Kommunisten, antwortete Smallwood. Die jüngeren könnten mit den alten Bolschewiken und deren Methoden nichts mehr anfangen. Sie seien mit den alten Methoden nicht einverstanden, und deshalb säßen viele der jüngeren Kommunisten im Gefängnis. »Dieser Mann war ein Schriftsteller«, gab Smallwood zu bedenken, »er sagte mir, er werde nach Holland zurückkehren, und er versprach, meiner Frau von dort aus zu schreiben und ihr zu sagen, dass ihr Mann unversehrt sei.«

Ob er den Asylantrag in Deutsch oder Englisch geschrieben habe, wollten sie wissen. – Er habe nichts geschrieben, antwortete Smallwood. Das war eine Notlüge, die sie kaum überprüfen konnten. – Aber unterschrieben? – Das habe er. – Ob das Papier in Deutsch oder Englisch gefasst war? – Er glaube, dass es Deutsch war (auch das stimmte nicht). – Damit habe er sich also willentlich der freien Arbeiterklasse und deren Kampf gegen Imperialismus und Kolonialismus angeschlossen, sagte der Ankläger. – »Dafür habe ich mich nicht interessiert«, entgegnete Smallwood. »Ich wollte nur raus hier und zurück zu meiner Einheit.«

Smallwood argumentierte und warb um Verständnis für seine schwierige Situation, er erklärte sich zu einem Test mit einem Lügendetektor bereit, und die Verteidigung führte eine Reihe von Zeugen vor, die Smallwoods Aussagen bestätigten. Ein Mitglied einer antikommunistischen liberalen Widerstandsgruppe in Waldheim bestätigte, dass es Smallwood als Gegner des Kommunismus kennengelernt habe, das genaue Gegenteil des britischen Soldaten Jack Stuart, der in Waldheim wegen Mordes einsaß, sich zuvor aber als »peace fighter«, als Kämpfer für den Frieden, für die sowjetische Propaganda hergegeben habe. Ein weiterer Entlastungszeuge wusste, dass Smallwood versucht habe, aus Waldheim heraus mit dem CIC in Verbindung zu treten. Er selbst betonte, dass er im Gefängnis der Chance auf einen Gnadenakt nicht nachgegeben habe. Ein Mitinsasse benannte im Prozess die Bedingungen: »Er hätte Waldheim früher verlassen können, wenn er sich der politischen Polizei zur Verfügung gestellt hätte.«

Dass er »Kommunisten nicht mag« und gegen sie opponiert habe, solange er in der DDR mehr oder weniger gefangen war, nahm ihm das Gericht offenbar ab. Das hatte schließlich Philip E. Morand während seiner Vernehmungen bestätigt: Smallwood sei ein »widerwilliger Resident« gewesen. Gegen die Berücksichtigung von späteren Aussagen Morands wandte sich Smallwoods Anwalt entschieden; es sei nicht fair, die Aussagen eines verurteilten Deserteurs zu berücksichtigen, die in Tausenden Kilometern Entfernung zustande gekommen seien und den man nun nicht direkt befragen könne. Es ist anzunehmen, dass Smallwoods Anwalt Morands Deal kannte. Die im Protokoll nicht näher ausgeführten Stellungnahmen Morands akzeptierte das Gericht dennoch als Beweisstück, das allerdings während des Prozesses nicht näher erörtert wurde.

Im Schlussplädoyer verwies Smallwoods Anwalt noch einmal darauf, dass sein Mandant seine Einheit nicht bewusst verlassen habe und »vom Tag seiner Ankunft an in Bautzen seine Absicht erklärt hat, nach Westen zurückzugehen«. Außerdem habe er den sowjetischen Behörden keinerlei Informationen gegeben. Mit einem Treueschwur versuchte Smallwood abschließend, das Gericht milde zu stimmen und Gnade zu finden: »Ich vermisste die Armee dort mehr als alles, sogar als meine Familie, weil ich in den Jahren zuvor immer in der Armee gewesen war. Egal was heute hier geschieht, ich bin sicher glücklich, wieder zurück zu sein. Ich weiß, dass ich Teil einer großartigen Organisation bin, der größten in der Welt. Mehr habe ich nicht zu sagen.«

All das nutzte nur bedingt. Obwohl sich zuletzt auch der demokratische Abgeordnete Carl D. Perkins für ihn einsetzte, lautete das Urteil »schuldig«. Smallwood sollte zwei Jahre in Haft. Das Strafmaß wurde später halbiert, aber das war nur ein schwacher Trost; die unehrenhafte Entlassung aus der Armee blieb bestehen. Smallwoods Leben als Soldat war damit beendet, und davor hatte ihn auch das Plädoyer seines Anwalts nicht bewahren können, »dass das Soldatenleben sein Beruf war, dass er keinen Beruf hatte und nicht wüsste, was er tun soll, wenn er aus der Armee entlassen wird«.[149]

Adelanis Amnesie

Junge Männer möchten die Welt verändern. Auch Morakiyo Motolani Aderogba Ajao folgte deshalb dem, was er später den »natural instinct« nannte, »sich in Opposition zu seinen Eltern und auch der Regierung zu stellen, unter der man lebt«. Jeder junge Mann habe den Wunsch, »an der Umgestaltung der Welt teilzunehmen«.

Der Nigerianer Aderogba Ajao hatte persönlich keinen Grund, die Welt zu verändern. Vor ihm lag die Zukunft, vielversprechend. Denn er hatte das Glück, am 12. Mai 1930 in eine einflussreiche Yoruba-Familie hineingeboren zu werden, die sich mit den britischen Kolonialisten sehr kommod arrangiert hatte. Sein Vater Joseph Adediran Ajao-Moto-Lani, geboren im Juli 1888, ebenfalls – wie später sein Sohn – in Awe-Oyo, war ein erfolgreicher Geschäftsmann in Lagos. Seinen Sohn schickte er auf die Baptist Academy, danach zur weiteren Ausbildung nach Edinburgh und Leicester, wo er Nationalökonomie studierte. Nach seiner Rückkehr vertraute ihm der Vater eine leitende Position in seinem Business an. Aber während seiner Studien in Europa hatte der junge Mann sich verändert.

»Mein Verhältnis zu den britischen Kolonial-Zivilbeamten war so schlecht, dass mein Vater mich daran erinnern musste, dass ich im britischen Empire lebte«, schrieb er später in seinen Lebenslauf. Sofern er in seinem Geschäft bleiben wollte, habe der Vater verlangt, müsse er seinen »dummen Sozialismus und meine antibritische Haltung vergessen«.

Mit dem »dummen Sozialismus« war er in England in Kontakt gekommen, wo er, statt zu lernen, das Leben der Kolonialisten studierte und in zahl- und endlosen Diskussionen seine Neigung zu kommunistischen Ideen entdeckte.[150] Wieder unter des Vaters Fittichen, schien er zunächst zu gehorchen. Doch Ende 1952 führte ihn ein »Deal« nach Hamburg, und wenig später, im Januar 1953, entschloss er sich, ein neues Leben zu beginnen: Ajao überschritt die Grenze zur Deutschen Demokratischen Republik, um den Sozialismus in der Praxis kennenzulernen. Er sollte erst sechs Jahre später zurückkehren und den Menschen eine fantastische Geschichte erzählen.

Nachdem Ajao schon 1958 in der BBC von seinen Abenteuern in der DDR erzählt hatte,[151] erschien 1962 ein Buch mit dem Titel: »On the Tiger's Back« (Auf dem Rücken des Tigers). Darin berichtet Ajao über »six years under communism«, seine sechs Jahre im Kommunismus. In der DDR »hat man ohne zu lügen nicht überleben können«, schreibt er. Sein Resümee: »Ein Nigerianer, der die Besonderheit seines Landes erhalten möchte, muss den Kommunismus ablehnen, weil er unvermeidbar anstrebt, einen Verbündeten zu einem Satelliten zu machen.«[152]

Das Buch erschien, als der »wind of change« (Harold Macmillan), der Wind des Wandels, vielen afrikanischen Staaten die Unabhängigkeit brachte. Zu dieser Zeit befürchteten die alten Kolonialherren in Europa und sicher auch die Mitglieder jener Schicht, der Ajaos Familie angehörte, dass der Kontinent den Kommunisten anheimfallen könnte. Das geschah in Nigeria nicht. Es ist kaum anzunehmen, dass Ajaos Buch dazu beitrug, dies zu verhindern. Aber die BBC-Interviews und das Buch ermöglichten Ajao eine ehrenvolle Heimkehr. Dabei war es unvermeidbar, einige pikante Details seiner Jahre in Bautzen und Leipzig zu verschweigen.

Aderogba Ajaos Lügengebäude steht auf drei Säulen: »Ich wurde entführt«, schreibt er auf Seite 38. »Ich versuchte zu flüchten« ist die Überschrift von Kapitel 9. Und schließlich behauptet er, dass er die Universität habe verlassen müssen, weil er eine weiße Frau heiraten wollte.

Zunächst die »Entführung«: Seine Geschäftspartner, so schreibt er, lockten ihn über die Grenze, wo er in »Visa-Schwierigkeiten« geriet. Letzteres mag zutreffen, aber Ajao hatte die Grenze bei Marienborn nahe Helmstedt freiwillig überschritten. Was dann geschah, widerfuhr so oder ähnlich jedem Mann aus dem Westen, den Grenzbeamte oder Volkspolizisten im Osten aufgriffen: Sie wollten wissen, wer er war, wohin er wollte und zu welchem Zweck. Schließlich transportierte ihn ein Russe, der sich »George« nannte, in einem großen Wagen mit Fahrer und Gardinen vor den Fenstern nach Potsdam, in die Villa der Sowjetischen Kontrollkommission in der Zeppelinstraße, in der er nicht der einzige Bewohner war.

Dort, so schreibt Ajao, hätten ihn die Russen einer Gehirnwäsche unterzogen. Sie hätten gesagt, dass er nicht mehr zurückkönne, die Westpresse habe über sein Verschwinden in den Osten berichtet. Sie hätten ihm gesagt: »Wenn du nach England oder Nigeria zurückgehst, wirst du mit der für die kapitalistische Gesellschaft typischen Brutalität bestraft.« Nach wochenlanger Bearbeitung hätten sie ihn dazu gebracht, einen Antrag auf politisches Asyl zu stellen. »Ich war bekehrt und hing der Vorstellung an, dass meine Zukunft bei den Kommunisten liege.«

Im Juli 1953 brachte »George« seinen Schützling nach Bautzen. In seinen Papieren stand nun der Name Moto-Rogba Adelani, und er durfte eine Sonderschule für Ausländer besuchen, die »Schule der

Internationalen Solidarität«. Im Buch schreibt er: »Ich war einer in einer erklecklichen Schar von Leuten, die als Propagandisten und Aktivisten für künftige kommunistische Subversion in ihren eigenen Ländern trainiert wurden.« Alle Schüler, schreibt Ajao, hätten »mit dem Kommunismus sympathisiert«.

Auf Adelani traf das zu, er fügte sich, passte sich an, lernte. Er hatte nur ein Ziel: Er wollte möglichst bald an die Universität delegiert werden. Doch obwohl selbst die Stasi dem groß gewachsenen, adretten, redegewandten, dunkelhäutigen jungen Mann aus Afrika »gute Kenntnisse in der Theorie des Marxismus-Leninismus« und eine positive Haltung zur DDR und auch zur Sowjetunion bescheinigte, sollte sich dieser Wunsch so schnell nicht erfüllen. Und so behauptet Ajao alias »Adelani« im Buch, dass er die Schule bald satt gehabt hätte, die Propaganda, die »erzwungene Arbeit«, die schlechte Versorgung der Bevölkerung. »Ich hatte genug, war aufgebracht, konnte es nicht mehr aushalten.« Gemeinsam mit drei anderen Ausländern habe er am 20. März 1954 zu flüchten versucht.[153] Doch das Unternehmen misslang, Agenten des Ministeriums für Staatssicherheit nahmen das Quartett am Bahnsteig fest, unmittelbar nachdem einer von ihnen die Fahrkarten nach Dresden gekauft hatte. »Im Rückblick war unser Versuch zum Scheitern verurteilt«, schreibt Ajao und deutet auch die Gründe seiner späten Erkenntnis an: »Konnte unser Quartett darauf vertrauen, dass es keinen Spion enthielt?« Dann beteuert er: »Ich habe keinen meiner Kameraden wiedergesehen. Wer uns verriet, weiß ich nicht. Ich weiß nur, dass ich es nicht war. Ich hatte eine harte Zeit in der Hand der Staatssicherheit (…) Sie haben mich endlos verhört.«

Jeder Satz eine Lüge! Adelani wusste ganz genau, weshalb die »spring operation« misslungen und wer der Verräter gewesen war: Er selbst war GI »Taylor«. Er hatte der Stasi das Fluchtdatum und den Weg genannt und über die Zukunftspläne der Männer berichtet. Er hatte Louwman und Le Roy denunziert, die er für Westagenten hielt. Und er hatte selbständig darüber nachgedacht, wie ihre Festnahme verlaufen sollte: »Sie sollten uns am 20. März im Zug vor Dresden verhaften und mich für vier oder sechs Wochen einsperren«, schrieb er, damit »sie mehr Vertrauen in mich haben werden«. Nach seiner Entlassung, so glaubte er, würde sich »einer der westlichen Agenten an uns ranmachen«.

Karl Schenk von der HA II/5/A hielt das offenbar für eine gute Idee. Er schrieb am 27. März in seinen Bericht: »Der GI Adelani hatte sich, unter dem Vorwand, auch flüchten zu wollen, den dreien angeschlossen und der KD Bautzen den Zeitpunkt der Flucht mitgeteilt. Er wurde aus Gründen der Konspiration ebenfalls festgenommen (…)«

Die Täuschung funktionierte perfekt. Die wenigen Wochen unter direkter Staatsaufsicht – im Volkspolizeikreisamt, nicht im Stasi-Gefängnis – schadeten weder Adelanis Auftraggebern noch ihm selbst, sie erhöhten seine Glaubwürdigkeit als »Dissident«. Im Buch beendet Ajao diese Episode lapidar: »Nach einige Wochen ließen sie mich frei.«

Adelani war seit dem 23. Februar 1954 Geheimer Informator des Ministeriums für Staatssicherheit. Leutnant Udo Kretschmer, den Adelani als »Lippmann« kannte, hatte den Kandidaten per Handschlag aufgenommen. »Eine schriftliche Verpflichtung wurde nicht durchgeführt, um die betreffende Person, welche kein Deutscher ist, nicht zu sehr in unsere Arbeit einzuweihen und ihn erst einige Monate in seiner Arbeit zu überprüfen, ob er ehrlich ist. Der GI wählte sich selbst den Decknamen ›Taylor‹.«

Seine Aufgabe erfüllte »Taylor« stets gewissenhaft. Allein bis August 1954 enthält seine GI-Akte 21 umfangreiche Berichte, 105 von Hand beschriebene Blatt Papier. »Taylor« beobachtete mehr als zwei Dutzend Deserteure in Bautzen, gab jeden kleinen Hinweis auf eine Fluchtabsicht weiter, petzte, wer AFN hörte, und er vergaß auch nicht, seinen Auftraggebern zu empfehlen, welche der Frauen der »Freunde« »sorgfältig überprüft werden sollte«.

Mehrfach erhielt »Taylor« schon 1954 Geld für »gute Auftragserfüllung«. Im August urteilte Kretschmer: »Seine bisher abgegebenen Berichte entsprachen stets den Tatsachen und trugen dazu bei, 3 Ausländer, welche nach Westdeutschland flüchten wollten, festzunehmen (…) Adelani ist ehrlich und zuverlässig, er kann zu schwierigen Aufgaben ohne weiteres herangezogen werden.«

Simon Le Roy traf er nach dem Scheitern der »spring operation« immer wieder, was bei Louwman und O'Ryan nicht möglich war, weil sie im Gefängnis saßen. Er nannte Le Roy in einem späteren Bericht einen »Betrüger, der nicht zögern wird, jeden Trick anzuwenden«, und kolportierte auch dessen Aussage, dass es nicht schwer sei, von Ost-Berlin in den Westen zu kommen. Adelani: »Ich antwortete, er sollte es angesichts seiner Erfahrung mit Fluchtversuchen besser wissen.« Auch das Bautzener »Café Lehmann«, das die Stasi für einen der Treffpunkte der Agenten hielt, suchte er auf. Nachdem er dort einen jungen Mann getroffen hatte, der eine alte Jacke der britischen Armee trug und sagte, er sei Kraftfahrer, versprach »Taylor«: »Ich werde in Zukunft dieses Café regelmäßig besuchen, um zur Unschädlichmachung dieser Agenten beizutragen.«

Für seine Loyalität erwartete Adelani endlich eine Gegenleistung, und zwar diejenige, die ihm nach seiner Ankunft die Deutschen ebenso wie »George«, der Russe, versprochen hatten: Zugang zu einer Arbeiter-und-Bauern-Fakultät und anschließend einen Studienplatz an der Universität Leipzig. Während George Smith und Victor Grossman zur Uni durften, klagte er, sei Schulleiter Fuchs »unfähig, die Begabung farbiger Menschen zu schätzen«.

Im November 1954 legte er schriftlich dar, weshalb er die Zeit für gekommen hielt: Es sei ein natürliches Gesetz, dass in einem kolonialisierten Land ein bewaffneter Kampf gegen die ausländischen Imperialisten den Punkt erreiche, an dem das Volk die Macht in die eigenen Hände nehme. In Afrika sei dieser Zeitpunkt sehr nah. »Der Kampf, der in Afrika beginnt, braucht Menschen, die im Kampf gestählt sind und clever und klar auf ein Ziel zusteuern: Befreiung.« Indem die DDR-Behörden ihr Versprechen brächen, so insinuierte er, behinderten sie ihn, Teil dieser Entwicklung zu werden. Und dann ermutigte und warnte er gleichermaßen: »Afrikaner vergessen ihre Freunde nicht. Einem Freund geben wir alles, was wir haben, und einen Feind hassen wir mit all unserer Wut.« Er bedauerte, in Korea oder Vietnam nicht mit der Waffe kämpfen zu können. »Deshalb erbitte ich in aller Demut, mir die Chance zu geben, die nötigen Waffen zu erwerben, wie Sie es mir versprochen haben (…) Es ist nie zu spät, einen Fehler zu korrigieren.« Er gab den Behörden Zeit bis zum 18. Dezember, dann werde er an »unseren Präsidenten und Vorsitzenden Pieck« schreiben.

Stattdessen beschwerte er sich wenig später in einem sieben Seiten langen Brief an Innenminister Willi Stoph, dass er hingehalten werde – trotz seiner großen Taten für Frieden und Sozialismus: »Gegen Ende Februar trat ich mit zwei Freunden (Codename Lippmann und Müller) der Bautzener Zweigstelle des Departments für

Staatssicherheit in Beziehung. Diese beiden Freunde erbaten meine Mitarbeit, speziell unter den ausländischen Jungs (die meisten Engländer, Amerikaner und Westeuropäer). Als Marxist und in Einklang mit den Zielen der Freien Deutschen Jugend (FDJ), deren aktives Mitglied ich bin, tat ich mein Bestes, um ihre Aufträge zu erfüllen, auch wenn ich wegen meiner Unerfahrenheit nicht alle ihre Aufträge erfolgreich abschloss.«

Die Zeit von Februar bis zum 20. März 1954 sei das »Highlight meiner Arbeit mit dem Staatssekretariat für Staatssicherheit« gewesen, der Einsatz, der den Erfolg der »spring operation« verhinderte. Er habe dafür den Abtrünnigen spielen müssen, um bei den fluchtbereiten Deserteuren anzukommen, habe sich »mit Säufern, Verrückten und rückwärtsgewandten Elementen gemein machen müssen« und seinen Freunden nicht mehr ins Gesicht sehen können. Gelitten habe er während der »gefürchteten Wintermonate« nicht nur, weil er in einem Loch von Wohnung ohne Heizung lebte, sondern weil die Jungs, mit denen er sich dort eingemietet hatte, »sich sehr gefreut hätten, wäre ich vor die Hunde gegangen«. Es sei eine »Genugtuung« gewesen, »dass die Arbeit von Erfolg gekrönt war«.

Nun aber fürchtete er, dass sein vermeintliches Renegatentum ihn den versprochenen Hochschulplatz kosten könnte, obwohl ihn doch alle für geeignet hielten. Noch ein Jahr wolle er nicht warten. Er hoffe, Stoph werde eine »sozialistische Lösung« finden, damit er spätestens im Februar 1955 beginnen könne, egal in welcher Stadt. »Ich möchte studieren, um mehr und besser für die eine große Vision arbeiten zu können, die uns verbindet – die Befreiung der Menschheit von aller Ausbeutung. Mit sozialistischen Grüßen bleibe ich Ihr ergebener Moto-Rogba Adelani.«

Obwohl die Lösung auf sich warten ließ, erwies sich Adelani weiter als treuer, zumindest reibungslos funktionierender Kommunist. Die Kaderleitung des VEB Waggonbau Bautzen, bei dem er als Schlosser arbeitete, urteilte im August 1955: »Gesellschaftlich leistet er eine gute Arbeit in der FDJ-Gruppe sowie in allen Massenorganisationen. Seine Einstellung zu unserem Arbeiter- und Bauernstaat sowie zur SU ist positiv. An Diskussionen beteiligt er sich rege. A. ist mit der Arbeiterklasse verbunden. Bei Agitationseinsätzen nimmt er regelmäßig teil.« Im selben Jahr erhielt er die Medaille »Für hervorragende Leistungen im Fünfjahresplan« sowie das Abzeichen

»Für gutes Wissen« in Gold. Auch bei einem Semesterpraktikum im VEB Kombinat »Otto Grotewohl« in Böhlen meldete er sich »gleich bei seinem Eintritt« bei der FDJ-Kreisleitung an, um gesellschaftlich mitzuarbeiten.[154]

Schulleiter Fuchs bescheinigte ihm nach dem Abschluss der Schule »sehr gute gesellschaftliche Arbeit« und einen einwandfreien moralischen Lebenswandel. Die deutsche Sprache beherrsche er gut. Nun sei sein Ziel, sich sowohl »die technischen als auch die ökonomischen Voraussetzungen zu schaffen, um später bei der Industrialisierung seines Heimatlandes auf sozialistischer Basis aktiv mitwirken zu können«. Auch Hübner von der KD Bautzen hielt seine operativen Erfolge für »teilweise sehr gut«, er sei »äußerst intelligent und zeigt ein gutes politisches Bewusstsein für die Notwendigkeit seiner Arbeit«.

Im Herbst 1955 war Adelani am Ziel: Er durfte sich endlich an der TH Dresden im Fach Ingenieurökonomie einschreiben. Als Ziel ist in den Akten festgehalten: »Nach Beendigung seines Studiums soll der GI nach Großbritannien oder Nigeria abgesetzt werden, da er dort über seinen Vater und Verwandte die Möglichkeit besitzt, wertvolle Aufklärungsarbeit zu leisten.« Unnötig zu sagen, dass Adelani auch in Dresden seine Arbeit als GI verrichtete: In »Stimmungsberichten« nach Diskussionen über die Ereignisse in Ungarn hätten »negative Elemente« gesagt, dass der Grund dafür keine »faschistische Provokation« gewesen sei, sondern »die schlechte ökonomische Entwicklung des Landes, deren Ursache Ineffizienz, die schlechte Administration und die ungleichen Handelsverträge mit der Sowjetunion« seien. Die Mehrzahl der Studenten begrüße »das Comeback der Konterrevolution in Ungarn«. Er versprach, »mein Bestes zu tun, um die Namen der Negativen zu bekommen«. Mehrfach ließ er sich von einem Wagen abholen, um im Auto zum »Sanatorium« gefahren zu werden, in dem ihn die Dresdner Hauptamtlichen erwarteten.

Ein Jahr später schrieb er an Stasi-Minister Ernst Wollweber, sein Studienfach »befriedigt nicht meinen ursprünglichen Wunsch, den Bereich der Naturwissenschaften zu beherrschen (…) Nicht nur wer Ökonom oder Diplomat ist, darf am Aufbau des Sozialismus teilhaben und für den Fortschritt kämpfen; das kann auch ein Naturwissenschaftler.« Adelani wollte umsatteln – auf Nukleartechnik.

An der Fakultät stieß er damit auf Widerstand; seine Mathematik-kenntnisse reichten nicht aus. Auch das Staatssekretariat für Hoch-schulwesen weigerte sich deshalb, den Fachwechsel zu genehmigen. Adelani akzeptierte das nicht, sondern hörte als Gaststudent an der Fakultät für Kernphysik, und weil er an den Prüfungen in seinem eigentlichen Fach nicht teilnahm, wurde er im Januar 1957 exmatri-kuliert. Einer der letzten Einträge in seiner Stasi-Akte lautet: »Es wurde ihm während dieses Treffs unterbreitet, sich einmal mit dem Gedanken zu befassen, nach Westdeutschland zu gehen, um dort unter Ausnutzung der hier entstandenen Situation und der evtl. Aus-weisung aus der DDR Kernphysik zu studieren.« Die letzte Beurtei-lung seiner Akte vom 8. März 1957 lautet: »Bei einem Einsatz nach Westdeutschland oder einer Wohnveränderung ist nach der Dienst-anweisung (…) des Genossen Generalleutnant Mielke an die HA II, Sonderreferat III, Mitteilung zu machen.« Die Akte endet mit einem auf den 25. Juli 1957 datierten Formular, dem »Beschluss über das Abbrechen der Verbindung«.

Zu jener Zeit wohnte Adelani wieder in der Stadt, die seine erste Station in der DDR gewesen war: in Potsdam, Wielandstraße 20. Im Juni 1958 stellte er den Antrag auf Ausreise nach Nigeria für sich, seine Frau Christel und sein Kind. Doch sie wollte in Potsdam blei-ben, und so verließ Adelani die DDR allein.

Mr. Adkins ist verschwunden: Wo ist John Reed?

Entweder schöpfte der Grenzposten im sogenannten Tränenpalast an der Friedrichstraße in Berlin keinerlei Verdacht, oder er durfte nicht eingreifen, als am 4. Mai 1963 um 19.39 Uhr ein Mann vor ihm stand und ihm einen westdeutschen Reisepass reichte, der nicht sein eigener war. Der Grenzposten stempelte, und der Mann, der neun Jahre zuvor als William Adkins angeblich seine große Liebe verloren und dann beschlossen hatte, sein Leben der letzten Sache zu widmen, an die er noch glaubte, dem Sozialismus, ging zu den Gleisen der Nord-Süd-Bahn, stieg ein und fuhr in Richtung Kreuzberg. Wil-liam Adkins alias »Jack Forster« alias »John Reed« gehörte wieder zum Lager des »freien Westens«. Allein allerdings sollte er dort nicht leben, so jedenfalls war es geplant. Am nächsten Tag würde »Kitty«, »GM der sowjetischen Sicherheitsorg.«, dem Mann folgen.[155] Doch »Kitty« kam nie im Westen an.

Diese scheinbar unbehelligte Rückkehr eines Soldaten, dessen Spuren sich trotz mehrfacher Namensänderung auch vor den westlichen Geheimdiensten wohl nicht hatten verwischen lassen, mutet merkwürdig an. Aber die Akten bestätigen den Verdacht nicht, dass die Stasi John Reed mit einem Auftrag (und neuer Legende) in den Westen geschickt hat. Sie geben allerdings Auskunft darüber, dass es dem Rückkehrer zuletzt schlecht ergangen war in der DDR. Und sie lassen Raum für Spekulationen.

John Reed war in der DDR ein Aufstieg gelungen, wie er ihm, dem linken Antirassisten, in den USA in jener Zeit nicht hätte glücken können: Nachdem er Smallwood verraten, einige Überläufer bespitzelt, die Stasi über die Organisation des Lebens in den USA sowie der Armee unterrichtet und mit seinem Entwurf für eine von Deserteuren geleitete Flüchtlingsorganisation, welche die Überläufer disziplinieren und zu guten Bürgern der DDR erziehen sollte, beliefert hatte, observierte »James Duke« (John Reeds Deckname als GI) auch einige seiner Kommilitonen in Leipzig. 1956 erhielt er 580 Mark von der Stasi, zwei durchschnittliche Monatsgehälter, 1957 insgesamt 350 Mark.

In jenem Jahr suchte und fand er im Stasi-Auftrag auch Kontakt zum Pfarrer der Evangelischen Studentengemeinde (ESG) Leipzig. Georg Friedrich Schmutzler empfing ihn am 25. März 1957 um halb vier im Arbeitszimmer seiner Privatwohnung und lud ihn schließlich nicht nur zu allen öffentlichen Veranstaltungen der ESG ein, sondern auch zu seinem privaten Studentenzirkel. »James Duke« schrieb nach dem Treffen eigenhändig und schon in passablem Deutsch nieder: »Er fragte, ob ich in der DDR zufrieden sei. Ich gab ein negative Antwort. Er fragte, warum ich desertiert von der U.S. Armee. Ich antwortet weil ich Pacifist bin. (Das glaubte er bestimmt.) Er fragte ob das mir leid tat das ich desertiert bin. Ich sagte ja. Sch. fragte ob ich wieder nach dem U.S.A. gehen wollte. Ich antwortet das es kaum möglich sein wurde weil ich wurde eingesperrt sein. Er sagte dass er das nicht glaubt. Er fragte ob er bei dem U.S. Konsulate in West Berlin fragen sollte ob die möglichkeit besteht das ich wiederkommen konnte ohne eine Strafe oder mit vermilderung. Ich habe zugesagt (...)« Schmutzler habe Reed aufgefordert, die Verbindung zur ESG geheim zu halten. Einen guten Rat gab der Pfarrer ihm außerdem mit: Journalismus sei für Reed wohl ohne Zukunft, er solle über einen Fakultätswechsel nachdenken; Medizin wäre vielleicht besser.

Als John Reed am 8. April abends um halb acht erstmals am »Vertrauenszirkel« teilnahm, war Schmutzler nicht da. Er war drei Tage zuvor verhaftet worden und wurde später zu fünf Jahren Gefängnis verurteilt, weil er unter Chemiearbeitern in Böhlau einen Kirchenkreis gegründet hatte. Nun sangen seine Vertrauten Lieder, beteten und hörten die Apostelgeschichte. »Während des Unterrichts«, meldete »James Duke«, »brachte der Zirkelleiter immer wieder Vergleiche zu gegenwärtige Lage des Schmutzlers. Während der Gebete sagte der Zirkelleiter: ›Hilf uns über unsere schwere Zeit und schütze unsere Gemeinde.‹« Reed beobachtete die ESG weiter, bis er 1959 sein Studium abbrach.

Doch während dieser Jahre schwand Reeds Loyalität gegenüber dem Staat, schleichend, aber stetig. Verantwortlich dafür war sein altes Problem: Reed kam mit dem Geld nicht aus, über das er in der DDR verfügte. Schon Ende 1956 – nach Beginn des Studiums – war er »infolge einiger schwerwiegender organisatorischer Fehler vonseiten der Räte der Bezirke Dresden und Leipzig, in eine äußerst bedrängte Lage geraten«, wie er an Schattel schrieb. »Durch den längeren Arbeitsausfall meiner Frau waren wir gezwungen größere Summen Geld zu leihen. Unsere Gläubiger verlangen jetzt schnellste Rückzahlung.« Sie hätten noch neun Mark, sein Stipendium sei aber erst zum 20. Januar zu erwarten. Nun verlangte Reed Hilfe, und er glaubte, aufgrund seiner Leistungen ein Anrecht darauf zu haben: »Vor meinem Studium hatte ich mich freiwillig Untertage ins Bergwerk gemeldet«, schrieb er, anders als bei seinen GI-Berichten offenbar unterstützt von Dritten, in vergleichsweise sicherem Deutsch. »Das war bestimmt kein Zuckerschlecken und ich hätte es leichter haben können.« Außerdem sei an seinen Studienleistungen ersichtlich, »dass es mir mit jeder Aufgabe die mir bisher in der DDR gestellt wurde sehr ernst ist«. Und hier sah er offensichtlich einen deutlichen Unterscheid zu den Überläufern, die unter Schattels Fittichen standen: »Mir ist aber bekannt, dass die in Bautzen ansässigen Ausländer große finanzielle Unterstützung von Ihnen erhalten haben.

Meiner Ansicht nach müsste man hier etwas differenzieren zwischen nützlichen Gliedern der Gesellschaft und Nutznießern der Volkssolidarität. Ich habe weder bei meiner Ankunft in der DDR noch während meiner Arbeitszeit größere Unterstützung von Ihnen verlangt oder erhalten«, schrieb er und vergaß dabei, dass er aus anderer Quelle stets über vergleichsweise hohe Einkünfte verfügte. »Sollten Sie mir diese Unterstützung nicht gewähren würde ich mich nochmals an das Sekretariat des Genossen Walter Ulbricht wenden und die Gründe darlegen, die mich dazu zwingen meinen Studienplatz wieder zur Verfügung zu stellen.« Schattel ließ sich jedoch nicht erweichen, er könne nicht helfen, schrieb er, da »Ihre Ehefrau in einem Arbeitsverhältnis steht, und somit ist Ihr Lebensunterhalt gesichert«.[156]

Das war im April 1958, und Reed zog daraus Konsequenzen: Er beantragte seine Exmatrikulation. »Die Gesundheit meiner Frau erfordert, dass sie nur halbtags arbeitet«, schrieb er dem Dekan. »Ich habe die feste Absicht so bald wie möglich mein Studium wieder aufzunehmen, wenn es mir gestattet wird. Ich hoffe, eine journalistische Tätigkeit ausüben zu können und mich auch während dieser Zeit intensiv mit dem Studium der deutschen Sprache zu beschäftigen.« Allerdings scheiterte seine Bewerbung bei der Redaktion der *DDR-Revue*. Doch Reed fiel die Treppe hinauf. Er durfte Funkreporter werden und arbeitete für den Auslandsdienst beim Deutschen Demokratischen Rundfunk in Berlin-Oberschöneweide, wo er Programme für Angehörige der U.S. Army gestaltete und als »fähiger Redakteur und Sprecher« galt. »Er arbeitet Reportagen in Leipzig aus, die über Kurzwelle in englischer Sprache gesendet werden. Für 48 Minuten Sendezeit im Monat erhält R. 600,-.« R. sei nicht bereit, eine körperliche Arbeit aufzunehmen, berichtete Schattel nach einer Aussprache. Er stehe auf dem Standpunkt, »dass er die in seiner jetzigen Tätigkeit bewiesenen Fähigkeiten besitzt, als Übersetzer zu arbeiten bzw. beim Rundfunk in der Zusammenstellung von Reportagen tätig zu sein«.

Um in seinem neuen Beruf reüssieren zu können wollte Reed nach Berlin. Aber er konnte sich nicht durchsetzen, weil er inzwischen als »politisch unklar« galt, wie er nach seiner Exmatrikulation klagte. Er hatte sich 1958 mehrfach dekonspiriert, weshalb die Zusammenarbeit endete. »Wir haben ihm erklärt, dass eine Einstellung als Übersetzer beim ADN in Berlin in Frage gestellt ist«, meldete Schattel nach Berlin, »und sind der Meinung, dass R. weiterhin in Leipzig arbeiten soll (…) R. brachte zum Ausdruck, dass ihn die gegenwärtige Arbeit befriedige, nur sei er nicht ausgelastet. Er ist bereit, mehr zu leisten.«

Schließlich gelang ihm der Schritt in die Hauptstadt der DDR doch. Sogar eine Nebenrolle in einem DEFA-Film bekam er: In »For Eyes Only«, in dem die USA einen Krieg gegen die DDR planen und das Land okkupieren möchten, spielte Reed den Doktor, der den Helden mit dem Lügendetektor testet.

Als die Stasi ihn 1962 wieder aktivieren wollte, stellte sich heraus, dass Reed im Vorjahr versucht hatte, sich selbst zu töten. Nach einer Tour durch Berliner Kneipen hatte er Schlaftabletten genommen und sich in den Keller seines Wohnblocks in der Berliner Straße in Pankow gelegt, in dem er erst am folgenden Abend um 19 Uhr, noch lebend, gefunden und ins Beatmungszentrum Berlin-Buch transportiert wurde. Er habe es getan, sagte er, »weil sein Leben nur noch aus Arbeiten, Essen und Schlafen bestehen würde. Er bedauerte, dass sein Vorhaben gescheitert ist.«

Er ließ sich von seiner Frau scheiden, mit der er seit Januar 1961 eine Tochter hatte, kündigte beim Rundfunkkomitee und arbeitete freiberuflich. 1963 tauchte er zeitweise ab. Im März meldete Reeds letzte Lebensgefährtin, hochschwanger, der Polizei dessen Verschwinden, drei Wochen später auch dem MfS. In einer Akte ist lakonisch vermerkt: »Nach ihrer Meinung zeigte man aber auch dort nicht viel Interesse.« Auch seine Exfrau gab Ende April eine Vermisstenanzeige auf, ohne dass etwas geschah.

Eine Woche zuvor, am 17. April 1963, hatte Reed gemeinsam mit einer Frau namens »Kitty« im Ost-Berliner Lokal »Trichter« zwei Schweizer kennengelernt, denen er nicht vorenthielt, dass er die DDR verlassen wolle. Die Schweizer versprachen Hilfe. Am 1. Mai trafen sie sich erneut im selben Etablissement, die Schweizer in Begleitung von Jörg Brandi, Student an der Wirtschafts- und Sozialwissenschaftlichen Fakultät der Freien Universität Berlin. Er sollte »die weiteren Vorbereitungen zur Ausschleusung übernehmen«. Am 4. Mai standen Reed, »Kitty« und Brandi an einer Litfaßsäule am S-Bahnhof Friedrichstraße, wo Brandi die beiden nach einer Weile auf einen Westdeutschen aufmerksam machte. Er sprach den Mann an, fragte, ob er in der DDR mal etwas Besonderes erleben wolle. Der 31-Jährige ließ sich darauf ein. Im Lokal »Quelle am Tor« in der Oranienburger Straße stießen Reed und »Kitty« dazu, gemeinsam feierten sie bei reichlich Alkohol eine kleine Wirtshausparty. Schließlich luden die drei den Mann aus Bremerhaven ein, das Fest in privatem Rahmen fortzusetzen. Sie gingen zu Fuß nach Prenzlauer Berg und betraten eine Wohnung in der Stolpischen Straße 43 (heute Paul-Robeson-Straße), die angeblich einem abwesenden Bekannten »Kittys« gehörte. Dort mischte sie in der Küche zwei Tabletten Kalypnon in eine Tasse Kaffee. Als der Westdeutsche schlief, nahm Reed dessen Reisepass, den Tagespassierschein, 15 Mark und einige Kleidungsstücke an sich und begab sich zur Grenzkontrollstelle.

Brandi begleitete ihn und erläuterte die bevorstehende Prozedur, die er als vorgeblich Mehrfacheinreisender routiniert zu überstehen hatte: Er solle sich in der Warteschlange vor dem Eingang zum Gebäude ruhig verhalten, bis die »Türsteher« erstmals seine Papiere verlangten, dann müsse er die Treppe hinuntergehen, sich wieder anstellen, bis die Zollbeamten ihn nach Ostdevisen befragt und seine Habe kontrolliert hätten, anschließend an einen der zehn Abfertigungsschalter herantreten, möglichst wenig reden, Fragen knapp, aber höflich beantworten und nicht zögern, rechter Hand durch die Tür in den Westen zu gehen, wenn der Summer ertönte, sich eine Fahrkarte lösen und in einen der Züge in Richtung Westen einsteigen.

»Kitty« sollte auf demselben Weg folgen, ebenfalls mit fremden Papieren. Am S-Bahnhof Friedrichstraße sahen Brandi und sie eine Westdeutsche, die ihr ähnelte. In der Gaststätte des »Hauses der DSF« (heute Palais am Festungsgraben) nahm »Kitty« der Frau, als diese auf der Toilette war, den Ausweis ab und ging zur Grenze. Brandi beruhigte währenddessen die Bestohlene, um für »Kitty« Zeit zu gewinnen. Aber »Kitty« passierte die Kontrollstelle nicht, sondern informierte – weisungsgemäß – die sowjetischen Sicherheitsorgane.

Am folgenden Tag trafen sich Reed und Brandi im »Leierkasten« an der Zossener Straße im Westbezirk Kreuzberg. Auf »Kitty« warteten sie vergebens. Deshalb fuhr Brandi erneut in den Ostteil der Stadt, wo er verhaftet wurde. Die Ermittlungen ergaben: »Brandi war Mitglied der WBer Schleuser- und Terrororganisation ›Xerxes‹, die viele Schleusungen durch die Kanalisation und durch Tunnel durchführte«. Er habe insgesamt rund fünfzig Personen nach West-Berlin gebracht, darunter Künstler aus dem Berliner Ensemble und Studenten der Humboldt-Universität. Wahrscheinlich habe er auch am Bau von Tunneln mitgewirkt. Das Bezirksgericht Neubrandenburg verurteilte Brandi im Januar 1964 zu fünf Jahren und drei Monaten Haft.

Ganz so lang musste er nicht aushalten. 1967 ging ein Stasi-Agent an der Grenze bei Eisenach ostwärts, Brandi durfte dafür vorzeitig wieder gen Westen fahren, obwohl er 1965 wegen »staatsgefährdender Hetze« – er hatte im Gefängnis in Berlin-Hohenschönhausen Mini-Flugblätter gedruckt und verteilt – erneut verurteilt worden war.[157]

Reed sah er nie wieder, Brandi hielt niemals Kontakt zu jenen, denen er geholfen hatte. Aber andere Menschen suchten Reed: Seine Exfrau wollte Unterhalt für die kleine Tochter einklagen und machte das MfS dafür verantwortlich, dass der Aufenthaltsort des Kindsvaters unbekannt blieb. Noch zwanzig Jahre später suchte auch die inzwischen erwachsene und in West-Berlin lebende Tochter ihren Vater, der sie nach der Scheidung gern bei sich behalten hätte, ein Wunsch, dem ein Gericht widersprach. Sie habe, so wusste die Stasi, »nach ihrer Übersiedlung nach Westberlin bei amerikanischen Dienststellen in Westberlin Nachforschungen betreffs ihres Vaters angestellt, um ihr zustehende Unterstützungsgelder aus der Vergangenheit nachzahlen zu lassen (Unterhaltszahlungen)«. Doch der Mann, dessen ursprüngliches Ziel Russland und alternativ die vietnamesische Volksbefreiungsarmee gewesen war, blieb verschollen. Von John Reed oder William D. Adkins ist keine Spur mehr zu finden.

Seine Militärakte endet mit dem Tag, an dem sein Status lautet: »Dropped from the Rolls of the United States Army« (aus dem Bestand der U.S. Army gelöscht). Laut »National Personnel Records Center« dauerte Adkins' Militärdienst fünf Jahre. Die vierte und letzte Station im Hauptquartier der U.S. Forces Austria in Wels, wo er als Supply Officer eingetragen war, dauerte vom 26. Juni 1952 bis zum 29. Januar 1954. Allerdings endet der Dienst auf einem weiteren Papier, über dem »Chronological Record of Military Service« steht und das die einzelnen Stationen des Soldaten auflistet, mit dem 11. Januar. Die letzte Zeile beginnt mit dem Datum 12. Januar, dahinter fehlt jeglicher Eintrag über die letzten zwei Wochen seines Dienstes. Von einem Militärgerichtsverfahren ist nichts bekannt, weder auf den Namen Adkins noch Reed, auch eine Fotografie fehlt in der Akte. Dafür ist in den Stasi-Akten vermerkt, dass Reed Kontakt zur amerikanischen Botschaft aufgenommen hatte. Und so könnte die Aussage seiner früheren Ehefrau aus dem Jahr 1982 eine Erklärung für John Reeds Geschichte liefern, nämlich »dass ihr geschiedener Mann als Agent für den CIC gearbeitet hat«.[158]

Nur wenige Menschen könnten verlässlich sagen, was William D. Adkins wirklich dazu bewogen hat, sein Leben gen Osten zu werfen: nur er selbst und eventuell diejenigen, die ihn dazu veranlasst haben. Doch sie schweigen seit Mai 1963. Einen Hinweis würde möglicherweise die Antwort auf die Frage geben, ob es Pat(ricia) und »Mom«, die Adressatin seines rührenden Briefs, wirklich gab. Seine (vermeintlich?) um Absolution heischenden Zeilen erreichten sie nie, das Schreiben blieb in den Akten der Stasi hängen. War es vielleicht für die östlichen Dienste bestimmt? Falls jedoch »Mom« und Patricia keine Hirngespinste waren, nicht Teil einer Legende, dann dürften sie jahrelang nichts von ihm gehört haben. Vermissten sie ihn? Hat William Adkins sich nach dem 4. Mai 1963 bei Pat gemeldet? Oder findet sie ihn hier erstmals wieder, in diesem Buch? Addierte John Reed weiter Jahr um Jahr auf der Kladde der verlorenen Zeit? Diese Fragen können nur Reed oder Pat beantworten, sofern sie noch leben. Die Archive geben darüber keine Auskunft.

Anhang

Anmerkungen

1 Ernie Fletchers Stasi-Akten: MfS BV Ddn AIM 617/61; MfS ZKG 290; MfS HA II/21886; weitere Hinweise unter anderem in folgenden Akten: MfS AIM 7405/60, Akte Avent, Willy (= GI »Robson«); MfS HA II/21886; MfS Berlin AIM 937/88, Akte Stefanides, Hartmut (= GI »Franz Stefan«, der über die »Absicherung Nato-Deserteure Briesen« berichtete); BArch DO 1, 13957, 14643.
Ernie Fletcher beantragte am 19. Mai 1981 die ständige Ausreise aus der DDR und durfte das Land im November 1981 verlassen – mit Ehefrau und Kindern, vier Koffern und vier mittleren Reisetaschen, einem Kinderwagen und einem Hund. 19 Jahre später schrieb der Journalist Mike Blair in *The Spotlight*, Fletcher sei »der lebende Beweis dafür, dass die Kommunisten während des Kalten Kriegs amerikanische und europäische Soldaten entführten und in Konzentrationslager einsperrten«. Die Stasi habe Fletcher entführt und versucht, einen Spion in West-Berlin aus ihm zu machen, aber er habe sich geweigert und sei deshalb 22 Jahre im Gefängnis gewesen. Um ihre Machenschaften zu verschleiern, »haben ostdeutsche und russische Offizielle behauptet, dass Fletcher und Dutzende anderer gekidnappter westlicher Soldaten desertiert seien und um Asyl gebeten hätten. Sprecher des US-Militärs nutzten das als Entschuldigung dafür, die amerikanischen Soldaten in kommunistischer Hand zu lassen (…)« Dass Fletcher zwei Monate nach seiner »Entführung« gegenüber den beiden US-Offizieren erklärt habe, dass er in der DDR bleiben wolle, begründete er später so: Er habe befürchtet, »dass die beiden US-Militärs nicht authentisch seien, sondern Stasi-Agenten«. Doch der Stasi-Agent war er selbst, sein Deckname lautete »Ernest Franks«. Dass er die »Verbindungen der amerikanischen Militärmission zu den in Bautzen ansässigen ehemaligen NATO-Angehörigen aufzuklären« versuchte, belegen eine handschriftliche Verpflichtungserklärung, Treffberichte und Mitteilungen über befreundete Kameraden, die seine Führungsoffiziere als wahr anerkannten. Fletcher und seine Frau, die nicht aus West-, sondern aus Ostdeutschland stammte, waren nicht eingesperrt. Sie arbeiteten Anfang der sechziger Jahre beim VEB Rafena in Radeberg und durften schon 1962 nach Erkner bei Berlin ziehen, wo Frau

Fletchers Schwester lebte, die mit einem anderen desertierten US-Soldaten, Frederick Riggs, verheiratet war, der 1989 starb. Vgl. dazu den Artikel »NATO Soldiers Abducted« vom 3.4.2000 in *The Spotlight* (www.libertylobby.org/articles/2000/20000304abducted.html, Zugriff am 24.11.2012).
Fletcher wird in Listen der Army als »confirmed Communist«, überzeugter Kommunist, geführt: vgl. Paul M. Cole (Hrsg.): POW/MIA Issues, Volume 2, World War II and the Early Cold War, Santa Monica 1994.»List of Known United States Army Defectors in USAREUR« und »Supplement to List of Defectors U.S. Army« vom 15.12.1960.

2 Folgende Zeitungsartikel habe ich auf Grundlage dieser Recherchen veröffentlicht: »Charly Lucas' big mistake«, in: *The Atlantic Times*, 9/2009; »Racism is everywhere. Historians debate German anti-Semitism and American racism«, in: *The Atlantic Times*, 11/2009; »We don't struggle alone. How the GDR exploited the struggle for freedom of African-Americans, in: *The Atlantic Times*, 11/2010; »An unexpected freedom: What black U.S. soldiers experienced in Germany after the war«, in: *The Atlantic Times*, 4/2009; alle im Online-Archiv der Zeitung: www.atlantic-times. com (Zugriff am 24.11.2012). Außerdem: »Rassismus, Amerikas größter Exportartikel«, in: *Frankfurter Allgemeine Zeitung*, 14.10.2009; »Schwarze Befreier. Wie die Erfahrung aus dem Kampf gegen die Nazis in die Bürgerrechtsbewegung in den USA einging«, in: *die tageszeitung*, 11.12.2009; »Die Fräuleins der Freiheit«, in: *Rheinischer Merkur*, 28/2009.

3 Das US-Verteidigungsministerium beauftragte die Defense Forecast Inc. (DFI) in Washington mit den Recherchen. Der deutsche Unternehmensberater Helmut Richthammer gehörte der Untersuchungsgruppe an.

4 MfS Ddn AIM 624/57 (Akte »Taylor«), Coffmans Geschichte ist dokumentiert in: MfS Allg. P 10065/62.

5 Karl Schenk, geb. am 2.11.1928 in Chemnitz, Jungscharführer der HJ, Studium der Germanistik an der Karl-Marx-Universität in Leipzig, Englisch- und Französischkenntnisse in Wort und Schrift, Schulkenntnisse in Russisch. Vom 23.6. bis zum 31.10.1953 Gefreiter der VP-Grenzbereitschaft Karl-Marx-Stadt, Eintritt ins MfS: 1.11.1953, PKZ 021128 4 3002 3. Mitglied der SED seit März 1954. Seit 1.11.1953 Unterleutnant, Hauptsachbearbeiter (HSB) der Abt. I/6 MfS Berlin, am 18.1.1954 umbenannt in HA II/SR II, am 1.11.1954 in HA II/5 Berlin; Beförderung zum Leutnant am 8.2.1955; vom 1.3.1955 an Referatsleiter der umbenannten HA II/SRIII Berlin; am 1.5.1956 Beförderung zum Oberleutnant HA II/SRIII, vom 16.1.1957 an Referatsleiter HA II/3/B (Bearbeitung von US-Bürgern, Diplomaten und CIA-Angehörigen auf dem Gebiet der DDR und Westberlins), vom 5.9.1957 bis zum 14.10.1958 Referatsleiter HAII/3/A. Ab dem 15.10.1958 Stellvertretender Abteilungsleiter HA II/3. Am 7.10.1959 Beförderung zum Hauptmann, am 1.10.1972 zum Major. 1961 bis 1967 Juristische Hochschule des MfS, Potsdam. 1971 Kaderinstrukteur im Selbständige Referat Kader 9, 1980 Leiter der Betriebs-

buchhandlung des MfS, ab 1988 dauernd dienstuntauglich. Siehe MfS HA KuSch 539; MfS SED-KL 6179.

6 MfS AOp 330/55 und MfS Allg. P 10065/62: Asylantrag to The Government of the German Democratic Republic in Berlin/GDR (8.10.1954).

7 »US-›Deserteur‹ mit Auftrag?«, in: *Nürnberger Nachrichten,* 9.3.1955.

8 MfS AOp 330/55 Band 3, Teil 1.

9 MfS AIM 7170/61, Band 1 (Akte Adkins, Brief an Pats Mutter), Adkins lernte im »Krankenhaus« (»Objekt 4«) die amerikanischen Überläufer Tommy Woods und Kenneth Miller kennen. Auch Brian John Fleet, ein in Brighton geborener Brite, traf dort am 23.3.1954 ein.

10 Victor Grossman: Der Weg über die Grenze, Berlin 1985. Nach dem Mauerfall veröffentlichte Wechsler/Grossman eine um seine Erlebnisse in Ostdeutschland erweiterte Fassung: Crossing the river: A Memoir of the American Left, the Cold War, and Life in East Germany, Amherst/Boston 2003. Grossman wohnt seit 1961 in der Karl-Marx-Allee in Berlin.

11 »Stefan Heym had given a friendly response to my manuscript on the Buffalo battles«, schrieb Grossman in seinen Memoiren. »John Peet commented on my piece and urged me to write for his newsletter, *Democratic German Report.* He printed a story I did on improvements at my LOWA plant, and surprisingly sent 120 marks, a large sum for me.« (Stefan Heym hat freundlich auf mein Manuskript zur Schlacht von Buffalo geantwortet. John Peet kommentierte den Text und bat mich, für seine Zeitschrift, *Democratic German Report,* zu schreiben. Er druckte eine Geschichte von mir über Verbesserungen im VEB Lokomotiv- und Waggonbau; überraschenderweise schickte er mir 120 Mark, eine beachtliche Summe für mich.) In Wahrheit ließ John Peet noch eine Weile auf sich warten. Zwar fragte Peet im März 1953 beim Presseamt des Ministerpräsidenten nach Grossman, aber für den *Democratic German Report* arbeitete Grossman erst von 1959 an, nachdem er ein Studium am »Roten Kloster«, der Sektion Journalistik an der Karl-Marx-Universität in Leipzig, abgeschlossen hatte. Jahre später, als er längst etabliert war in der DDR, schrieb Grossman sein Buch »Der Weg über die Grenze«. Die Entscheidung, in die »Kommunistische Partei« Großbritanniens einzutreten, »änderte schließlich mein ganzes Leben, sie machte es keinesfalls einfacher. Bereut habe ich jedoch den damaligen Schritt kein einziges Mal.«

12 Attorney General's List of Subversive Organizations (AGLOSO).

13 MfS AKK 2410/7: »Der Kandidat arbeitete bereits mit dem Gen. Instrukteur zusammen. Ohne von diesem jedoch geworben zu sein, gab er ihm Berichte über die ausländischen Deserteure in Bautzen.« Als Grossman von der US-Botschaft um ein Treffen bezüglich seiner Staatsbürgerschaft gebeten worden war und er (auch aus Angst) bei DDR-Behörden um Rat gefragt hatte, erhielt er den Rat: »Geh hin, halte den Kontakt und berichte uns. Auf eine eventuelle Frage, ob er für die ›Russen‹ arbeite

oder gearbeitet hat, verneint er« (Bericht aus dem Jahr 1977). Siehe auch MfS AP 624/92, darin zudem: »Nach der Armeeflucht erklärte er sich zur Mitarbeit mit dem sowjetischen Geheimdienst bereit. Er gab Hinweise und er wurde zur Kontaktaufnahme zu den uns interessierenden Personen eingesetzt, die zur Leipziger Messe kamen. Er hatte gewisse positive Ergebnisse.« (Aus einem »streng geheimen« Bericht, »Einzige Ausfertigung«, vom 28.11.1960. Die Verpflichtungserklärung ist datiert auf den 23.4.1954.)

14 Akten zu Victor Grossman: MfS AKK 2410/79; MfS AP 6668/73, MfS Lpz AGJ 321/56; MfS AS 104/86; MfS AP 624/92; MfS HA II 22154. Grossman bestätigte in einem Gespräch mit dem Autor am 19.7.2011 seine Tätigkeit als GI. Er habe das aus Überzeugung getan, sagte er, um eine fortschrittliche Gesellschaft und eine gerechte Politik zu unterstützen. Solche Art von Diensten sei auch in anderen Gesellschaften noch heute üblich. Er erwähnte dabei ausdrücklich die USA. Grossman bespitzelte von 1955 an auch seine Kommilitonen in Leipzig, allerdings offenbar mit Skrupeln. Am 14.12.1955 notierte sein Führungsoffizier: »Der GI erklärte, welche Hemmungen er hatte, unsere Aufträge durchzuführen, und welche Ursachen das hat.« Nach seinem Umzug nach Berlin »änderte Wechsler sein Verhalten zur Mitarbeit. Er wurde unpünktlich in Bezug auf Treffs, erfüllte nicht immer die gestellten Aufträge, und die Arbeit für den Geheimdienst belastete ihn.« An anderer Stelle heißt es, Grossman in Berlin wieder »in die offizielle Zusammenarbeit« einzubinden, sei gescheitert, weil er diese Arbeit »nicht mit seinem Gewissen vereinbaren« könne.

15 Siehe dazu Maria Höhn und Martin Klimke: A Breath of Freedom. The Civil Rights Struggle, African American GIs, and Germany, New York 2010. Außerdem Maria Höhn: Amis, Cadillacs und »Negerliebchen«. GIs im Nachkriegsdeutschland, Berlin 2008 (darin auch der Leserbrief aus der *Pfälzischen Volkszeitung* aus dem Jahr 1952); dies.: GIs und Fräuleins. The German-American Encounter in 1950s West Germany, Chapel Hill / London 2002; William Gardner Smith: Last of the Conquerors, New York 1948; Matthias Reiss: »Die Schwarzen waren unsere Freunde«. Deutsche Kriegsgefangene in der amerikanischen Gesellschaft 1942–1946, Paderborn 2002; Petra Goedde: GIs and Germans. Culture, Gender, and Foreign Relations, 1945–1949, New Haven 2003 (Diss. 1995).

16 Akten zu Jack Hillie: MfS AP 6663/73; MfS AP 1208/57; MfS Lpz AOp 1581/63; MfS HA II/23307. Akten zu Charlotte Hillie, geb. Ullrich: MfS AIM 9316/67 A (GI »Heide«). Der Schriftsteller hieß Alf Scorell. 1956 spielte Jack Hillie auch eine Nebenrolle in »Thomas Müntzer«.

17 Im Januar 1956 wurde Jack Hillie dann tatsächlich nach Leipzig verlegt. Wenig später berichtete seine dortige Betreuerin Rosemarie W., Oberreferentin beim Rat des Bezirks Leipzig, ihre Mission erfolgreich erfüllt zu haben. »Etwas Schreckliches ist allerdings passiert«, schränkte sie, offenbar belustigt, ein: »Er hat abgefärbt, und ich bin schon ganz schwarz!«

Der etwas begriffsstutzige Empfänger in Berlin kritzelte mit Bleistift an dieser Stelle des Berichts an den Rand: »Was heißt das?« Eine deutlichere Antwort gab das Papier nicht, aber die Oberreferentin versprach, sich weiter persönlich um den Schützling zu kümmern. »Vor allem in punkto ›Wachsamkeit‹ muss scheinbar sehr geschaltet werden, denn die Frauen sind hinter ihm her und, wie ich soeben telef. erfuhr (…) ist H. vergangene Nacht nicht nach Hause gekommen (…) Er erregt immerhin einiges Aufsehen (…)«; vgl. BArch DO 1/4647 (Schreiben an das Staatssekretariat für Innere Angelegenheiten, Abt. Bevölkerungspolitik, vom 1.3.1956).

18 BArch DO 1/3950.

19 MfS AP 10013/62 und MfS AK 160/55 (Akten William P. O'Ryan und René Michaud).

20 MfS AOp 330/55 Band 1a, Teil 4.

21 Der Deckname dieses Geheimen Hauptinformators des Staatssekretariats für Staatssicherheit, wie die Stasi seit 1953 hieß, war »Edmund Fischer«. Es gab noch mindestens einen weiteren GI auf der damals mit nur wenigen Häusern bebauten Halbinsel, einen Dolmetscher mit dem Decknamen »Karl Schuster«. Von 1968 an hießen diese Geheimen Informatoren der Stasi Inoffizieller Mitarbeiter (IM). Sie waren laut MfS-Chef Erich Mielke die »Hauptwaffe im Kampf gegen den Feind«.

22 MfS AOp 330/55 Band 1, Teil 4: angeblich ein Ausländer namens Irving Katz, »der uns von den Freunden aus Karlshorst übergeben wurde« (Bericht Gollers vom 11.6.1954).

23 Informationen über »Objekt 4«, »Krankenhaus«, im Volksmund die »Splitterburg« genannt, finden sich in folgenden Stasi-Akten: MfS AOp 330/55 Band 1, Teil 4. – Das Seegrundstück neben der »Splitterburg« bewohnte 2012 der Sohn des damaligen Eigners. Er sagt, als die »Splitterburg« vor einigen Jahren verkauft werden sollte, seien zahlreiche Westdeutsche mit »dicken Autos« gekommen, um es zu besichtigen. Als sie die Gerüchte über die Geschichte des Hauses hörten, seien sie »geflüchtet«. Einer hat es dann doch gekauft. Ihn interessierten die Geschichten nicht. Er ersteigerte die »Splitterburg« im Internet, es sei »ein Schnäppchen« gewesen. Die »Splitterburg« liegt an der Straße namens Müggelhort, die in manchen Karten noch als Elsenweg eingetragen ist.

24 Tatsächlich suchte die Stasi bald nach einer neuen Liegenschaft. Das neue Objekt sollte über einen Makler erworben werden. »Die Legende sieht vor, dass das Haus von der ›Gesellschaft für kulturelle Verbindung mit dem Ausland‹ durch einen fingierten Kauf erworben wird. Für diesen Fall muss ein Mitarbeiter des Referates A mit einem Ausweis jener Gesellschaft und einer Vollmacht von dort ausgestattet werden, die es ihm erlauben, im Namen der Gesellschaft über einen solchen Ankauf zu verhandeln. Der Kauf soll – weil er notariell durchgeführt werden muss – zwischen der Gesellschaft und dem Makler stattfinden.« 1955 suchten einige Immobilienmakler ein geeignetes Objekt in Berlin. Walter Schim-

melpfennig bot ein Einfamilienhaus in Biesenthal mit 6000 Quadratmetern Park an, Preis: 35000 Mark plus Provision. In Köpenick-Nord
in der Somlinerstraße stand ein Haus mit 948 Quadratmetern Garten
zum Verkauf, Preis: 50000 Mark plus Provision. Vgl. MfS AOp 330/55
Band 1, Teil 4.

25 Aktennotiz Egon Grübel HA II Berlin: »(…) anhand des Buches ›Golds-
borough‹ von Stefan Heym wird die Befragung fortgesetzt«. Smallwoods
Geschichte findet sich in folgenden Akten: MfS AP 10014/62 (2 Teile);
MfS AOp 330/55 Band 3, Teil 1, und MfS BV Ddn AU 64/55.

26 AP 10014/62 Smallwood (2 Bände), Asylantrag vom 1.6.1954; im Original heißt es: »From warriors such as dominate America I would like very
much to turn my mind and hands towards divided but peace loving nation in which to me is a new frontier.«

27 Der Brief, geschrieben im Juni 1953, findet sich in der Akte MfS BV
Ddn. AOp 189/57.

28 MfS BV Pdm AIM 436/67; MfS HA VIII/7569; MfS BV Ddn AP
786/65; MfS AP 6662/73: »Sonja Beier« ist Adelheid Bunting, geb. Ko-
rinth. Sie war Kommunistin und Mitglied im Demokratischen Frauen-
bund Deutschlands, ihr Mann Francis Bunting, Sohn eines Eisenbahners,
Arbeiterkind, gelernter Elektriker, seit Mai 1949 in der U.S. Army und
seit 30.7.1950 in Berlin stationiert. Er war zehn Jahre jünger als seine
Frau, die er im April 1951 kennenlernte. Weil sie Kommunistin war, verbot die Army beziehungsweise das CIC die Liaison. Deshalb desertierte
er 1952 und ging mit ihr und ihren beiden Kindern nach Ostdeutschland
(der Vater der jüngeren Tochter kannte deren Aufenthaltsort lange nicht).
Nach der Flucht in die DDR schrieb er: »Ich aber widersetzte mich den
Anweisungen und verließ mit ihr im September 1952 Berlin. Am
8. Oktober 1952 kam ich nach Bautzen und heiratete sie.« Vom 8.6.1953
an war sie GI der KD Bautzen und lieferte unter dem Decknamen »Sonja
Beier« zahlreiche Berichte über Deserteure, bis das Ehepaar 1955 zu ihrem Bruder in eine LPG umziehen durfte. Als Francis Bunting in den
sechziger Jahren mehrfach die US-Militärverbindungsmission in Potsdam
aufsuchte, arbeitete sie erneut mit der Stasi zusammen, um den Mann in
der DDR zu halten.

29 BArch DO 1 13950: »Aufstellung von Charakteristiken der ausländischen Freunde« vom 20.11.1951.

30 BArch DO 1/13954: Büttner, Ministerium des Innern (MdI) Abteilung
Bevölkerungspolitik: Aktennotiz, »vertraulich«, vom 18.6.1951.

31 BArch DO 1/13950. Basisdaten über die Deserteure finden sich in den
Akten des Innenministeriums der DDR im Bundesarchiv. In Bautzen
lebten im Herbst 1951 folgende Überläufer: John McPherson (Schottland), Roger Rodriguez, Jacques Rocher (alle Frankreich), George William Stabley, Frederik Lucas, Charles Lucas (alle USA), Douglas Sharp,
John M. Preece, James Scanlan, Henry Parry, Ronald Thomas, Peter Darley, Francis Kelly (alle England), Mohamed Bhail-Zhaik, Hussin Gilali,

Gilali Milodi, Mohammed Allal (alle Marokko, frz. Armee) und Eddy Brown (USA), der als Zivilist galt. Der englische Butterdieb war John Marsden Preece, siehe dazu auch: MfS AP Ddn 411/56).

32 Der Leiter der Gemeindeabteilung des Kreisrats Bautzen hieß Sieghart Lehmann.

33 BArch DO 1, 13953. Der Funktionär aus dem Innenministerium hieß Lange.

34 Der Brite Francis Joseph Kelly und der US-Amerikaner Ray Schultz verließen die DDR 1952 ebenfalls »illegal«.

35 Eugen Robert Walter; MfS Allg. P 15726/62, darin auch Briefe der in Chemnitz lebenden Schwiegereltern in spe an Walters ehemalige Vermieterin in Bautzen.

36 BArch DO1 14647; MfS BV Ddn AGJ 874/53: Es handelt sich um James Hartley, geb. am 5.1.1922 in Blackburn, verwitwet. Hartley war im Februar 1952 desertiert, als sein Truppenteil nach Korea versetzt werden sollte. Er unterschrieb eine Verpflichtungserklärung (GI »Danny«) und war laut KD Bautzen (Reck) ein »arbeitsamer und ruhiger Mensch«, der »wesentliche Beiträge gebracht« habe. Er dekonspirierte sich allerdings im Dezember 1952. »Die Verbindungen mit dem o.a. GI werden abgebrochen, da derselbe am 12.5.53 von den Instrukteuren übernommen worden ist.« Kurz vor seiner Flucht hatte Hartley den Antrag gestellt, seine Kinder aus Blackburn nachzuholen. Die Kinder lebten in einem Kinderheim. Seine Schwester jedoch teilte mit, dass die Heimleitung einer Adoption durch sie nicht zustimmen würde, da ihr Mann arbeitslos war. »Da aller Wahrscheinlichkeit die Regierung von Großbritannien einer Freigabe der Kinder und ihrer Überführung in die DDR nicht zustimmen wird, schlagen wir, nach Rücksprache mit dem Freund Hartley, Folgendes vor: Über die Organisation der Kommunistischen Partei des Distriktes Blackburn setzen wir uns mit einem Genossen in Verbindung, der die Genehmigung erhalten würde, die Kinder zu adoptieren. Dieser Genosse schickt die Kinder zu einem Besuch zur Schwester des Freundes Hartley. Die Schwester des Freundes Hartley bringt die Kinder nach Westdeutschland und von da nach Berlin, wo sie vom Freund Hartley in Empfang genommen werden.« Die Reisekosten würde die IS übernehmen (Brief von Schulleiter Fuchs an die Abteilung Bevölkerungspolitik vom 23.6.1954). Am 28.6.1954 setzte sich Hartley mit seiner Freundin (Melanie Schult, GI »Senta«) gen Westen ab, nachdem er vergeblich versucht hatte, seine beiden Kinder in die DDR zu holen. Nach seiner Rückkehr in den Westen verurteilte ihn ein Militärgericht laut AFN zu fünf Jahren Haft, die Strafe wurde später auf acht Monate reduziert.

37 Harry Parry aus Liverpool; BArch DO 1/13950, MfS Allg. Z 130/66.

38 Das »Märchenschloss« ist inzwischen durch eine hingebungsvolle private Initiative mithilfe der Deutschen Stiftung Denkmalschutz mustergültig wiederhergestellt worden. Es liegt nur zwei Straßenblocks nördlich der Gedenkstätte Bautzen. Die Siegfried-Rädel-Straße, benannt nach

einem KPD-Mitglied und Widerstandskämpfer, heißt heute Weigang-
straße.

39 Gründungsdokumente und Listen der Zu- und Abgänge von Deserteuren
siehe BArch DO 1/13949 (u.a. Karteikarten der Asylberechtigten, Zu-
und Abgänge); BArch DO 1/13950 (Planungsunterlagen der HA Staat-
liche Verwaltung, Abt. Bevölkerungspolitik, Namenslisten mit Kurzcha-
rakteristiken); BArch DO 1/13951 (u.a. Protokolle der Lehrerkonferenzen);
BArch DO 1/13953 (u.a. Ferienplätze für Deserteure, Studien- und Sti-
pendienfragen, Beurteilungen); BArch DO 1/13954 (Berichte, Stellen-
pläne, Haushaltspläne, Arbeitspläne der IS); BArch DO 1/13955 (Erwei-
terung von Aufenthaltsgenehmigungen); BArch DO 1/13957 (Quartals-,
Monats- und Situationsberichte, Protokolle der Lehrerkonferenzen,
Auswertungen von Einzelgesprächen mit den Deserteuren); BArch DO
1/14642, 14643, 14644 (Einzelbetreuung A–B); BArch DO 1/14645 (Einzelbetreuung C–F); BArch DO 1/14646 (Jean Guerrini); BArch DO
1/14647 (Einzelbetreuung H–M); BArch DO 1/14684 (Einzelbetreuung
N–Z); BArch DO 1/14784 (Anfragen über Eingliederung von Ausländern) BArch DO 1/14786, 14787 (Anfragen über Eingliederung von Ausländern, M–Z). Die Stasi-BV Dresden führte für die »Internationale Solidarität« einen eigenen Objektvorgang: MfS Ddn AOp 531/64.

40 BArch DO 1/13954: Jahresbericht 1954.

41 Jahresabschlussbericht des Schulleiters Fuchs vom 13.1.1955.

42 MfS BV Ddn AIM 2174/78; MfS DV Ddn AG MS 1729/84: Heinz
Schattel alias »Weinhold« war gelernter Buchbinder, von 1939 an Boden-
personal bei der Luftwaffe, Unteroffizier, zuerst an der Ostfront und später
an der Westfront eingesetzt. 1945 geriet er in amerikanische Gefangen-
schaft und wurde in das Lazarett in Garmisch-Partenkirchen eingeliefert, aus dem er 1946 nach Hause entlassen wurde. An Lagerkursen nahm
Schattel nicht teil. Er war Mitglied der SED, Abteilungsleiter, seit
1.9.1951 beim Kreisrat, Abt. Gemeinde, beschäftigt, danach Sachbearbeiter für die »Internationale Solidarität«. Seine Verpflichtungserklärung
als GI »Weinhold« datiert vom 15.2.1952. 1956 studierte er ein Jahr an der
Deutschen Akademie für Staats- und Rechtswissenschaft, Potsdam,
weshalb er vorübergehend aus der IS ausschied und die Verbindung mit
dem Staatssekretariat für Staatssicherheit (SfS) abgebrochen wurde
(22.5.1956). »Da er Mitglied der SED ist, kann jederzeit mit ihm offiziel-
ler Kontakt aufgenommen werden.« Nach seiner Rückkehr übernahm er
1956 die Leitung der »Internationalen Solidarität« in Bautzen bis 1960.
1961 wechselte er als Verwaltungsangestellter zum Rat der Gemeinde
Göda, deren Bürgermeister er im selben Jahr wurde. In dieser Funktion
kam es zu einer neuerlichen Verpflichtung als GI. – GI »Schwarzdorn«
war der Sprachlehrer Wolfgang Noack. Er unterschrieb seine Verpflichtungserklärung am 28.4.1954; vgl. MfS AIM 1848/63.

43 Der unzufriedene Lehrer war Heinrich Mattenklott. Er hatte außerdem
Beschlüsse aus der Leitungssitzung ausgeplaudert und angeblich »wie-

derholt die Freunde gegen das Ausbildungspersonal und die Leitung der Abteilung aufgewiegelt«, was »Anlass zu provokatorischen Aktionen der französischen Freunde gab«. Er wurde am 29.7.1954 beurlaubt.

44 Brian Fleet, der in Meißen – er bekam dort zunächst ein Zimmer im Hotel »Goldener Löwe« – angesiedelt wurde, wo er ein Buch über den »Geheimdienst in Korea« schreiben wollte.

45 Egon Grübel, Mitarbeiter der HA 5/II/1, der später nach Dresden abkommandiert wurde, wo er auch für das Stasi-Haus auf dem Meisenberg (»Sanatorium«) zuständig war, dem Dresdner Pendant zum »Krankenhaus« in Berlin-Köpenick. Die Dresdner waren nicht in der Lage gewesen, einen operativen Mitarbeiter mit Sprachkenntnissen zur Verfügung zu stellen.

46 Damals Oberst Markert.

47 MfS AIM 7170/61.

48 MfS AP 7084/68, Jack Stuart.

49 MfS Allg. Z 130/66; MfS Ddn AP 355/55, Band 2. Wanrooy kehrte bereits am 28.12.1953 nach West-Berlin zurück und wird wohl in der unvermeidlichen Befragung berichtet haben, dass sein Fluchtkumpan Louwman noch im Osten lebe.

50 BArch DO 13952 und 14786. Der »Journalist« hieß Lambertus van den Berk. Zu diesem Zeitpunkt wollte Louwman die DDR längst verlassen haben, hatte aber keine Möglichkeit mehr, Verbindung zu Angehörigen aufzunehmen. Er saß im »Krankenhaus«, verraten von einem, den er für einen Freund gehalten hatte (siehe Kapitel »Adelanis Amnesie«, Seite 185). Van den Berk war nicht in erster Linie Journalist, sondern arbeitete in den fünfziger Jahren für den holländischen (und eventuell auch den italienischen) Geheimdienst sowie für den Untersuchungsausschuss Freiheitlicher Juristen (UFJ). Später ließ er sich von der Stasi verpflichten, auch in der Hoffnung, die DDR würde seinen Schwager entlassen, der wegen Spionage inhaftiert war. Im Juni 1956 suchte van den Berk Kontakt zu Innenminister Maron und ließ durch seine Putzfrau Material des UFJ übergeben, 43 UFJ-Berichte und 17 Berichte von DDR-Flüchtlingen. 14 Westagenten konnten so ermittelt und festgenommen werden. Van den Berk bot außerdem westdeutschen Unternehmen (u.a. Zeiss, Bayer, Kali-Chemie) gestohlene Informationen über die Produktion der DDR-Industrie an. 1958 wurde er verhaftet und im August 1959 zu sechs Jahren Haft wegen Spionage verurteilt, die durch Gnadenerweis des Staatsrates am 1.10.1960 auf vier Jahre Zuchthaus herabgesetzt wurden, so dass seine Strafe am 22.9.1962 verbüßt war. Berk war in der Strafvollzugsanstalt Bautzen II inhaftiert. Vgl. auch MfS HA XX 12227; MfS AS 435/62.

51 James Hartley, der im Juni 1954 nach Großbritannien zurückkehrte, um seine Kinder aus dem Heim zu holen (siehe Seite 56). Ähnlich ablehnend, so schrieb die Zeitung, hätten sich die ehemaligen britischen Soldaten Thomas, Kerr, Tyrell, Sharp und Scanlan geäußert.

52 MfS AP 6656/73. Anders als ein *Spiegel*-Bericht aus dem Jahr 1995 insinuiert, verpflichtete sich Raymond Hutto (IM »Karl-Heinz«) erst 1975 bei der Stasi. Damals nutzte die Stasi Huttos Bemühungen, bei der amerikanischen Botschaft einen neuen amerikanischen Pass zu beantragen, für seine Anwerbung. Hutto wollte zu diesem Zeitpunkt endlich seine Eltern und Verwandten in den USA wiedersehen. Beim zu erwartenden Militärgerichtsverfahren hoffte er auf einen Freispruch, weil das Delikt aus seiner Sicht verjährt und für im Vietnamkrieg Desertierte eine Amnestie erlassen worden war. 1978 erhielt er den Bescheid, dass seine Reise in die USA genehmigt sei – allerdings nur mit einem One-Way-Ticket. Seine Aufgabe, die Botschaft zu erkunden, erledigte er erkennbar nur mit mäßiger Begeisterung. Vgl. »Langes Gedächtnis«, in: *Der Spiegel* 15/1995 (www.spiegel.de/spiegel/print/d-9181911.html, Zugriff am 12.12. 2012).

53 *Tägliche Rundschau*, 16.7.1954; auch das *Neue Deutschland* druckte Huttos Erklärung. Er und Sieghilt, seine künftige Frau, überwanden am 28.6.1954 die Grenze von West- nach Ost-Berlin und meldeten sich beim Präsidium der Volkspolizei am Alexanderplatz.

54 Tatsächlich kehrte nur einer der sieben Afroamerikaner, die vor dem Mauerbau desertiert und in die DDR gekommen waren, wieder in den Westen zurück: John Sykes, geb. am 9.3.1925. Er verließ die DDR am 22.10.1959 »illegal«.

55 »(…) sie wählten nicht die Freiheit«, in: *Welt der Arbeit*, Wochenzeitung des Deutschen Gewerkschaftsbundes, 9.4.1954.

56 Vgl. MfS AP 7084/68 und MfS Halle AP 62/56, Band 1, AZ III (44) 17/51.

57 »Der verhätschelte Mörder. Erst Propagandaheld, dann Raubmörder – so endete die Fahnenflucht des britischen Soldaten Jack Stuart in den Osten«, in: *IBZ* 21/1955. Akten Jack Stuart: MfS Halle AP 62/56, Band I; MfS AP 7084/68. Tatsächlich wurde Stuart begnadigt – allerdings erst 1965. Der Direktor des Gefängnisses Waldheim bescheinigte ihm 1962 gute Führung und bei seiner Arbeit mehr als Normerfüllung sowie eine gute Einstellung zur DDR. Trotzdem wünschte Stuart, in seine Heimat zurückgeführt zu werden, was im November auch geschah. Am 11.11.1965 meldete die *Frankfurter Rundschau:* »Deserteur verurteilt. Der ehemalige britische Fallschirmjäger Jack Stuart wurde von einem Militärgericht unehrenhaft aus der Armee ausgestoßen, weil er 1949 in die DDR desertiert war. In Dresden hatte er bei der SED gearbeitet, war aber dann zu 15 Jahren Zuchthaus wegen Mordes an seiner Hauswirtin verurteilt worden und nach der Strafverbüßung britischen Militärbehörden in West-Berlin übergeben worden.«

58 Francis Bunting; siehe MfS BV Ddn AP 786/65; MfS AP 6662/73; MfS BV Pdm AIM 436/67; MfS HA VIII/7569.

59 MfS AP 524/57X: Am 1.1.1956 war in der britischen Zeitung *Sunday Pictorial* ein Artikel zu lesen, der über Kerr und dessen Zeit in Bautzen berichtete. Vier Tage danach meldete sich Kerr bei der Ost-Berliner

Transportpolizei, die ihn festnahm. Wenig später vernahm ihn Schenk im »Krankenhaus«. Kerr gab an, er sei nach seiner Rückkehr in den Westen bei einer Gerichtsverhandlung freigesprochen worden. Man habe ihm aber gesagt, »dass er der englischen Regierung für seine gewonnene Freiheit einen Dienst schuldig sei«. Im Dezember sei er ins Foreign Office bestellt worden, in dem ein Journalist des *Sunday Pictorial* ihn über Bautzen befragt habe. Der Beitrag erschien unter der Überschrift: »Escaper tells of 8 britons in E. German ›jail village‹« (Flüchtling berichtet über 8 Briten in ostdeutschem »Gefängnisdorf«). Kerr nannte die Namen Donnell, Scanlan, Sharp, Thomas, Tyrell, Darley und einen Nigerianer namens Adaleine, also Adelani. Der Autor, Comer Clarke, schrieb in seinem Bericht, dass die Briten in Bautzen »in freien, luxuriösen Wohnungen« lebten. Die Rede ist von einer Villa mit Marmortreppen und -gängen; »sie gehörte einem ehemaligen Millionär und steht in der Wallstraße in Bautzen, einer mit einem Wassergraben umgebenen Stadt in Sachsen«. »In dem Bemühen, sie gegen den Westen arbeiten zu lassen, gaben die roten Propagandachefs ihnen Geld, erstklassige Lebensmittel und teure Ausstattung. Tanz und Zusammenkünfte werden arrangiert, um die Männer zu ermutigen, damit sie mit Mädchen Bekanntschaft machen und mit ihnen leben. Die Roten erzählen den Männern, dass die Mädchen ihnen helfen werden, sich in Ostdeutschland sesshaft zu machen und ein luxuriöses Leben zu führen.« Kerr hatte von acht weiteren Briten berichtet, die in Bautzen festgehalten würden. Ihm selbst sei die Flucht im Februar im dritten Anlauf gelungen.

60 MfS AP 355/55 Band 3, Teil 1 (Joseph Kerr). Der »englische Terrier«, Douglas Sharp, war GI »Thomas Münzer« (MfS BV Ddn AIM 512/88).

61 Georgi Maximilianowitsch Malenkow war von 1953 bis 1955 Vorsitzender des Ministerrats der UdSSR.

62 Harry saß mit Arthur Shearer und dessen Freundin, Asta, zusammen. Die Männer, die er nach West-Berlin gebracht haben wollte, waren: Arthur Fox, Robert Blevens, Francois Rumph, Aubrey Miles, Josef Ward und Robert Dorey.

63 Aubrey Miles aus Alabama und Josef Ward aus New Jersey.

64 MfS Allg. P 10031/62 (Akte Norman Lowell) und MfS Ddn AP 355/55, Band 4.

65 Robert D. Blevens. Dessen Stasi-Akte: MfS AP 10024/62.

66 *Stars and Stripes*, 18.12.1953, S. 1: »30 Foreigners Held In E. Zone, ›Agent‹ Says at Pvt's Trial« (»Agent« sagt vor Gericht aus, dass 30 Ausländer in der Ostzone festgehalten werden).

67 Folgende Deserteure verließen die DDR bis August 1954 wieder: 1951: John McPherson (Schottland), Harry Parry (England), Jacques Julien Rocher (Frankreich). 1952: Albert Baker, Joseph Raymond Blakeley, Dennis Eggleton, John Marsden Preece, Francis Joseph Kelly (alle England), André Goyantyn (Frankreich), Mohamed Said Ben (Marokko), Ray David Schultz, John Joseph Shedosky, Eugen Robert Walter, Danny

Frederick Albert Wells, William Robert Dorey (alle USA), Sidney Ray Sparks (USA, abgeschoben). 1953: Thomas Carl Blake, Robert Blevens, Josef Ward Norman Lowell, Frederic Frank Lucas, Aubrey Miles (alle USA), Winfried Bonnes (Frankreich), Michael Fox, James Green, William Glancy (alle England), John James, Francois Rumph (alle Wales), Samuel Lewes (Irland), Robert Wanrooy (Niederlande). 1954: Hugh Sharp, James Hartley (England), Martin Nee (Irland), Charles Johnson (USA), José Díaz-Pastow (Spanien), Alberto Díaz-Ríos (Mexiko) und René Michaud (Frankreich).

68 MfS Ddn AP 355, Band 4 (Lowell). In Band 2 finden sich einige Hinweise zu Wanrooys Leben, nachdem er im Dezember 1953 wieder nach West-Berlin gegangen war. Wanrooy schrieb am 1.8.1955 an Schattel und bat ihn, einen Brief an »George« weiterzuleiten. Die Übersetzung: »Erinnerst Du Dich an mich. Ich bin einer der holländischen Jungen, die Dich um Asyl gebeten haben. Du weißt auch, dass ich nach 4 Monaten nach Holland zurückging.« Er sei zwei Jahre inhaftiert gewesen, und nun frage er, ob es möglich sei, wieder in die DDR zurückzukehren. »Ich will zurück und will alles für Dich tun. Ich schreibe Dir das vorher, aber nimm mich nicht wieder mit nach diesem verdammten Ort Bautzen (…)« Darauf findet sich die handschriftliche Bemerkung: »Dez. 1953 flüchtig, GI KD Bautzen«.

69 Der tätowierte Amerikaner ist Arthur Shearer, seine Freundin Asta Kubatzky. Siehe MfS BV Ddn AOp 189/57; MfS BV Ddn AOp 136/56; MfS Allg. Z 130/66.

70 Anweisung vom 9.2.1954, in: MfS AOp 330/55, Band 3, Teil 1 (Vorgang 377/54; angelegt zur Kontrolle der Überläufer), Arbeitsrichtlinien.

71 MfS AP 14373/62 (Díaz-Ríos). Eine Fotografie des Briefs liegt in der Akte MfS BV Ddn AOp 136/56. Im Original heißt es: »Ella no es de tu raza (…) porque debo que hacerte ver que la mexicana cuando quiere se conforma con cualquier cosa, pero la Europea tal vez no.«

72 Ronald Thomas.

73 »Taylors« Treffberichte liegen in der Akte MfS AIM 624/57.

74 Der Gruppenvorgang »Volkswagen« ist dokumentiert in: MfS BV Ddn AOp 136/56.

75 Das Fluchtvorhaben ist dokumentiert in: MfS AIM 624/57.

76 Aktennotiz Schenks vom 2.4.1954.

77 »Taylors« schriftlicher Sammelbericht vom 4.4.1954.

78 MfS Ddn AOp 298/56 (Philip Morand). Den Brief an »George« schrieb Morand handschriftlich am 8.5.1954.

79 MfS AIM 57/62 (»Suliko«). Im selben Haus wohnte später auch ein Operativer Mitarbeiter der BV Dresden namens Woitha (IM »Karl Weber«).

80 René Michaud.

81 »Sulikos« Freund und späterer Ehemann war der Amerikaner George Smith aus Los Angeles. Nach Militärschule, Reservistendasein und Ar-

beit in der Autowerkstatt des Vaters hatten sie ihn 1950, mit 23 Jahren, zum aktiven Armeedienst einberufen. »1951 legte ich aufgrund meiner Gedanken über den koreanischen Krieg mein Offizierspatent nieder«, stand in den Vernehmungsakten, »bis ich auf den Gedanken kam, dass die amerikanischen Kapitalisten einen Krieg gegen die UdSSR anfangen wollten. Ich beschloss, nach Europa in ein sozialistisches Land zu gehen.« Er flog über Paris nach Berlin und überschritt die Demarkationslinie im November 1952. Smith stammte zwar – wie auch Victor Grossman – aus bürgerlichen Verhältnissen und trug manchmal noch allerhand Eigenarten der imperialistischen Herrschernation zur Schau, wie Schenk einem Bericht von Schulleiter Fuchs entnehmen konnte, war aber grundsätzlich einem »fortschrittlichen Humanismus« verbunden. Er studiere intensiv und bemühe sich, ein guter Marxist zu werden. »Sein Ziel ist, von der sowjetischen Wissenschaft möglichst viel zu lernen und dann in seiner Heimat die Intelligenz von der Überlegenheit der sozialistischen Wissenschaft zu überzeugen und das am. Proletariat durch die Verwirklichung des Marxismus-Leninismus zum Wohlstand zu führen.« Was Fuchs nicht wusste, war, dass George Smith eigentlich Robert Wilson geheißen hatte, nach einer intensiven Behandlung für eine »befreundete Dienstelle« – eine der Sowjets – arbeitete und dort gute Informationen über die Ausländer lieferte. Beurteilung durch den Leiter der Sonderschule der IS, Heinrich Fuchs, vom 25.9.1954; vgl. BArch DO 1, 14648.

82 Brian John Fleet aus Brighton, England.

83 Josef Kiefel leitete die HA II von 1953 bis 1960. Von 1953 bis 1955 gehörte sie zum Anleitungsbereich Erich Mielkes, damals 1. Stellvertreter von Stasi-Chef Ernst Wollweber. Von 1955 an unterstand die HA II dem Stellvertreter des Ministers, Bruno Beater.

84 MfS AOp 377/54 Band 2, Teil 1: Als zuständige Abteilung ist die HA II/5/1 genannt, die »die Filtration von Überläufern aus Armee'n kapitalistischer Staaten durchführte«. In einem zusammenfassenden Bericht der Abt. VII aus dem Jahr 1958 heißt es: »Die operative Bearbeitung dieses Objektes in Bautzen und der Menschen wurde von einem Sachbearbeiter auf der Linie II der KD Bautzen durchgeführt. Für die Anleitung und Kontrolle dieses Mitarbeiters und der daraus sich ergebenden Arbeiten war das Referat 1 der HA II/5 Oltn. Schenk verantwortlich.«

85 Die Berliner Polizei war von 1948 an gespalten, nachdem der Magistrat von Berlin am 26.7.1948 Polizeipräsident Paul Markgraf suspendiert und Johannes Stumm eingesetzt hatte. Die Sowjetische Militäradministration in Deutschland (SMAD) akzeptierte das nicht. Markgraf war 1943 als Soldat der Wehrmacht in sowjetische Kriegsgefangenschaft geraten und Mitglied des Nationalkomitees Freies Deutschland (NKFD) sowie der KPD geworden. Markgraf blieb Polizeichef in Ost-Berlin. Dementsprechend bezeichnete man im Ostteil der Stadt die West-Berliner Polizei als »Stumm-Polizei«.

86 So in MfS AIM 9316/67 A. Es gibt Widersprüche zur Vernehmungsakte

MfS AU 198/52. Der Stasi-Mann, der das Protokoll unterschrieb, hieß Wilke. Charlotte Hillie wollte vermutlich den Eindruck vermeiden, dass die Initiative für die späteren gemeinsamen Besuche mit »Frl. Gertrud« bei Cox von ihr ausgegangen sein könnte.

87 MfS AU 198/52, Ermittlungsbericht Wilkes vom 2.7.1952.

88 MfS Pdm ASI 285/52. Der Haftbefehl gegen Gertrud S. lautete: »Sie wird beschuldigt, in Berlin u. der DDR nach dem 8. Mai 1945 durch Propaganda für den Nationalsozialismus oder Militarismus oder durch Erfindung und Verbreitung tendenziöser Gerüchte den Frieden des deutschen Volkes oder den Frieden der Welt gefährdet zu haben, indem sie seit März 1952 in Verbindung mit Agenten des amerikanischen Geheimdienstes steht. Sie hat von diesem Agenten Spionageaufträge entgegengenommen und darüber hinaus Personen aus der DDR als Agenten angeworben und weitervermittelt.« – Die Anklageschrift vom 24.9.1952 enthielt folgende Vorwürfe: Boykotthetze, Spionage, Wohnung einem Beauftragten des englischen Geheimdienstes zur Verfügung gestellt, Anwerbung von Agenten.

89 MfS AP 10013/62, Stasi-Übersetzung von O'Ryans handschriftlichen Stellungnahmen vom 24.8. und 24.9.1954.

90 MfS AIM 57/62 A, Band 1, Bericht »Suliko« vom 26.6.1954. Der andere Amerikaner am Tisch war Tommy Woods aus Rogersville, Tennessee.

91 GI »Suliko«, Bericht vom 26.6.1954. Alle Genannten wurden von den Deserteuren offenbar verdächtigt, als GI für die Stasi zu arbeiten: Victor Grossman tat dies tatsächlich unter dem Decknamen »Taucher«, George Smith war der Ehemann der GI »Suliko«; James Scanlan, mit dem Smallwood sich prügelte, war loyal, aber kein GI, seine Frau gab vor Eröffnung der Sonderschule eine Zeit lang Deutschunterricht im Klubhaus (und stieß damit nur auf geringes Interesse), Ronald Thomas unterschrieb seine Verpflichtungserklärung am 11.1.1956 unter Druck (kein Deckname), Douglas Sharp war GI »Thomas Münzer«. Der Franzose, der ihn vor diesen Leuten warnte und sich ebenfalls an der Schlägerei beteiligt hatte, war René Michaud.

92 Adresse: Auf dem Meisenberg 19. Ursprünglich hatte Schenk ein Objekt in unmittelbarer Nähe zur Stasi-Zentrale im Auge, in der Bautzener Straße 118. Weshalb die Wahl auf das »Sanatorium« fiel, verraten die Akten nicht.

93 Vermutlich hieß der Mann Werner Eckert, Harry »Klokenstien« buchstabierte ihn an anderer Stelle auch »Eckhardt«. Er war Zelleninformator und unterzeichnete seine Berichte mit dem Decknamen »Lehmann«. Unterlagen mit den korrekten Daten waren leider nicht zu finden.

94 Richard Irvine, dessen Flucht am 15.10.1954 misslang und den die Stasi dann abschob, und John Smith, der zu dieser Zeit ebenfalls noch im Gefängnis saß wegen eines Diebstahls in einem Kiosk, den er zusammen mit Irvine begangen hatte.

95 MfS Allg. P 10028/62: Morand bot sich wenig später laut Bericht der

Bautzener KD vom 20.4.1955 als geheimer Mitarbeiter an. Am 20.1.1956 unterschrieb er eine Schweigeverpflichtung, was keine Verpflichtung zur Mitarbeit bedeutete: Seine »Obligation to be fulfilled« lautete: »I, Philip Morand, hereby swear that I do not disclose our conversation of January 20, 1956, that I have discussed with my friends of Ministry of state security (…)« (Ich, Philip Morand, schwöre hiermit, dass ich niemals die Unterhaltung offenbaren werde, die ich am 20. Januar 1956 mit meinen Freunden vom Ministerium für Staatssicherheit geführt habe).

96 Gemeint ist der Franzose René Michaud, der im Juni geflüchtet war, nachdem er eine Haftstrafe wegen einer Schlägerei abgesessen hatte.

97 Der genannte Rückkehrer war Robert Blevens; vgl. MfS AP 10024/62.

98 Siehe MfS Ddn AP 355/55 (Wanrooy); MfS Allg. P 10031/62 (Lowell).

99 Auf seinem Personalbogen steht: »Smallwood, William, 25.12.1925, Lawado Texas USA, ledig«.

100 MfS AP 10014/62 (Smallwood).

101 MfS AP 10014/62, darin alle Berichte von »Jack Forster« über seine Gespräche mit Smallwood im Oktober 1954.

102 MfS AU 207/54.

103 Die Brüder waren Arnold und Sidney Gold aus London, beide waren im Sommer 1953 mit einem Schäferhund (wie Victor Grossman zu berichten wusste) in die DDR gekommen, aber, wie sich herausstellte, zur Zeit ihres Übertritts bereits aus der Armee ausgeschieden, also keine Deserteure. Arnold, von Beruf Hilfstischler, sei »ruhig und geht wenig aus sich heraus«, er sei willig, zeige aber keine guten Leistungen in der Schule und wäre »kaum zu bewegen, die deutsche Sprache anzuwenden«. Er stehe unter dem »negativen Einfluss seines Bruders« Sidney. Nach ihrer Rückkehr im folgenden Jahr sollten sie im Londoner *News Chronicle* über »Unsere Jahre im roten ›Renegaten-Klub‹« berichten.

104 Vgl. MfS AOp 330/55, Band 14 f.

105 Eisenhower sagte am D-Day wörtlich: »You are about to embark upon the great crusade, toward which we have striven these many months. The eyes of the world are upon you (…) I have full confidence in your courage, devotion to duty and skill in battle. We will accept nothing less than full victory.«

106 Die beiden Hauswachen, die an diesem Abend im Haus Am Meisenberg 19, dem »Sanatorium«, Dienst hatten, waren die Dresdner Rudi Hentschke und Rudi Kläffling. Außerdem waren dort angestellt: Georg Grämer aus Dresden-Bühlau, Lothar Nieselt (Hauswache) aus Coswig bei Dresden sowie aus Dresden Reinhard Frenzel (Hauswache) und Herbert Kuntze (Heizer).

107 Frank Lavarde.

108 Der »Franzose« war damit aufgeflogen. Als er zum ersten Mal in der DDR war, hatte er sich René Michaud genannt. Dieses Mal war er unter dem Namen Roger Lefevre eingereist. Aber auch das war nicht sein wirklicher Name (siehe Anm. 114).

109 Oberfeldwebel Michael Ascherl, damals 54 Jahre alt.

110 Der zweite Mann war Feldwebel Wilhelm Bodenstein. Der Fluchtversuch ist dokumentiert in: MfS AK 160/55.

111 MfS AP 10013/62 (O'Ryan/Michaud).

112 Der Wachmann hieß Erich Unger. Nummer 35 war Michauds Zimmer, O'Ryan war in Nummer 38 untergebracht.

113 »10 Jahre Zuchthaus für US-Soldaten«, in: *Telegraf,* 18.12.1957. Die Zeitung meldete, dass O'Ryan in den Waffenraum seiner Kaserne eingebrochen, dort drei Pistolen gestohlen habe und mit vier Pistolen sowie 450 Schuss Munition übergelaufen sei.

114 Noch in der Haftanstalt Luckau gestand der Franzose im Oktober 1956, weder Michaud noch Lefevre zu heißen, sondern Fred Heinemann. »Er wurde vonseiten des französischen Geheimdienstes in die DDR geschickt.« Der Leiter der HA II, Oberst Kiefel, bat die HA IX, das Geständnis einzuziehen und der HA II/3 (Schenk) zuzuleiten, da »operatives Interesse« bestehe (12.11.1956, Brief Kiefels). Aus Schenks Bericht vom 11.12.1956 geht hervor, Fred Heinemann sei »zweimal im Auftrage des französischen Geheimdienstes in der DDR gewesen mit dem Auftrage festzustellen, wie die Lage unter den in Bautzen angesiedelten Überläufern ist und geeignete Überläufer nach dem Westen zurückzuholen, d.h., dass der M. alias L. die Möglichkeit hat, nach seiner Strafverbüßung beispielsweise in Cottbus zu wohnen und sich beim französischen Geheimdienst durch persönliche Verbindungsaufnahme in Erinnerung zu bringen«. Das böte Gelegenheit, »Teile des gegnerischen Netzes kennenzulernen«. Schenk und seine Kollegen waren skeptisch, ob Heinemann brauchbar sei. Sie fragten sich, weshalb Heinemann seine wahre Identität erst zu diesem Zeitpunkt offenbarte, wenige Monate vor seiner Haftentlassung. Sie kamen zu dem Schluss, »dass er Pläne macht, um nach seiner Haftentlassung ein seinem früheren Leben entsprechendes Dasein so fortzuführen«. Es gebe »keine Anhaltspunkte dafür, dass er ehrlich ist«. Er zweifelte das Geständnis sogar an. Goller meinte in seinem Bericht am 18.12.1956, »dass der M. keine normale Arbeit leisten will, sondern (sich) stets durch Betrug und Abenteuer jeglicher Art durchs Leben schlagen möchte«. Dennoch wurde Heinemann am 24.3.1957 vorzeitig entlassen, entsprechend einer nicht näher beschriebenen Weisung der Generalstaatsanwaltschaft der DDR, Abteilung I, vom 7.2.1957. Er verließ die Haftanstalt als René Michaud, als gäbe es weder Lefevre noch Heinemann.

115 Alle Protokolle in: MfS Ddn AU 207/54.

116 MfS Ddn AIM 875/53. Die Verpflichtungserklärung vom 12.6.1952 ist auf Französisch geschrieben.

117 Er nannte Miles, Rumph, Blevens, Dorey und Fox.

118 Er schrieb immer »Rouché«.

119 Aktennotiz vom 22.9.1954, Goller: »Für die operative Bearbeitung des Smallwood (…) machte sich der Kauf von 100 Stck. Westzigaretten,

Marke Camel, erforderlich. Der Preis dieser Zigaretten betrug 33,73 DM.«

120 Der Bauingenieur Karl(i) Bandelow hatte sich für die Organisation Gehlen, die Vorläuferorganisation des Bundesnachrichtendienstes (BND), ins Staatssekretariat für Kraftverkehr und Straßenwesen eingeschlichen und Pläne für Straßenbau, Brücken und andere Bauprojekte geliefert. Er war einer der Westspione, die aufflogen, nachdem ein Stasi-Spion, Hans Joachim Geyer, Zugang zu den Personalakten in der Gehlen-Filiale X/9592 in West-Berlin erhalten hatte. Im November 1954 musste er sich mit sechs anderen Gehlen-Agenten vor dem 1. Strafsenat des Obersten DDR-Gerichts verantworten. Er wurde am 11. November 1954 in Dresden hingerichtet.

121 Gary Shemmerling und John Lind: Shemmerling, angeblich aus New Jersey, gab an, in die DDR gekommen zu sein, um dem Dienst in der US-Armee zu entkommen. Mit ihm wohnte Forster im Februar 1955 vier Wochen im Hotel »Chemnitzer Hof« in Karl-Marx-Stadt, vermeintlich um ihn in die »neue Welt« einzuweisen. Nachdem Shemmerling die Sowjetarmee als »second class American army«, zweitklassige US-Armee, bezeichnet hatte, war »Duke« sicher, dass Shemmerling Amerikaner sei. »James Dukes« abschließende Beurteilung am 25.2.1955 lautete: »Shemmerling is not, I think, an agent. He is a pampered child and does not know what to do now that he can not depend on his parents for help« (Ich glaube nicht, dass Shemmerling ein Agent ist. Er ist ein verwöhntes Kind, das nicht weiß, was es ohne die Hilfe seiner Eltern tun soll). Shemmerling werde nicht ein Jahr in der DDR bleiben, weil er nicht genug Geld habe. Dennoch müsse er »closely observed«, intensiv überwacht, werden. »He could be dangerous. I believe he would engage in subversive activities if he could make enough money« (Ich glaube, er könnte gefährlich werden, denn er würde sich auf subversive Aktivitäten einlassen, wenn er dafür genug Geld bekäme). Im April 1955 zog Forster, angeleitet von Schenk und Grübel, als Kammeragent namens »John Wolf« erneut ins »Sanatorium«, um den Briten John Lind zu begutachten. »Die Bearbeitung ergab keine wesentlichen Punkte.« In beiden Fällen täuschte sich Forster. Schon nach wenigen Monaten stellte sich heraus, dass Gary Shemmerling und John Lind Deutsche und unter falschen Namen eingereist waren. Vgl. MfS A 7170/61; BV Ddn AU 261/55.

122 MfS AOp 330/55, Band 1, Teil 3; Buchmanuskript in: MfS AOp 330/55, Band 13, Teil 1: »The United States and its People«, Teil 2: »The United States Army«.

123 MfS Ddn AOp 298/56 (Morand).

124 MfS Chem AU 41/55.

125 Der erste Schläger hieß Wilhelm Ullmann, der zweite Jan Dankiewicz.

126 BArch DO 14645, MfS Allg. P 10065/62; Protokoll der Vernehmung der Freundin: AOp 330/55, Band 1.

127 MfS AOp 330/55, Band 2, Teil 1.

128 Kommissarisch hatte Manfred Noack neben seinem Amt des Kulturleiters auch die Klubleitung übernommen. Schenks Einschätzungen finden sich in einer Vorlage ohne Datum, die er wohl Anfang September 1956 erstellt hat, in: MfS AOp 330/55, Band 2, Teil 4; siehe außerdem: Schenks Situationsbericht vom 26.1.1956 über die »Internationale Solidarität« in Bautzen.

129 MfS BV Ddn AOp 136/56, Kontrollvorgang Nr. 89/55 »Volkswagen«. Akte Le Roy: MfS AP 11632/62 und MfS BV Ddn AGJ 595/55 P-1 (mit Verpflichtungserklärung).

130 MfS BV Ddn AOp 136/56.

131 Der Vermieter von Frank Lavarde war der Bruder von Taxi-Wentscher, Arno. In einem Bericht (Drechsler, BV Dresden) vom 15.8.1955 wird Arno Wentscher als »ehemaliger GI der Kreisdienststelle« bezeichnet (MfS BV Ddn AOp 136/56)

132 Die Frau war Sieghilt Hutto. Sie war als GI auf Frank Lavarde angesetzt, der sich unglücklicherweise in sie verliebte, was auch ihrem Mann nicht verborgen blieb. Im Sommer 1955 waren Lavarde und sie verschwunden.

133 Gaither Turner aus Alabama.

134 Anwerbungsbericht Hübners vom 29.10.1955.

135 Die Geschichte von Donnells Flucht ist dokumentiert in: MfS AS 130/66, Band 1, mit einem Bericht Hübners von 13.1.1956; eine weitere Akte zu den Donnells: MfS Ddn AIM 32/56, Akte Ingeborg Donnell (= GI »Helga«, angeworben am 24.8.1954).

136 MfS AIM 875/53 (Labarthe). Der Brief trägt das Datum 10.11.1955.

137 Im Jahr 1958 stellte Labarthe mit seiner Frau und fünf Kindern einen »Antrag auf Zuzug in die DDR«. (Aktennotiz vom 1.8.1958 eines Sachbearbeiters für Ausländerwesen). MfS und IS sprachen sich dagegen aus – wohl wegen eines naheliegenden Verdachts.

138 MfS BV Ddn AIM 512/88: Von Mai 1954 an schrieb Sharp Berichte unter dem Decknamen »Thomas Münzer«. 28 Mal traf er allein von Oktober 1955 bis Juli 1956 seinen Führungsoffizier, der seine Anstrengungen zur »Absicherung verschiedener fluchtverdächtiger Ausländer der IS« als »zufriedenstellend« beurteilte. 1958 trug er »wesentlich bei zur Entlarvung des ehemaligen IS-Angehörigen Manfred Lerch, der sich unter falschem Namen als amerikanischer Deserteur ausgab«. So viel Loyalität zahlte sich aus: 1955 durfte Douglas Sharp auf Vorschlag Schattels an den 5. Weltfestspielen der Jugend und Studenten in Warschau teilnehmen, ein Privileg, das er mit Charles Lucas, Victor Grossman, Piet Janssen (Holland), André Labarthe (Frankreich), Mohamed Abdelkader (Algerien) und Moto-Rogba Adelani (Nigeria) teilte. Er durfte studieren, qualifizierte sich als Übersetzer, später als Redakteur bei *Zeit im Bild* für den Posten des Endredakteurs, bei der Auslandsillustrierten *DDR-Revue* war er für England und lateinamerikanische Staaten zuständig. 1958 schaltete die Stasi ihn nach einem Umzug ab, weil er seine Frau eingeweiht hatte, »eine stramme Genossin; er wollte offenbar seine knappe

Freizeit nicht dem MfS widmen, sondern seiner Frau, die er im Verlag kennengelernt hatte«. Erneute Verpflichtung am 18.8.1966; er gab sich den zu dieser Zeit für einen Briten sehr beziehungsreichen Decknamen »Wembley«. Aufgabe: »innere Abwehr unter dem Personenkreis der ehemaligen NATO-Armeeangehörigen«. 1985 erhielt der Inoffizielle Mitarbeiter Sicherheit (IMS) den Decknamen »John Gordon«. Sharp starb 1988. Siehe außerdem: BArch DO 1, 13952, 13953, 14648.

139 William J. Peterson aus Beaufort, USA, AWOL seit August 1949, in Bautzen seit Oktober 1953. Auch er litt offenbar unter Heimweh. Er war 1944 aus Georgia zur 42. Feldartillerie nach England versetzt worden und gehörte den Invasionstruppen in Frankreich an. Anschließend nach Japan versetzt, kam er 1948 über Erlangen nach Berlin. »Am 5.9.1949 begab ich mich in die Russische Besatzungszone in Berlin (Germany). Ich blieb mit den Russen in Berlin bis 1952. 1952 wurde ich nach Kreischa (…) geschickt, wo ich als Schmied in der MTS beschäftigt war. Im Oktober 1953 kam ich nach Bautzen, um die Schule zu besuchen und einen Beruf zu erlernen.« (Kopie eines ins Deutsche übersetzten Lebenslaufs vom 16.10.1953, in: MfS AS 130/66, Band 4). – Nach Petersons Tod berichtete GI »Lucas Marbell« (Manuel Díaz alias »José Alvarez«): »Clayton said that Peterson had not killed himself and that in his opinion, the man, as he knew him, thought too much about life and a good time to have done that by his own volition.« (Clayton sagte, dass Peterson sich nicht selbst getötet habe. Seiner Meinung nach und soweit er ihn kannte, habe der Mann zu viel über das Leben und Spaß nachgedacht, als dass er das ganz von selbst gemacht haben könnte.) Vgl. MfS AIM 4073/56 A.

140 Bis zum Mauerbau sollte die Zahl der Deserteure auf mehr als zweihundert steigen, und auch danach beantragten Soldaten aus Nato-Armeen unter noch schwierigeren Bedingungen (möglicherweise in größerer Zahl als zuvor und aus anderen Beweggründen) Schutz und Asyl in der DDR.

141 Willy Avent, Arthur Boyd, Jack Hillie, Raymond Hutto, Charles Lucas und James Pulley. Ob Eddy Brown Deserteur oder Zivilist war, ist umstritten. Die Landesbehörde der Volkspolizei (LBdVP) Brandenburg meldete über ihn am 8.1.1952: »Desertion aus der amerikanischen Armee« (MfS AOp 330/55 Band 8, Teil 3). John Sykes stieß 1957 dazu.

142 Ministerium des Innern, HA Innere Angelegenheiten: Bericht über die Überprüfung der Abteilung »Internationale Solidarität« in Bautzen in der Zeit vom 17.–20.9.1957 (Genosse Heinze).

143 Vorgang 377/54: HA VII/3, 3.12.1965.

144 MfS HA KuSch 1359; MfS HA KuSch 1073; MfS HA KuSch 1072; MfS SED-KL 6179.

145 MfS Allg. P 10028/62 (Philip Morand); MfS Ddn AOp 298/56; ÜV 127/55 (Morand).

146 Darstellung nach Morands Militärgerichtsakte (»Record of Trial«), die mir – neben anderen – Fred L. Borch, Regimental Historian & Archivist at The Judge Advocate General's Legal Center and School in Charlot-

tesville, zur Verfügung stellte. Die Verhandlung fand vom 16. bis zum 19.10.1956 in Berlin statt. Offenbar folgten danach Befragungen über einzelne Deserteure. So beantwortete Morand unter Eid am 29.10.1956 Fragen über Arthur Shearer, die bei den Verhandlung nach dessen Rückkehr 1958 als Beweis dienten, dass Shearer schuldig sei der »Affiliation with a Communist Organisation« (Zugehörigkeit zu einer kommunistischen Organisation) und der »unauthorized communication with a Foreign Government« to defeat the measures of the United States« (unerlaubte Kontaktaufnahme mit einer fremden Regierung, um Maßnahmen der Vereinigten Staaten zu hintertreiben). Auf drei Fragen hatte Morand dieselbe Antwort gegeben: Ob Shearer die Schule der IS besuchte, ob Shearer Mitglied der FDJ war, ob Shearer auf der Parade am 1. Mai mitmarschierte. Jedes Mal antwortete Morand: »Yes sir, he did.« Shearer wurde vom Militärgericht in Berlin-Lichterfelde zu zehn Jahren Haft verurteilt.

147   Die Briefe liegen in der Akte Smallwood, MfS AP 10014/62.

148   Aus dem Protokoll der Militärgerichtsverhandlung gegen William Smallwood (»Record of Trial by General Court-Martial«) vom 22. bis zum 24.7.1957 in Berlin.

149   Ebd. und »Review of the Staff Judge Advocate« vom 29.8.1957.

150   In der DDR befragt, sagte Ajao, was er dort für nützlich hielt: dass er 1948 der Britischen Kommunistischen Partei in Leicester beigetreten sei. In seinem später erschienenen Buch verschwieg er das.

151   Nach der Rückkehr von Aderogba Ajao, der in der DDR Moto-Rogba Adelani hieß, sendete die BBC am 24.11. sowie am 3. und 10.12.1958 Interviews mit ihm über die »Erlebnisse eines Nigerianers in der Sowjetzone«. Dort ließ er unter anderem wissen, dass er exmatrikuliert worden sei, »da er eine Ehe mit einer weißen Frau geschlossen habe«. An seinem Beispiel, so beurteilte die Stasi diese Aussage, sollten die Hörer »die Doppelzüngigkeit der SED erkennen, die immer vorgäbe, für die Gleichheit der Rassen einzutreten« (Analyse der drei BBC-Sendungen von Hans Fiedler, inzwischen HA II/2, Berlin).

152   Dafür erhielt er großes Lob. So rezensierte Edwin B. Morrell in der antikommunistischen Zeitschrift *Slavic Review* (Brigham Young University) Aderogba Ajaos Buch: »Er ist davon überzeugt, dass der neue sowjetische Kolonialismus genauso hassenswert ist wie die alte britische Form oder gar abscheulicher. Jetzt tritt er für die Unabhängigkeit Nigerias und die Würde seines eigenen Volkes als freie Menschen ein, indem es mit Ländern zusammenarbeitet, ›die unseren Glauben teilen, dass wir das Recht haben, uns auf unsere eigene Weise zu regieren‹«, in: *Slavic Review* 22 (1963) 3, S. 572.

153   Ajao schreibt im Buch, dass er gemeinsam mit »Pierre, dem Franzosen, van der Post, dem Holländer, Mossman, dem amerikanischen Juden«, habe flüchten wollen. In Wirklichkeit hießen sie Le Roy, Louwman und O'Ryan.

154 Der Brief an Stoph, den Adelani am 22.12.1954 schrieb, liegt in der Akte MfS Ddn AIM 624/54. Weitere den Nigerianer betreffende Unterlagen enthält die Akte MfS AP 18329/62.

155 MfS AIM 7170/61: »Kittys« richtiger Name ist Waltraut Schmidt, geb. am 8.9.1932 in Berlin.

156 Reeds Ehefrau arbeitete zu dieser Zeit offenbar als Sekretärin bei der *Leipziger Volkszeitung.* Dort hatte John Reed 1956 sein Praktikum absolviert. Vgl. MfS AIM 7170/61, Band 3.

157 MfS AIM 7170/61: »Information über die von dem Beschuldigten Brandi am 4. und 5.5.1963 durchgeführte Schleusungsaktion« der HA IX/2 vom 12.8.1963. – Die Informationen in der Akte stammten in erster Linie von »Kitty«, Brandi hat sowohl bei den Vernehmungen als auch später abgestritten, Reed oder andere Ostdeutsche nach West-Berlin geschleust zu haben. Die Wohnung in der Stolpischen Straße war eine konspirative. »Kitty« behauptete später, sie habe den Westdeutschen angesprochen. Brandi sagte in einem Gespräch mit dem Autor Anfang November 2011 in Berlin, dass er die »Opfer« immer selbst rekrutiert, als »Schlafmittel« nie Medikamente, sondern ausschließlich Alkohol eingesetzt habe. Er will erheblich mehr als fünfzig Ostdeutschen zur Flucht verholfen haben, allerdings nicht als Mitglied von »Xerxes«, sondern in Eigeninitiative. Sein Motiv: Hilfsbereitschaft und Ablehnung des sozialistischen Regimes. Den Reisepass des Westdeutschen schickte er nach Reeds Flucht »an eine bekannte Adresse« in Ost-Berlin. Wenn er Reeds Stasi-Vergangenheit, insbesondere dessen Mitverantwortung für Smallwoods Verhaftung und dessen Gefängnisstrafe gekannt hätte, so Brandi, »dann hätte ich Reed nicht geholfen«.

158 Siehe auch MfS AIM 26161/91: IMS »Volker Brauer« (KD Berlin-Lichtenberg), das ist Lutz Büchler, erster Ehemann von Reeds Tochter, die – inzwischen in West-Berlin lebend – »im Januar 1988 nochmals von der amerikanischen Sichtungsstelle vorgeladen wurde und nach ihrem ehemaligen Ehemann – Tätigkeit, Arbeitsstelle, Wohnort – befragt worden war. Für ihre Auskünfte bei der amerikanischen Sichtungsstelle erhielt die K. 50 DM.« Vgl. HA XVIII/5, Bericht vom 24.10.1989. Reed war nicht der einzige amerikanische Deserteur, der Kontakt zur US-Botschaft aufnahm; das taten auch Victor Grossman, Raymond Hutto, und Billy Mullis, der danach mehrere Wochen durch die USA reiste. Vgl. MfS AKK 2410/79, Grossman.

Abkürzungsverzeichnis

ADN	Allgemeiner Deutscher Nachrichtendienst
AFN	American Forces Network
	(Rundfunk der US-Streitkräfte im Ausland)
AIM	Archivierter Vorgang eines Inoffiziellen Mitarbeiters
AWOL	absent without (official) leave
	(unerlaubtes Entfernen von der Truppe)
BArch	Bundesarchiv
BBC	British Broadcasting Corporation
	(britische Rundfunkanstalt)
BND	Bundesnachrichtendienst
BSG	Betriebssportgemeinschaft
BStU	Der Bundesbeauftragte für die Unterlagen
	des Staatssicherheitsdienstes der ehemaligen DDR
BV	Bezirksverwaltung
CIA	Central Intelligence Agency
	(US-amerikanischer Geheimdienst)
CIC	Counter Intelligence Corps
	(Spionage-Abwehr der US-Armee)
DEFA	Deutsche Film AG
DPA	Deutscher Personalausweis
DSF	Gesellschaft für Deutsch-Sowjetische Freundschaft
EMW	Eisenacher Motorenwerke
ESG	Evangelische Studentengemeinde
FDGB	Freier Deutscher Gewerkschaftsbund
FDJ	Freie Deutsche Jugend
GHI	Geheimer Hauptinformator (MfS)
GI	Geheimer Informator (MfS)
G.I.	Bezeichnung für Infanteristen der US-Streitkräfte
GM	Geheimer Mitarbeiter (MfS)
HA	Hauptabteilung (MfS)
HO	Handelsorganisation
HWG	häufig wechselnde Geschlechtspartner
IBZ	Illustrierte Berliner Zeitschrift
IG	Interessengemeinschaft
IM	Inoffizieller Mitarbeiter (MfS)
IMS	Inoffizieller Mitarbeiter Sicherheit (MfS)
IS	Internationale Solidarität
KD	Kreisdienststelle
KGU	Kampfgruppe gegen Unmenschlichkeit
KP	Kontaktperson
KPD	Kommunistische Partei Deutschlands
KW	konspirative Wohnung

LBdVP	Landesbehörde der Volkspolizei
LPG	Landwirtschaftliche Produktionsgenossenschaft
MdI	Ministerium des Innern
MfS	Ministerium für Staatssicherheit, auch Stasi
MID	Military Intelligence Division (Geheimdienst der US-Armee)
MTS	Maschinen-Traktoren-Station
MVM	Militärverwaltungsmission
NAACP	National Association for the Advancement of Colored People (US-amerikanische Bürgerrechtsorganisation)
NBI	Neue Berliner Illustrierte
NKFD	Nationalkomitee Freies Deutschland
NSDAP	Nationalsozialistische Deutsche Arbeiterpartei
NVA	Nationale Volksarmee
OV	Operativer Vorgang
PKZ	Personenkennzahl
SBZ	Sowjetische Besatzungszone
SED	Sozialistische Einheitspartei Deutschlands
SfS	Staatssekretariat für Staatssicherheit
SIS	Secret Intelligence Service (britischer Auslandsgeheimdienst)
SKK	Sowjetische Kontrollkommission
SMAD	Sowjetische Militäradministration in Deutschland
SR	Sonderreferat (MfS)
SS	Schutzstaffel
SSD	Staatssicherheitsdienst
TH	Technische Hochschule
UFJ	Untersuchungsausschuss Freiheitlicher Juristen
VEB	Volkseigener Betrieb
Vopo	Volkspolizist
VPKA	Volkspolizeikreisamt
ZK	Zentralkomitee

Literaturverzeichnis

Ajao, Aderogba: On the Tiger's Back, Cleveland/New York 1962.

Blair, Mike: NATO Soldiers Abducted, in: *The Spotlight*, 3.4.2000 (http://www.libertylobby.org/articles/2000/20000304abducted.html, Zugriff am 24.11.2012)

Cole, Paul M. (Hrsg.): POW/MIA Issues, Volume 2, World War II and the Early Cold War, Santa Monica 1994.

Enbergs, Helmut Müller u.a. (Hrsg.): Wer war wer in der DDR? Ein Lexikon ostdeutscher Biografien, Berlin 2010.

Goedde, Petra: GIs and Germans. Culture, Gender, and Foreign Relations, 1945–1949, New Haven 2003 (Diss. 1995).

Grossman, Victor: Der Weg über die Grenze, Berlin 1985.

Ders.: Crossing the River. A Memoir of the American Left, the Cold War, and Life in East Germany, Amherst/Boston 2003.

Höhn, Maria / Klimke, Martin: A Breath of Freedom. The Civil Rights Struggle, African American GIs, and Germany, New York 2010.

Höhn, Maria: Amis, Cadillacs und »Negerliebchen«. GIs im Nachkriegsdeutschland, Berlin 2008.

Dies.: GIs and Fräuleins. The German-American Encounter in 1950s West Germany, Chapel Hill/London 2002.

Köpf, Peter: Schwarze Befreier. Wie die Erfahrung aus dem Kampf gegen die Nazis in die Bürgerrechtsbewegung in den USA einging, in: *die tageszeitung*, 11.12.2009.

Ders.: Rassismus, Amerikas größter Exportartikel, in: *Frankfurter Allgemeine Zeitung*, 14.10.2009.

Ders.: Die Fräuleins der Freiheit, in: *Rheinischer Merkur*, 28/2009.

Ders.: Charly Lucas' big mistake, in: *The Atlantic Times* 9/2009 (www.atlantic-times.com/archive_detail.php?recordID=1890, Zugriff am 24.11.2012).

Ders.: Racism is everywhere. Historians debate German anti-Semitism and American racism, in: *The Atlantic Times* (2009) 11 (www.atlantic-times.com/archive_detail.php?recordID=1999, Zugriff am 24.11.2012).

Ders.: We don't struggle alone. How the GDR exploited the struggle for freedom of African-Americans, in: *The Atlantic Times* 11/2010.(www.atlantic-times.com/archive_detail.php?recordID=2290, Zugriff am 24.11.2012).

Ders.: An unexpected freedom: What black U.S. soldiers experienced in Germany after the war, in: *The Atlantic Times* 4/2009 (www.atlantic-times.com/archive_detail.php?recordID=1706, Zugriff am 24.11.2012).

Langes Gedächtnis, in: *Der Spiegel* 15/1995, S. 96f. (www.spiegel.de/spiegel/print/d-9181911.html, Zugriff am 12.12.2012).

Morrell, Edwin B.: Aderogba Ajao, On the Tiger's Back, in: *Slavic Review* 22 (1963) 3, S. 572.

Reiss, Matthias: »Die Schwarzen waren unsere Freunde«. Deutsche Kriegsgefangene in der amerikanischen Gesellschaft 1942–1946, Paderborn 2002.

Sie wählten nicht die Freiheit, in: *Welt der Arbeit*, 9.4.1954.

Smith, William Gardner: Last of the Conquerors, New York 1948.

Stoll, Ulrich: Einmal Freiheit und zurück. Die Geschichte der DDR-Rückkehrer, Berlin 2009.

Stöver, Bernd: Zuflucht DDR. Spione und andere Übersiedler, München 2009.

US-»Deserteur« mit Auftrag?, in: *Nürnberger Nachrichten*, 9.3.1955.

»10 Jahre Zuchthaus für US-Soldaten«, in: *Telegraf*, 18.12.1957.

Peter Köpf

Jahrgang 1960, Studium der Politik- und Kommunikationswissenschaften sowie der Neueren Deutschen Literatur in München: von 1984 bis 1992 Mitarbeiter der *Abendzeitung* München in den Ressorts Feuilleton, Politik und Reportage, von 1992 bis 1994 Fernsehredakteur, derzeit Chefredakteur der englischsprachigen Monatszeitungen *The Atlantic Times* und *The German Times;* zahlreiche Buchveröffentlichungen, darunter Biographien über Edmund Stoiber (Hamburg 2001), Die Burdas (Hamburg 2002) und Die Mommsens (Hamburg 2004); im Ch. Links Verlag u.a.: »Der Königsplatz in München. Ein deutscher Ort« (2005).